中国债券市场

制度建设与投资人保护

徐忠 曹媛媛 等著

图书在版编目（CIP）数据

中国债券市场 / 徐忠等著 . -- 北京：中信出版社，
2023.7
　　ISBN 978-7-5217-5665-4

Ⅰ . ①中… Ⅱ . ①徐… Ⅲ . ①债券市场－研究－中国
Ⅳ . ① F832.51

中国国家版本馆 CIP 数据核字（2023）第 071319 号

中国债券市场

著者：　　徐忠　曹媛媛等
出版发行：中信出版集团股份有限公司
　　　　　（北京市朝阳区东三环北路 27 号嘉铭中心　邮编　100020）
承印者：　北京诚信伟业印刷有限公司

开本：787mm×1092mm 1/16　　印张：22.75　　字数：260 千字
版次：2023 年 7 月第 1 版　　　　印次：2023 年 7 月第 1 次印刷
书号：ISBN 978-7-5217-5665-4
定价：69.00 元

版权所有·侵权必究
如有印刷、装订问题，本公司负责调换。
服务热线：400-600-8099
投稿邮箱：author@citicpub.com

目 录

序　言　吴晓灵　005
前　言　徐　忠　曹媛媛　009

第一章　中国债券市场的发展历史与现状

一、中国债券市场起步摸索阶段（1981—1997 年）　004

二、中国债券市场步入正轨阶段（1997—2004 年）　005

三、中国债券市场快速发展阶段（2004—2015 年）　007

四、中国债券市场高质量发展阶段（2015 年至今）　011

五、对于当前中国债券市场几个重要问题的认识　016

第二章　中国债券市场的违约与处置机制建设

一、如何正确认识债券市场的违约　028

二、中国债券市场违约的基本情况　031

三、中国债券市场加快违约处置机制建设　049

四、下一步需要解决的几个问题　055

第三章　信息披露与信用风险揭示

一、债券市场的信息披露机制　064

二、发行人公司治理与信息披露　084

三、中介机构的责任分担与信息披露　092

四、承销机构责任认定与信息披露　107

五、信用评级与信息披露质量　115

六、会计师事务所与财务信息披露　129

第四章　持有人的集体行动机制

一、集体行动机制的国际经验　140

二、集体行动机制的国内实践　144

三、完善持有人集体行动机制的思考　156

第五章　投资人保护条款

一、国际债券市场投资人保护条款　162

二、国内投保条款的发展　168

三、国内投保条款应用　174

四、当前投保条款应用存在的问题　179

五、下一步优化发展的建议　182

第六章　信用风险管理与分散分担

一、信用衍生品在信用风险管理中的应用　187

二、风险及违约债券交易与转让　211

三、债券估值与信用债交易　216

四、投资者结构与信用风险分散分担 223

第七章 发行人的主动债务管理措施

一、国际债券市场的主动债务管理经验 233

二、我国债券市场置换实践 247

三、我国债券市场回购实践 256

四、推动我国债券市场主动债务管理发展的建议 260

第八章 债券风险和违约处置路径

一、债券违约处置路径概述 265

二、境外债券市场违约风险处置机制 269

三、国内债券市场违约风险处置机制 288

四、关于未来完善我国债券违约风险处置机制的思考 310

第九章 中国高收益债券市场发展的问题与解析

一、境外高收益债券市场：历史沿革与市场现状 315

二、境外高收益债券的市场配套机制 318

三、中国高收益债券市场的实践 323

四、中国高收益债券市场发展存在的问题 325

五、发展中国高收益债券市场的"解题点" 327

参考文献 329

后　　记 337

序　言

吴晓灵

中国人民银行原副行长

这是一本很值得一读的专业书籍。这本书的两位作者以前都在中国人民银行从事过较长时间的金融市场管理工作，比较了解中国金融市场的发展历程，也特别善于从宏观角度看问题。现在两位作者在银行间市场的自律组织工作，亲身参与到债券市场的发展与建设中，有了更丰富的实践体会。所以这本书内容比较扎实，也很有深度，既详细地介绍了中国债券市场违约处置的实践进展，又把违约及处置机制中面临的各种问题充分揭示出来，其中有些问题需要市场成员、政府部门、立法机构持续关注并共同推动解决。书中讲到债券市场的生态环境，与金融法律和金融管理是分不开的。我以前在金融管理部门工作，后来在全国人大财政经济委员会从事立法工作，在具体的工作过程中有一些思考，这里想重点讲一下债券市场发展中的法律和生态、货币市场与资本市场、银行做债券承销三个方面的问题。

一、法律是金融市场秩序与良好生态环境的基石

金融立法工作背后有基本逻辑，要厘清各类金融工具的基础

法律关系，然后按照法律关系的特点制定行为规范，界定风险责任。各类金融工具主要有四类基础法律关系。第一类是间接融资的债权债务关系，主要体现在信贷市场。存款者要承担银行倒闭的风险，因而立法重点是监控资产运用风险和机构倒闭风险，对银行审慎经营提出要求。第二类是直接金融的债权关系和权益关系，主要体现在债券和股票。投资人要承担证券发行人的信用风险，立法时要注重发行人的信息披露和保证公平交易。第三类是信托关系，主要体现在各类资产管理产品，立法的原则是要特别关注受托财产的独立性以及受托经营者是否勤勉忠诚、客户利益优先。第四类是大数定律下的互助关系，主要体现在保险市场，立法时更应该注重诚实信用交易，同时也要关注机构的偿付能力。

《中华人民共和国证券法》（以下简称《证券法》）比较侧重公开发行股票的发行和交易规则的制定，对于债券的公开发行规定较少，对股票、债券的非公开发行没有明确的规定。事实上，非公开发行是债券发行的重要方式。债券由于收益率与利率相关，需要投资人对宏观经济走势有所把握，其波动幅度较小，因而更适合机构投资人和大额交易。债券的交易方式也不适合场内撮合交易，更适合场外询价交易。场外市场是机构间市场，更适合交易各方自律管理。现行《证券法》对债券的非公开发行、机构间市场和债券的自律组织都缺乏规定。因而建议修改《企业债券管理条例》，将债券发行交易的相关问题加以明确，给交易商自律组织以法律地位。另外，也建议制定《资产管理产品管理条例》规范资产管理市场，培育更多的资本市场机构投资者。

二、区分并规范管理货币市场与资本市场

中国的银行间市场实际由两类市场组成，即由银行同业拆借市场和机构间债券市场组成。前者是货币市场，后者是资本市场。货币市场与资本市场的功能有所不同，在管理上应有所区分。货币市场是一年期以内短期融资的市场，是货币政策进行流动性调控的场所，因此适合由央行进行监管。短期债券以及债券回购、交易所的标准券回购等，虽然名称里有"债券"二字，但它实际上是短期融资，属于货币市场工具。相对而言，资本市场是一年期以上中长期融资的市场，应该由证监会监管。

机构间债券市场的参与者都是合格机构投资者，具有足够的风险识别和承担能力，不需要行政资源的过度保护，应以自律管理为主。证监会可以对机构间债券市场实施功能监管，但要厘清与自律管理之间的边界，应聚焦于依据《证券法》查处打击发行欺诈、内幕交易、操纵市场等重大违法犯罪行为。

三、逐步解决银行承销的历史遗留问题

我国银行开展债券承销业务有历史原因，客观上推动了市场的发展，但确实也衍生出一定的问题。早期，为了支持政府债券、金融债券的发行，我国允许银行担任承销商，事实上推动了债券市场的发展。当前银行是债券的承销者，也是贷款的发放者，多重角色之间必然存在一定的利益冲突。同时，银行也有可能基于揽储需求，滋生与发行人之间的利益交换，导致债券市场定价机制扭曲。相比政府债券、金融债券，信用债承销中银行的

利益冲突问题可能更大。把商业银行的信贷功能和证券发行功能做适当的隔离，从长远来看有很重要的意义。

通过成立法人来解决银行承销的利益冲突问题是一个很好的办法，但金融业综合经营还没有形成具体的改革思路，有一些问题还没有讨论清楚，需要尽快达成共识。金融业综合经营已经成为我国的一个客观现实，从模式上看，包括在法人内部开展综合性业务，以及通过投资控股来开展其他行业的业务。前者在中国目前情况下不太容易控制风险，"集团综合、法人分业"应是发展方向。但集团是纯金融控股公司，还是本身就经营着某类金融业务的事业型控股集团，这个问题目前没有定论。有人认为，纯金融控股公司在控制风险方面比事业型金融控股公司做得要好。但是，几家大型银行已全部是上市银行，通过什么方式对现有商业银行构架进行调整，把银行变成纯金融控股公司，应该在风险控制和社会成本之间考量。

在整体性的安排还没有形成之前，督导银行内部在承销业务与其他业务之间做好"防火墙"建设，具有积极的意义。在这方面，中国银行间市场交易商协会（以下简称交易商协会）在银行间债券市场做了不少工作，包括要求在传统银行业务与债券承销业务之间建立有效的"防火墙"，通过自律公约来约束承销机构的展业行为，等等，这有利于市场的健康发展。

前　言

徐　忠　曹媛媛

党的二十大明确提出要"健全资本市场功能，提高直接融资比重"，这为我国资本市场的发展指明了方向。作为资本市场的重要一环，我国公司信用类债券市场在党中央的正确领导下，坚持市场化、法治化、国际化改革方向，取得跨越式发展，融资功能持续增强，目前市场规模达32万亿元，稳居全球第二，成为仅次于信贷的实体经济融资第二大渠道。随着信用债市场有序打破刚兑，风险处置与投资人保护成为信用债市场主体以及社会各方关注的重要议题。总体来看，近年来我国信用债市场遵循资本市场一般规律，结合中国特色实际，初步搭建了覆盖"事前、事中、事后"全环链的市场风险防范和处置机制，但客观上与满足市场发展和实体经济需求还有不小差距。近年来，在风险处置工作中也暴露出不少问题，有的问题属于非市场机制范畴，包括公司治理、政府干预、法治环境等；有的问题属于市场自身风险处置机制建设范畴。本书主要围绕后者，重点探讨了公司信用债市场自身能做的工作，就如何完善市场风险防范和处置机制进行了分析。

一、关于在债券市场发展历程的大背景下看待发展中的问题

我国公司信用债市场风险处置问题,需要放到我国债券市场发展历程的大背景下来看待,从历史的维度、国际比较的维度、我国经济发展阶段特征的维度进行综合分析,坚持实事求是的思想方法,这样才能得出客观的结论,提出理性的建议。第一章介绍了中国债券市场的发展历史与现状。

我国金融市场发展路径与国际成熟市场不同,具有自身典型特征。欧美金融市场起步早,经过数百年的发展,出现过各种各样的问题,也经历了不少危机,正在逐步完善。我国金融市场发展时间较短,特别是公司信用债市场,也就是最近十几年的时间,因此具有典型的"新兴加转轨"的特征。一是金融市场发展初期主要由政府主导,服务于政策需要;二是由于我国个体信用体系建设不完善,金融市场赖以发展的信用基础长期较为薄弱。在债券市场发展早期,服务于政策需要、信用体系薄弱这两个特征很明显,因此走过一些弯路。经过不断探索,我国债券市场遵循面向合格机构投资者和场外市场为主的规律,走出了一条市场化改革的成功道路。

对债券市场发展过程中的问题,应正确看待、有效厘清,加快凝聚共识。债券市场目前存在一些有争议的问题,如市场统一与适度竞争、多层次市场发展、衍生品市场发展等。要认识到,我国债券市场是在金融生态还不完善的情况下发展起来的,包括会计和评级行业管理、公司治理、法律环境等方面的问题。在这一背景下,风险处置等工作中存在一些问题是在所难免的,这是

发展中的问题,不能因此否定债券市场的发展成绩。中国金融体系在过去 40 年高速发展,有力支持了中国经济的高速发展,中国成为世界第二大经济体,没有发生过系统性金融风险和重大金融危机。

二、关于中国公司信用债市场违约的特点

要研究违约等风险处置必须了解中国公司信用债市场违约的特点及存在的问题。第二章介绍了中国债券市场的违约与处置机制建设。

经济有周期、市场有违约是非常正常的现象。自 2014 年"11 超日债"打破刚兑以来,中国公司信用债市场经历了三个违约相对较多的阶段,每个阶段都有特定的宏观背景。2015—2016 年,部分行业产能过剩导致相关违约增多;2018—2019 年,一些前期激进加杠杆的民企在压降非标等背景下违约增多;2020—2021 年,新冠肺炎疫情冲击与房地产下行导致违约增多。总体来看,我国公司信用债违约率低于全球平均水平,仅为 1% 左右,但违约后的回收率也远低于全球平均水平。从一些案例来看,违约处置很难通过市场机制解决。比如,"11 超日债"是高风险债券被大量卖给了个人投资者;东北特钢、河南永煤、华晨集团等国企违约中存在恶意"逃废债"问题;还有康得新等个别民企涉嫌财务造假。

我国公司信用债市场违约有两个层面,一个是非正常的、非市场化的违约,一个是正常的市场化违约,本书聚焦于后者,研究如何应对市场化违约。对待非市场化的违约问题,需要违约风

险处置机制之外的改革和制度设计来解决，包括完善债券市场的基本制度、坚持面向机构投资者的发展定位、厘清政府和企业的边界、完善企业的公司治理等。对待市场化的违约，要从我国目前实际国情出发，参考国际经验，完善市场化、法治化的一整套违约处置机制，包括提升信用风险揭示能力、加强集体行动机制、健全信用风险防范与管理工具、建立高效有序的处置机制等。本书重点聚焦于后者，探索如何通过完善市场机制建设来解决市场化违约的处置问题。

三、关于信息披露与信用风险揭示

金融市场的核心是信息披露。信息披露对信用风险揭示有重要作用，能够保障投资人的知情权，是一项重要的投资人保护机制安排。如何保障信息披露机制的作用有效发挥？这有赖于信息披露机制合理分层、发行人合规披露以及中介机构尽职履责。第三章对信息披露与信用风险揭示之间的关系进行了阐述。

从信息披露机制来看，目前我国债券市场已形成"法律法规＋行政规章＋自律规则"三个层次的信息披露制度体系。各监管机构也就建立"分类趋同"的跨市场信息披露标准达成共识。但还存在两个关键问题：一是非公开发行的法律界定标准不明确，比如"向特定对象发行"的内涵、"200人"的计算方法及"公开劝诱"的定义等重要标准不明确，导致信息披露标准的分层无法有效落实；二是对于风险及违约债券，缺少与其特性匹配的信息披露机制。

发行人是信息披露的第一责任人，但市场上一些企业有其特殊性，影响了信息披露质量。在我国新兴市场转轨经济背景下，部分企业特别是城投企业公司治理结构不完善，日常经营往往受到当地政府干预。实践中，一些城投企业被作为大股东的地方国资委、财政局"随意"划拨资产，有的资产已经划走了，但企业没有意识到已经损害了债券投资人的权益。还有部分企业在发债成功的利益驱使下，美化或粉饰财务报表，甚至恶意造假。因此要考虑完善现有信息披露制度，强化发行人内部约束，加大对恶意造假的惩戒力度，强化"追首恶"，提高违规成本。

中介机构是发行人的"看门人"，其尽职履责水平对信息披露质量有重要影响。比如，在过去监管强调评级依赖的背景下，信用评级区分度较低，九成以上信用债都是 AA 级以上。但同样是 AAA 级，有的是垃圾债，有的是高等级债。会计师事务所行业看起来基本与国际接轨，但合伙制下"加盟店""包工头"特征明显，执业水平参差不齐，且违规成本低，有的被处罚解散后，另成立其他事务所继续展业。虽然评级、会计属专业领域小众行业，但其出具的报告意见对金融市场影响非常大。交易商协会在打击中介机构违规行为方面做得非常坚决，比如在永煤风险事件中，交易商协会第一时间对发行人、中介机构启动自律调查并给予自律处分。近年来，有关司法判例也陆续发布，判罚主承销商等中介机构承担相应的连带责任。但同时，也有不少机构反映，要警惕中介机构成为发行人的"替罪羊"，防止"深口袋"现象，仅因为中介机构有财力，就重点向中介机构追索。这需要从法律和司法实践层面想办法，回归本源，合理界定中介机构的法律责任。

四、关于集体行动机制

第四章探讨了持有人的集体行动机制。为什么要有集体行动机制？因为债券市场主要面向机构投资者，机构投资者识别和承担风险能力比较强，能够通过与企业协商谈判来解决风险处置，这就需要集体行动机制为持有人协商、集体开展风险处置提供规范的路径。

国际成熟市场上就集体行动机制形成了一些制度安排。其中，持有人会议机制、同意征集机制和受托管理人机制是最主要的三种集体行动机制。持有人会议机制是指由债券持有人针对关乎持有人利益的事项，通过集体表决，以会议的形式来达成一致行动决议的机制。同意征集是境外债券市场修改债券条款的一种重要方式，企业可用该方式达到缓解流动性压力等作用。债券受托管理人是发行人聘请的，在债券存续期代表持有人监督发行人履约情况，并在债券违约后代表持有人一致行动的专业机构。

国内债券市场近年来也借鉴国际经验建立了相应机制，并结合国内实际情况持续完善。从银行间市场来看，交易商协会2010年发布持有人会议制度，2019年发布受托管理人制度，2022年发布同意征集制度。近年来，集体行动机制在债券风险处置中的作用越来越重要，但随着违约形势的不断变化，市场各方对于集体行动机制也抱有更大的期待。目前来看，要更好地发挥持有人集体行动机制的作用，还要从以下几个方面开展工作。一是夯实基础性制度的法律基础。例如持有人会议效力由于缺乏上位法认可，对企业无强制力，限制了持有人会议的作用。二是完善集体行动机制下中介机构的利益冲突防范。三是加强市场培育和宣传，促使市场成员能根据需求灵活运用各类集体行动机制。

五、关于投资人保护条款

金融市场上的契约精神很重要。为了便于违约后处理，有必要在合同中提前约定投资人权益保护相关条款。第五章介绍了投资人保护条款的实践情况。

投资人保护条款是一项保障持有人权益的重要机制。基于契约原则，通过事先在发行文件中对特定触发情形及相应处置措施进行约定，来实现事后的有效处置。投资人保护条款在成熟市场应用比较广泛。2016年东北特钢违约后，银行间市场首次推出《投资人保护条款范例》，后来相关市场也逐步推动应用。从投资人保护条款的应用来看，随着违约风险逐步暴露，市场主体自主选择在文件中添加投资人保护条款的债项也逐步增多，2019年以来银行间市场债务融资工具添加比例逐步稳定在25%左右，其中信用资质偏弱的企业添加比例较高。投资人保护条款应用取得了较好的成效，包括规范发行人行为、缓解投资人担忧、保障发行稳定，通过事先在发行文件中约定的方式提高持有人会议效率和效力。

当前，投资人保护条款在应用过程中还存在一些问题。比如，在场外重组等风险处置机制尚未广泛推广的情况下，不少债券触发投保条款并加速到期后直接违约。此外，发行人对投保条款的理解和认识不足，以及投资人未将投保条款纳入投资关注的考量体系，也影响了这一机制的作用。后续还要进一步完善配套法律制度，加强市场培育和引导。

六、关于信用风险防范与管理工具

如果投资者在债券存续期间发现了信用风险苗头该怎么办？目前我国债券市场上可提供多种风险管理工具用于分散分担风险。投资者既可直接参与现券买卖进行风险分散，也可通过信用衍生品进行风险对冲。第六章将主要介绍目前市场上的信用风险防范和管理工具。

信用衍生产品能够满足各类金融机构信用风险的主动管理、多头投资、套利交易和双边做市的不同需求。虽然国际市场前期一度因衍生品过度投机和监管失序放大了次贷危机冲击，但近年来各国从防范系统性风险角度加强衍生品市场的监管，市场重新回归到以结构简单、风险可控的产品为主导的发展轨道上。

我国信用衍生品市场近年来逐渐起步，稳步发展，特别是在支持民营企业债券发行方面，取得了积极成效。目前来看，市场存在风险对冲需求日益增长与产品缺乏流动性、信用卖方力量缺失的矛盾，同时对冲机制也尚不完备。所以，仍须从法律政策、市场结构、运行机制等方面努力加快推进信用衍生品市场发展。

能否有效分散分担信用风险还在于现券交易机制是否灵活高效。从国际成熟债券市场的发展经验来看，风险债券或违约债券通常被视为一类特殊的债券，需要通过适合的交易机制来实现交易。在国内，银行间市场和交易所市场对关于风险债券或违约债券的交易转让机制分别进行了不同的探索。

债券转让需要合理的定价，在成熟市场上，核心做市商通常是主要定价方，在国内信用债流动性较低的情况下，债券估值往往被用作定价的参考。目前我国债券市场单一估值源问题突出。在债券市场发展初期，单一估值对市场流动性有一定的促进作用，现阶段，过度依赖单一估值源导致的定价偏离等问题，容易加剧市场波动时期的负反馈效应。需要鼓励外部估值源适度竞争，回归估值功能本源，同时还要分层分类引导市场机构提升定价能力。

投资者结构对信用风险分散分担机制的作用发挥至关重要。目前，我国债券市场投资者结构不均衡，特别是风险偏好较高的投资者和长期限投资者太少，已入市投资者同质性强，影响了债券市场流动性；投资策略趋同，容易在市场下跌时形成踩踏，如2022年底理财赎回与信用债市场形成正反馈；风险偏好趋同，导致市场无法对违约债券等高风险债券合理定价。

七、关于发行人主动债务管理

前面介绍了投资人的市场风险管理工具。第七章将介绍发行人主动债务管理措施。对发行人来说，如果意识到目前债务成本过高、未来流动性会受到影响，也可以通过主动债务管理提前化解风险。

主动债务管理在国际市场上已得到广泛运用。近两年国内市场也已经开始探索一些主动债务管理措施，包括债券置换、公开市场回购、要约收购等。通常情况下，在企业信用风险已经暴露甚至违约后采取处置措施，回收率会存在很大不确定性。如果企业能在风险暴露早期，主动采取措施优化债务结构，降低负债成本，避免集中到期，那么就有可能将风险隐患化解在早期，真正实现信用风险"早发现、早化解"。实践中企业通常会将多种措施组合使用，比如"新发债券与要约收购"这种组合就是常用搭配。同时，企业还会在方案中设置激励条款，聘请专业机构，吸引更多投资人参与。

从目前实践来看，主动债务管理的理念尚未普及，相关措施还未得到广泛运用。其中很重要的原因就是，中介机构还不是"真正的投行"，尚不具备为企业统筹制定财务优化方案、协调各债权人的能力。另外，企业主动债务管理意识不强，有的企业存在偏见，认为开展主动债务管理会引发市场的负面猜测。后续，还需要引导企业、投资者以及中介机构改变对主动债务管理的认知，鼓励有能力的专业机构为企业提供一揽子的财务规划服务。

八、关于债券风险和违约处置路径

除了前面探讨的事前、事中阶段的风险管理工具，当信用债发生违约风险事件后，还需要事后的风险处置机制。第八章将介绍债券风险和违约处置路径。

我国债券违约处置机制的探索，是随着债券基础制度的逐步健全，不断纠偏、不断完善的过程。在信用债打破刚兑早期，违约处置的法制基础不够，缺少明确、规范的路径和经验。市场在自发探索过程中，出现了对投资者的保护不够、重大事项信息披露不充分、处置周期漫长等问题。随着违约的陆续发生，市场对于建立多元化违约处置机制的需求十分迫切。在中国人民银行（以下简称人民银行）等监管部门以及最高人民法院（以下简称最高法）牵头下，交易商协会等自律组织配合发力，近年来建章立制工作稳步推进，目前已形成了"法律法规＋行政规章＋自律规则"三个层次的制度体系。经过几年的建设，现在我国债券风险违约处置机制已与国际基本趋同，各类庭内、庭外的处置路径基本已建立。

从实践来看，目前违约处置机制对投资人的保护仍有待加强，个别机制在地方政府不当干预下甚至出现"变形"问题。正常情况下，在以理性合格机构投资者为主的市场上，庭外重组才应是采用最多的方式。但我们看到，近两年债券违约企业进入破产境地的特别多，这与持有人在协商偿债中处于弱势地位有很大的关系，不得已进入破产。另外，股东或地方政府不当的干预也影响了处置效率。比如，对于"预重整"制度，目前缺乏统一上位法，没有时效性上的统一约束，在个别案例中甚至成了企业和地方政府"逃废债"的工具。针对这些问题，需要继续坚持市场化、法治化原则，持续完善制度供给，为市场主体提供工具便利，同时要尊重市场主体自主决策，避免过度行政干预。在学习国际经验的同时，要根据我国国情特点进行本土化改造。

九、关于高收益债市场

第九章简要介绍了高收益债市场有关情况。高收益债市场是风险处置的重要一环，部分"明日之星"企业可通过高收益债模式缓解流动性压力，度过困难期；出现风险后的"堕落天使"企业相关债券也可以通过高收益债平台促进风险化解。

境外高收益债券市场经历几十年的发展，已形成市场规模大、发行主体覆盖面广、主流机构投资者参与多的市场格局。美国高收益债年度发行额占公司债发行额比重大多高于15%。境外高收益债的蓬勃发展离不开相对完善的配套机制，包括便利的私募发行制度、成熟的高收益债信息披露机制、完善的投资人保护条款运用以及有效的违约处置机制等。与境外成熟市场相比，我国高收益债市场还没发展起来。究其原因，跟前面提到的方方面面的问题分不开，包括相关金融工具不丰富、投资者多元化不足、评级区分度较低、高效的风险处置体系尚未形成等。未来如果相关问题得到逐步解决，我国高收益债市场自然将逐步发展壮大，从而丰富债券市场层次，为风险化解提供更多路径。

综上所述，要在我国债券市场发展历程的大背景下看待我国公司信用债市场违约等风险处置问题，其中有的问题属于非市场机制范畴，包括公司治理、政府干预、法治环境等，有的属于市场自身风险处置机制建设范畴。本书主要围绕后者，就如何让市场自身的风险防范和处置机制更加完善进行了探讨。作为市场的建设者，我们呼吁政府、司法界、学界等各方关注公司信用债市场发展目前面临的相关制约和问题，共同推动建设市场化、法治化、闭环式的市场风险防范与处置体系，更好地促进公司信用债市场持续健康发展，更好地服务实体经济高质量发展。

本书是交易商协会同事们集体智慧的成果。在2022年下半年疫情防控期间，不少同事居家办公，为鼓励大家深入思考市场发展、不断提高理论素养，我们组织同事们通过线上会议的形式商讨课题框架，明确具体写作内容。同时我们要求，参与写作的同事站位要高，要充分汲取国际债券市场发展的经验教训，要从中国金融市场全局出发，不仅要涵盖我们熟悉的银行间债券市场，也要包括交易所债券市场，充分总结两个市场在公司信用债发展中的成绩和问题，并以提升金融市场服务实体经济水平和切实保护投资者权益为根本立足点，通过我们的思考最终对中国债券市场高质量发展思路有所贡献。

本书是中国财富管理50人论坛（CWM50）专项研究课题，在起草、评审、出版等工作中得到论坛大力支持，同时也得到了国家自然科学基金重点项目《中国金融体系的演化规律和变革管理》（项目编号：71733004）的支持。

第一章

中国债券市场的发展历史与现状

欧美金融市场大都经历了循序渐进的发展过程，数百年间出现过各种各样的问题，但之后，均会从法律制度层面加以完善。同时，欧美金融市场的建立以完善的信用制度为基础。诺贝尔经济学奖获得者约翰·希克斯认为，货币、法律与信用制度是市场繁荣的三大基础[①]。与欧美相比，我国金融市场发展时间较短，且具有典型的新兴加转轨特征。金融市场发展主要由政府主导，尤其在发展初期主要服务于政策需要，这导致我国金融市场在早期走过一些弯路，甚至在某些阶段需要推倒重来。同时，由于我国个体信用体系建设不足，金融市场赖以发展的信用基础长期较为薄弱。在我国债券市场发展历程中，这些情况和问题均有所体现。我国债券市场发展早期，经历了很多曲折与反复。经过不断探索和实践，在结合中国国情、吸收国际经验的基础上，最终走出了一条坚持市场化改革方向，主要面向合格机构投资者、依托场外市场的债券市场发展道路。同时，在相关部门推动下，近年来信息披露、信用评级、会计、征信等市场信用机制不断

---

① 参见约翰·希克斯：《经济史理论》，厉以宁译，商务印书馆，1987年。

完善健全，债券市场发展的信用基础也在逐步改善。整体来看，经过40余年努力，我国债券市场取得巨大发展，在支持宏观调控、优化资源配置、传导货币政策、维护金融稳定中发挥了重大作用。

一、中国债券市场起步摸索阶段（1981—1997年）

中国债券市场始于1981年国债的恢复发行。国债恢复发行后，企业债券和金融债券也相继出现。在发展初期，中国债券市场有过一些重大失误，并出现了一些严重风险事件，债券市场总体发展非常缓慢。1997年末，中国债券市场余额4 781亿元，占GDP（国内生产总值）的比重为7%，根据国际清算银行统计，排名世界第25位。造成当时债券市场发展缓慢的主要因素有三点。

一是将企业债券卖给个人投资者。企业债券发展早期，主要面向个人投资者发售，同时政府按"济贫"原则，把企业债额度分配给有困难、质量较差的国有企业。1993年起陆续发生大面积企业债券不能到期兑付的情况，引发了一系列社会事件。此后，为缓解企业债券到期不能偿付造成的社会稳定问题，管理部门对企业债券实施"零风险"管理。只有极少数资质良好的大公司可以发债融资，且多与国家建设项目挂钩，同时强制要求银行担保。

二是由于债券登记托管机制不完善，缺乏有效监管，出现大量债券违法违规交易行为。1981年恢复国债发行后，初期没有流通市场，结果国库券黑市交易盛行。1986年后，债券转让业务相继在商业银行、证券公司柜台和地方证券交易中心等场外市场开展。由于当时债券登记托管机制不完善，债券真实托管情况底数不清，同时对债券交易监管不足，各地出现了大量冒券、挪券、假回购等违法违规行为。1994年下半年以来，武汉证券交易中心、天津证券交易中心以及全国证券交易自动报价系统（STAQ系统）均因缺少有效监管，导致债券交易出现大量违法违规行为，并因此被清理整顿。

三是将本应场外交易的债券交易全部集中在交易所场内进行，导致银行资金大量违规流入股市，滋生股市泡沫。在对各地证券交易场所债券交易进行清理整顿后，沪深交易所成为当时唯一合法的债券交易市场。原本应在场外交易的债券交易全部集中在交易所场内进行。由于交易所市场汇集了包括银行、非银行机构、非金融机构以及个人在内的各类投资者，同时还提供标准券回购用于融资，为非银行机构、个人等向银行融资投资股票提供了便利。1996年，大量银行资金通过交易所债券回购交易违规流入股市，助推了股市投机和泡沫。1997年6月，根据国务院统一部署，商业银行全部退出交易所市场。为了满足银行持有债券的流通转让需要，经国务院同意，建立了银行间债券市场。

二、中国债券市场步入正轨阶段（1997—2004年）

1997年亚洲金融危机后，亚洲各国普遍对债券市场发展的重要性有了新认识。1997年底，我国召开了第一次全国金融工作会议，明确提出要发展资本市场，扩大直接融资。在此背景下，相关部门在总结国内外债券市场发展经验教训的基础上，对债券市场基本架构进行了系统规划。

对于银行间债券市场，人民银行在充分借鉴国际成熟市场经验的基础上，根据债券市场大宗交易、结构复杂、品种多样的特征，确定了银行间债券市场作为场外市场，面向机构投资者，采用询价交易方式的道路。随着银行间债券市场明确场外市场的发展定位，中国债券市场形成了以场外市场为主体、场内市场与场外市场并存、分工合作的市场格局。银行间债券市场作为场外市场，面向机构投资者，采用询价交易方式；交易所债券市场作为场内市场，主要面向个人和中小机构投资者，采用集中撮合交易方式。在此期间，债券市场基础设施建设得到加强，统一的债券托管系统初步形成，集中电子化交易平台建立并发展。同时，债券发行的市场化程度得到很大提高，政策性金融债和国债分别于1998年和1999年实现市场化招标发行，彻底改变了过去债券发行依靠行政摊派和强制认购的状况，有力支持了中央实施积极的财政政策。

随着发展思路的调整，这一时期债券市场发展很快。2004年末，中国债券市场余额5.2万亿元，占GDP的比重为33%，根据国际清算银行统计，排名世界第11位。但是，当时中国债券市场发展仍然存在两个突出问题。一是交易所债券市场标准券回购的制度设计缺陷集中暴露。由于标准券回购存在标准券折算、按席位二级托管等制度缺陷，2003年，随着债券价格持续走低和标准券折算比例不断调低，风险开始暴露。2003年，富友证券挪用客户债券回购资金39亿元，其中挪用上海农村信用社债券回购资金高达17亿元，给农村信用社带来巨大损失。中国银监会发文要求农村信用社退出交易所债券市场，只允许通过银行间债券市场开展债券交易。二是公司信用类债券市场发展依旧缓慢。2004年末，中国公司信用类债券余额2 431亿元，根据国际清算银行统计，排名世界第21位，不仅远低于美国、日本等成熟市场，甚至低于经济总量比我国小得多的韩国、马来西亚等新兴经济体。

三、中国债券市场快速发展阶段（2004—2015年）

2004年之前，我国公司信用类债券市场发展不足，企业融资过度依赖银行贷款，金融风险过度集中于银行体系。为提高直接融资比重，完善金融市场结构，化解集中于银行体系的金融风险，2004年，国务院发布《国务院关于推进资本市场改革开放和稳定发展的若干意见》（简称"国九条"），进一步提出了要积极稳妥发展债券市场，鼓励符合条件的企业通过发行债券筹集资金。

当时，如何落实"国九条"精神，成为债券市场主管部门面临的一项重要任务。为了厘清过去存在的一些思想认识上的错误，2005年，时任人民银行行长周小川在"中国债券市场发展高峰会"上指出，此前我国公司信用类债券市场发展存在"一打"失误，包括发行额度行政分配、行政性定价和价格管制、发行面向公众投资者、缺少信用评级和信息披露等市场化约束机制等。同时，从思维主线、逻辑主线、环境主线三个维度对我国公司信用类债券市场发展的失误进行了系统梳理，并据此提出了推动市场发展的总体设想。一是发展思路由计划思维转向市场思维，放松行政管制和政府干预，将企业能不能发债、什么时候发债、以什么价格发债的决定权交给市场。二是市场定位由面向公众投资者发行转为面向合格机构投资者发行，交易依托场外市场，充分发挥机构投资者风险识别和风险承担能力较强的优势。三是加强市场生态环境建设，加快推动会计制度、信息披露等配套制度建设，推动完善破产法等债券市场法律制度体系。

在上述思路和理念指导下，人民银行、国家发展改革委（以下简称发改委）、中国证监会（以下简称证监会）等债券市场管理部门按照市场化方向，以推动公司信用类债券市场深入发展为重点，采取了一系列深化债券市场改革与发展的措施。

一是减少行政审批，建立健全市场化约束机制。我国公司信用类债券市场发展初期，采用的是行政管制色彩较浓的审批制。"国九条"发布后，相关部门开始对债券发行管理进行市场化改革。2005年，人民银行对短期融资券采用了备案制。2007年交易商协会成立后，对债务融资工具实行注册制。与审批制不同，注册制不对企业债券发行做出实质判断，而是强调信息披露、信用评级等市场化约束机制作用，将企业能不能发债、能发多少债、以什么价格发债、什么时间发债等更多地交给市场决定。在债务融资工具发行注册制改革推动下，公司债、企业债等也都简化了审核程序。在减少行政审批的同时，为有效防范风险，各相关部门均加大力度建立健全市场化约束机制。信息披露、信用评级、债券信用增进等市场化约束机制，都在这一时期得到了发展健全。

二是成立市场自律组织，强化市场自律管理。银行间债券市场成立初期，人民银行等行政管理部门在创建和启动市场发展中发挥主导作用。然而，随着市场步入发展阶段，完全依靠行政管理部门推动市场发展逐渐显得力有未逮，加强自律管理成为市场发展的迫切需求。2007年，经国务院同意、民政部批准，交易商协会成立，对银行间市场实施自律管理，填补了我国场外金融市场自律组织长期缺失的空白。交易商协会充分发挥作为政府与市场之间的中间层，向上承接政府政策、向下凝聚市场智慧的优势，在人民银行指导下，组织市场成员制定发布银行间市场标准协议文本，建立健全银行间债券市场自律规则体系，构建覆盖债务融资工具各个业务环节的全环链信用风险防控机制，有效提升了我国债券市场自律管理水平。

三是以公司信用类债券为重点，持续推动产品创新。2005年之前，我国企业通过债券市场融资的唯一渠道是企业债。2005年，人民银行推动短期融资券发展，为企业融资开辟了一条新路。交易商协会成立后，在人民银行指导下，汇聚市场成员力量，陆续推出了中期票据、超短期融资券、资产支持票据、定向债务融资工具等创新产品。证监会也在2007年后相继创新推出了交易所公司债、企业资产支持证券。除公司信用类债券外，为顺应商业银行股份制改革需要，人民银行先后推出商业银行次级债券、混合资本债券等金融债券。为提升信贷资产流动性，解决银行资产负债期限结构错配的问题，人民银行还于2005年启动了信贷资产证券化试点。

四是持续推动市场交易机制创新，不断优化市场投资者结构。2004年以前，债券市场仅有现券交易和质押式回购业务。2004年，银行间市场和交易所市场分别推出买断式回购。2005年以后，随着利率市场化改革不断推进，银行间市场相继推出债券远期、人民币利率互换等衍生产品以及债券借贷工具，交易所市场重启国债期货，帮助投资者规避利率波动风险。2010年，交易商协会推出信用风险缓释工具，便利市场机构有效管理信用风险。此外，在市场架构方面，人民银行推出了货币经纪制度，进一步完善做市商制度，提高了市场流动性和交易效率，降低了市场交易成本。在积极推动市场交易机制创新的同时，人民银行还积极引入各类合格机构投资者，解决金融风险过度集中于银行体系的问题。

五是积极借鉴国际标准和经验，大力推动市场基础设施建设。国内外债券市场发展经验表明，债券市场基础设施不完善，不仅会对市场发展形成阻碍，还容易潜藏风险。银行间债券市场自成立以来，就建立了中央一级托管体系和集中的电子化交易平台。交易所债券市场依托交易所交易系统和中国证券登记结算有限责任公司（以下简称中证登），建立了完整的债券市场基础设施。2004年以来，人民银行等市场管理部门继续借鉴国际标准和经验，持续加强债券市场基础设施建设。实现了交易与结算系统数据的直通式处理（STP），提高了市场效率，降低了市场操作风险。在银行间市场全面推行券款对付结算（DVP），解决了"先付钱还是先付券"的问题，有效提升了市场交易结算效率和安全性。同时，成立了上海清算所，推进银行间市场集中清算，提高了清算效率，降低了清算成本。2013年债市风波后，为打击利益输送，交易商协会在人民银行统筹指导下入股北京金融资产交易所（以下简称北金所），并在北金所建立了债务融资工具集中簿记系统和非金融机构合格投资人交易平台。

六是配合国家对外开放总体部署，稳步推动债券市场对外开放。对外开放是我国基本国策，金融市场对外开放是我国经济金融对外开放的重要方面。2004年以来，人民银行等相关部门逐步放开境外机构投资境内债券市场的限制，推动境外发行人在银行间债券市场发行人民币债券，稳步推动债券市场对外开放。2005年，国际金融公司和亚洲开发银行在银行间债券市场分别发行人民币债券11.3亿元和10亿元，这是中国债券市场首次引入外资机构发行人。2010年，人民银行允许境外央行或货币当局、港澳地区人民币清算行、境外跨境贸易人民币结算参加行等三类机构投资银行间债券市场。2011年，推出人民币合格境外机构投资者（RQFII）制度并不断扩大RQFII投资范围。中国债券市场向境外投资者开放的大门渐次打开。

在上述市场化改革措施推动下，我国债券市场尤其是公司信用类债券市场取得跨越式发展。2014年末，我国公司信用类债券存量规模约12万亿元，是2004年末的49.2倍。其中，债务融资工具存量规模约6.9万亿元，占比57.3%。

四、中国债券市场高质量发展阶段（2015年至今）

2015年以来，交易所市场大力发展面向机构投资者的场外询价交易的公司债，逐步形成了包括大公募、小公募、私募债券在内的产品体系。在一系列市场化改革创新措施推动下，交易所场外公司债市场取得快速发展。交易所公司债存量规模逐步逼近债务融资工具。2015年，交易所公司债存量规模仅约为债务融资工具的30%，2019年超过70%，2021年以来接近80%。整体来看，中国债券市场发展格局较之前发生明显变化，市场发展进入平行竞争场外市场的新阶段。

与此同时，我国经济金融环境也发生了深刻变化。一方面，经济步入新常态，在经济增速换挡期、结构调整阵痛期、前期刺激政策消化期三期叠加的背景下，前期累积的风险逐步暴露，债券违约风险逐渐增加。另一方面，中央实施供给侧结构性改革，金融管理部门加强影子银行监管，推进金融体系去杠杆，尤其是"资管新规"发布后，部分过度依赖非标融资的企业存在非标转标需求，客观上需要债券市场进行承接。此外，利率、汇率市场化改革以及人民币国际化不断深化，也需要债券市场对外开放进一步加速。

面对错综复杂的经济环境，如何满足经济社会对债券市场提出的高质量发展要求？在多个市场共同发展的情况下，如何有效防范可能造成的监管竞次、监管套利和市场分割问题？这些都对市场发展提出了新的挑战。针对新形势下的新挑战，人民银行等债券市场管理部门以公司信用类债券部际协调机制为依托，通过统一市场规则标准、完善市场违约处置机制、加强跨市场统一执法等措施，持续推动市场高质量发展。相关实践与共识，在2021年人民银行等六部委联合发布的《关于推动公司信用类债券市场改革开放高质量发展的指导意见》中得到充分体现。

一是持续推进产品创新，推动市场规模稳步增长，切实服务实体经济。针对经济社会发展的需要，近年来，债券市场推出了数十个创新产品。例如，结合国家重大发展战略和经济转型升级，推出了绿色债券、碳中和债、双创债券、扶贫债券、并购票据等产品。针对金融机构和企业盘活存量、补充资本的需求，推出了资本补充债券、无固定期限（永续）债券等金融债券创新品种，资产支持票据、资产担保债务融资工具、银行间市场不动产信托资产支持票据（类REITs）等结构化产品也取得了较快发展。此外，针对民企发债困难的情况，还推出了民营企业债券融资支持工具。截至2022年末，中国债券市场余额突破144万亿元，公司信用类债券市场余额突破32万亿元，均仅次于美国，成为全球第二大市场。公司信用类债券净融资占社会融资规模的比重最高接近20%，已成为企业的第二大融资渠道，对于优化社会融资结构发挥了重大作用。

二是大力推动债券市场规则分类趋同和跨市场统一执法，有效防范监管套利。新《证券法》发布实施后，公开发行的公司债、企业债已实施注册制，与债务融资工具长期实行的注册制趋于统一。各类债券在发行主体范围、发行期限，以及发行主体净资产等方面的准入要求，根据面向投资者的不同，已经基本分类趋同。2020年12月，人民银行等三部委联合发布《公司信用类债券信息披露管理办法》，统一的公司信用类债券信息披露规则也已开始实施。此外，经国务院同意，人民银行、证监会、发改委联合发布意见，建立了债券市场统一执法机制。2020年9月，证监会对康得新、康得集团非金融企业债务融资工具信息披露违法行为进行处分，标志着跨市场统一执法机制正式落地。此后，证监会又相继对交易商协会移送的永煤控股、洛娃科技及希格玛会计师事务所等涉嫌违法违规事项正式立案调查，统一执法机制向常态化方向发展。

三是积极推动银行间市场和交易所市场互联互通。当前，市场互联互通取得较大进展，财政部、地方政府、政策性银行、金融机构和企业等各类发行人已可自由选择在银行间市场和交易所市场发债，会计师事务所、律师事务所、信用评级机构等中介机构也可同时在两个市场展业。整体来看，两个市场大部分要素已实现自由流动，主要的问题仍是同一投资人账户不能同时投资银行间市场和交易所市场所有债券品种，资金在两个市场之间的流动仍存在一定阻滞。针对这一问题，2020年7月人民银行和证监会联合发布公告，明确了银行间债券市场和交易所债券市场基础设施互联互通的具体方案。2022年1月，沪深交易所、外汇交易中心、上海清算所、国债公司联合发布了《银行间债券市场与交易所债券市场互联互通业务暂行办法》，进一步明确了银行间市场和交易所市场互联互通的具体业务规则。

四是健全市场化、法治化的风险防范和违约处置机制。我国债券市场违约历史较短，违约处置效率不高、清偿率低、处置措施单一等问题较为突出，违约处置机制建设存在短板。近年来，人民银行会同相关部门加速推动相关机制建设。2020年，人民银行、发改委、证监会联合发布《关于公司信用类债券违约处置有关事宜的通知》。目前，跨部门违约风险预警和信息共享机制已建立；统一的公司信用类债券违约处置框架也初步构建，违约债券交易、债券展期、债券置换、现金要约收购、同意征集等多元化债券风险和违约处置工具不断丰富；持有人会议机制和受托管理人制度等集体行动机制逐步完善。此外，在人民银行、证监会、发改委等部门的推动下，最高人民法院发布《全国法院审理债券纠纷案件座谈会纪要》(以下简称《债券座谈会纪要》)，进一步畅通债券违约司法救济路径。

五是积极推动债券市场信用评级行业规范发展。信用评级是债券市场重要的基础性制度安排，但长期以来我国评级虚高、评级风险揭示能力不足的问题较为突出，不能有效适应债券市场高质量发展要求。近年来，在公司信用类债券部际协调机制框架下，人民银行积极会同相关部门持续强化信用评级机构监管要求，逐步统一评级监管标准，提升信用评级质量。2021年，人民银行会同发改委、财政部、银保监会、证监会联合发布《关于促进债券市场信用评级行业健康发展的通知》，从加强评级方法体系建设、完善信用评级机构公司治理和内控机制建设、加强信息披露强化市场约束、强化监管等维度规范信用评级行业发展，并通过降低监管对外部评级的要求、稳妥推进评级行业对外开放等措施优化评级行业生态环境。在评级监管改革推动下，信用评级机构评级表现有所改善。评级标准愈加审慎，信用等级变动总体呈调降趋势，以高级别来抢占市场份额的情形逐步减少。

六是持续推动绿色债券市场标准国内统一并与国际接轨。绿色金融是经济绿色转型的重要推手，绿色债券市场是绿色金融的重要组成部分。此前很长一段时间，我国各市场绿色债券标准不完全统一，与国际通行标准也存在差异。比如，交易所市场绿色公司债募集资金用于绿色项目的比重要求为不低于70%，显著低于银行间市场和国际上通行100%的比重要求。缺少统一且与国际接轨的绿色债券标准，对我国绿色债券市场的发展形成阻碍。2022年，在人民银行和证监会指导下，绿色债券标准委员会发布《中国绿色债券原则》，明确了绿色债券的定义及募集资金用途、项目评估与遴选、募集资金管理和存续期信息披露等绿色债券四项核心要素，标志着我国国内初步统一、与国际接轨的绿色债券标准初步建立。

七是稳妥推动债券市场对外开放，以开放促改革、促发展。2015年以来，我国债券市场对外开放取得较大进展。先后引入国际开发机构、境外非金融企业、金融机构、主权政府等境外发行人发行熊猫债，持续拓宽境外机构投资境内债券的主体范围和投资品种。加强境内外市场基础设施的合作与联通，创新推出"债券通"，提升境外机构投资便利度。健全针对外债和跨境资本流动的宏观审慎政策框架，有效防控对外开放过程中的风险。将境外机构投资范围进一步扩充至交易所市场，统筹同步推动银行间债券市场和交易所债券市场对外开放。2022年末，熊猫债发行主体已涵盖政府机构、国际开发机构、金融机构和非金融企业等，累计发行规模6 308.2亿元，已经有1 071家境外机构进入银行间债券市场，是2014年末的5.1倍。境外机构在银行间债券市场的托管余额为3.4万亿元，持债比例由2014年末的1.77%提升至2.71%。

五、对于当前中国债券市场几个重要问题的认识

经过数十年发展，中国债券市场取得了令人瞩目的成绩。但当前仍然存在一些问题，其中部分问题各界可能还有一些争论，需要有效厘清，加快凝聚共识。

（一）关于市场统一与竞争的问题

从国际经验来看，多个市场良性有序竞争，有助于维持市场活力、激发市场潜能、推动市场创新。例如美国证券市场长期存在由多个交易场所组成的多层次资本市场体系，交易场所尤其是纽交所和纳斯达克证券交易所之间良性有序的竞争，对于促进交易场所等市场基础设施创新交易方式、提升服务水平发挥了重要作用，是美国证券市场长期保持全球领先地位的重要内生动力。

人民银行从金融改革和服务实体经济大局出发，充分借鉴国际成熟市场经验并结合我国实际国情，面向合格投资者，按照场外市场模式发展银行间债券市场，并在2007年成立交易商协会对短期融资券、中期票据等债务融资工具品种实施注册制，推动银行间债券市场取得跨越式发展。在人民银行带动下，证监会、发改委也积极改革创新，放松管制。2015年以来交易所市场也积极推动场外公司债市场的发展。在交易所市场适度竞争的推动下，银行间市场近年来也积极推动改革，由此形成了交易所市场和银行间市场良性适度竞争的格局。

（二）金融风险仍集中于银行体系的问题

从国际经验来看，债券市场投资者结构与一国融资结构高度相关。以间接融资为主的国家，金融资产分布主要集中在存款机构，商业银行持债比重相对较高。而以直接融资为主的国家，金融资产分布较为分散，商业银行持债比重相对较低。例如德国和日本都是银行主导的金融体系，2013年银行资产占金融资产的比重分别为77%和61%，与此对应，两国商业银行持债的比例相对较高，分别为32%和37%。而美国的资本市场很发达，非银行金融机构在金融体系中的作用较大，与此对应，基金类集合投资人是美国债券市场最重要的债券投资主体，2013年持债比例为21%，银行持债比例仅为13%。

我国长期以来以间接融资为主，银行自营持债比例一度处于较高水平，但近年来随着金融市场快速发展，投资者群体日益多元，银行自营持债比例已明显下降。截至2022年9月末，广义资管产品持有公司信用类债券规模占比已达71.8%。并且随着2018年"资管新规"发布后银行理财逐步打破刚性兑付,实施净值化管理,银行理财子公司陆续成立并参照基金公司进行独立运营,此前银行理财产品刚性兑付导致银行理财风险难以与银行有效分离的问题也将逐步得到解决。

(三)关于自律管理与行政监管关系的问题

从国际市场经验来看,各国债券市场多为自发形成的场外市场,并普遍在发展过程中演化形成了包括中央银行、证券监督管理机构、自律组织在内的,以功能监管为核心的多层次债券市场管理体系。中央银行由于实施货币政策、维护金融稳定等职责均与债券市场密切相关,通常从宏观调控、金融稳定角度参与债券市场管理。证券监督管理部门的核心职责在于保护投资者利益,主要从打击证券欺诈、操纵市场、内幕交易等违法行为,维护市场公平、公正角度实施市场行政监管。自律组织则主要通过制定自律规则、实施自律处分,对债券市场实施自律管理。

鉴于债券市场主要以机构投资者为主,自律管理应在债券市场发挥主要作用。证监会在查处重大违法违规案件方面具有经验和优势,由其实施跨市场执法,既能统一执法尺度和标准,避免监管套利,又能弥补自律组织自律处分威慑力不足的问题。

(四)关于债券市场多层次发展的问题

资本市场具有多层次性。国际成熟市场多从发行人、投资人等不同维度对债券市场进行分层，并实施差异化管理。从我国市场实践看，2016年债务融资工具率先引入了分层分类管理理念，对部分大型优质企业实行便利化融资安排，但当前我国债券市场整体分层仍然不足。造成这一问题有若干关键因素。一是债券产品种类不够丰富。我国公司信用类债券市场虽然有包括公司债、企业债、短期融资券、中期票据等在内的系列产品，但与国际成熟市场相比产品序列仍不完备，尤其是高收益产品欠缺，不能充分满足不同层次发行人和投资人的多元化投融资需求。二是债券市场投资人不够多元。部分重要投资者，如养老金、私募基金、非金融企业等发展不足或进入债券市场存在困难，导致市场投资人层次不足。三是风险对冲、风险处置等市场机制不够健全。我国信用违约互换（CDS）等风险对冲工具发展缓慢，违约债券交易等风险处置机制尚处于起步阶段，高风险投资人难以通过市场化方式有效管理风险，对高收益产品发展形成阻碍。

推动我国债券市场多层次发展，除在注册发行端深化分层分类管理外，还需结合我国市场发展需求，进一步加大产品创新力度，同时引入更多类型投资者，并根据风险承担能力和风险偏好对投资者进行合理分层，在投资人适当性管理基础上匹配各层次产品供给。此外，还要加快推动信用违约互换市场发展、加快发展违约债券交易等市场化违约处置机制，有效满足各类市场投资者风险管理需求。

（五）关于信用衍生品市场发展不足的问题

衍生品市场对于金融市场价格发现、风险管理均具有重要作用。交易商协会自2010年以来持续推动我国场外信用衍生品市场发展，目前已形成包括信用风险缓释合约（CRMA）、信用风险缓释凭证（CRMW）、信用违约互换、信用联结票据（CLN）等在内的场外信用衍生产品体系。2019年，交易所市场也推出了信用保护合约和信用保护凭证两类信用衍生品。此外，银行间市场和交易所市场还分别在2018年推出"民营企业债券融资支持工具"，应用信用风险缓释凭证等信用衍生品支持民营企业等弱资质主体发行债券。

近年来国际主流信用衍生产品在我国相继推出，但受制于发展阶段、机制建设等问题，我国信用衍生品市场整体发展仍相对不足。截至2021年末，全球信用衍生品存续名义本金约为9.1万亿美元，同期我国银行间市场信用风险缓释工具存续规模约为422亿元，存在较大差距。这背后的原因是多方面的。一是市场主体对信用衍生品的需求和认识仍有不足。由于我国债券市场发展历史较短，且此前较长时间都没有发生违约，市场主体对信用衍生品的需求，以及对信用衍生品功能的认识都不充分。二是信用衍生品监管准入限制整体过于严格。受信用衍生品在美国次贷危机中暴露的风险的历史教训影响，我国金融监管部门对相关机构参与信用衍生品业务均采取严格准入管理。比如，保险等机构开展信用保护卖出业务受到明确限制。实际上，美国次贷危机爆发的主因在于产品结构过于复杂，市场透明度不足，信用衍生品被大量用于投机套利，背离了风险管理的初衷。管控信用衍生品市场风险，关键在于明确定位，即主要发展结构简单的基础性衍生品，同时持续强化市场交易行为和透明度监管，而不是在市场准入方面施加过多限制。三是相关配套制度仍不健全。例如信用风险缓释工具的资本缓释功能长期未能有效明确，对市场主体有效参与信用衍生品市场形成阻碍。

（六）关于商业银行主承的问题

我国债券市场银行类主承销商和证券公司类主承销商并存格局的形成有其历史原因。1997年，银行间债券市场成立，人民银行总结历史经验教训，明确了银行间债券市场面向机构投资者、依托场外市场的发展方向。同时，银行间债券市场创造性地引入商业银行担任主承销商，充分发挥商业银行的经营优势和资金优势，有效推动了市场发展。一方面，商业银行在我国金融体系中占据主导地位，2021年末，银行业金融机构总资产规模达345万亿元，资产规模在全部金融机构中占比达九成，商业银行担任主承销商有助于发挥商业银行资金优势。另一方面，商业银行借助为企业提供存贷款、结算等业务的机会，掌握发债企业更多信息，有助于更好地把控和防范发债企业信用风险。但也要防止商业银行基于揽储需求，滋生与发行人之间的利益输送问题，导致市场价格发生扭曲。

在我国分业监管的格局下，商业银行兼营银行信贷业务和债券承销业务，可能造成的利益冲突和监管套利问题广受各界关注，对此，要综合考虑市场发展现状和长远目标，逐步完善制度规则体系。短期来看，需要强化商业银行内部"防火墙"建设，从组织机构、人员设置、审批管理权限以及业务操作流程等维度，在银行存贷款业务、债券投资业务与债券承销业务之间实施有效隔离，防止利益输送。长期来看，需要强化商业银行债券承销业务监管，按照功能监管理念，统一商业银行和证券公司开展债券承销业务的监管标准，通过监管标准的统一，有效防范监管套利。

（七）关于高收益债市场发展不足的问题

探索发展高收益债券市场，不仅有利于促进中小企业和科技创新企业的发展，也有利于推动多层次资本市场建设，提升金融普惠性和可获得性。我国债券市场近年来取得跨越式发展，债券融资已成为企业仅次于贷款的第二大融资渠道。但是，从多层次资本市场建设的角度来看，债券市场还存在明显不足。目前，债务融资工具、公司债、企业债等三大类公司信用类债券品种基本属于高评级债券，主要服务四五千家大中型企业。高收益债券市场相对缺位，使中小企业、科技创新企业等较难通过债券市场获得融资，不利于提高直接融资比重，金融普惠性等重大改革的战略作用难以有效发挥。

与欧美等成熟经济体系相比，我国高收益债券市场发展相对迟缓，受多方面因素影响。一是债券市场法治环境仍不够健全。对违法行为的法律惩戒和相应司法程序仍不够完善，违约处置效率仍然偏低。二是信用衍生品市场尚未得到充分发展。信用衍生品市场规模较小，参与机构较少，市场机构难以通过信用衍生品对冲投资高收益债券面临的信用风险。三是高风险偏好投资者培育仍明显不足。私募基金、对冲基金等高风险偏好投资者发展不足，同时相关监管部门对银行、保险等机构债券投资标的限制严格，使高收益债券缺少投资者基础。四是信用评级区分度低，不利于高收益债券合理定价。我国公司信用债信用评级集中于AA级及以上，且在债券违约发生后，评级机构通常快速大幅下调评级，无法形成发行人信用分层，也不利于高收益债有效定价。

（八）关于《证券法》与《公司债券管理条例》

从国外成熟市场立法实践来看，《证券法》都是资本市场基本法。美国、日本等国制定证券法时，会覆盖各个证券子市场，并根据市场发展实践不断调整各类证券产品在发行、交易、信息披露等各个环节的制度规则，以更好地适应市场发展要求。与国际成熟市场不同，我国《证券法》诞生之初的定位是以解决上市公司股权融资问题为主的部门法，而非资本市场基本法。早期相关制度规则主要围绕股票市场制定，对于债券等股票之外的其他证券类别未做针对性的制度安排。2019年新《证券法》一定程度上增加了针对债券市场的法律条款。但新《证券法》中公司债券相关规则依然主要立足于场内市场和公开发行，强调保护包括自然人在内的中小投资者，对于非公开发行市场发行转让、信息披露、投资者保护、法律责任等仍未做出明确法律安排。同时，新《证券法》对于公开发行与非公开发行的界定标准也不清晰，"特定对象""发行累计超过200人""不得采用广告、公开劝诱和变相公开方式"等界定标准在债券市场的适用性均存在争议。

未来，应继续推动《证券法》修订，改变侧重股票市场、侧重场内市场的现状，使其能够更好地适用于整个债券市场，真正成为资本市场的基本法。同时，有关部门正在推动制定《公司债券管理条例》，以期能够补上目前证券法律对非公开发行规定不足的短板，如能借助此次法律制定契机，明确债券非公开发行在发行转让、信息披露、投资者保护等方面的制度安排，将对市场发展产生重要意义。

（本章执笔人：贾颖、漆鑫、许琛）

第二章

中国债券市场的违约与处置机制建设

从世界范围来看，经济有周期，市场有违约，这是正常现象。不仅是企业发行的债券会出现违约，甚至一些国家发行的主权债券也会出现违约。21世纪初期，虽然中国债券市场进入快速发展阶段，但金融市场"新兴加转轨"的特征仍非常明显，直到2014年以前，中国债券市场在很长时间内都没有发生实质性违约，这一时期被称为"零违约"时期。这并不是一种正常的市场状态。2014年后，"11超日债"成为国内公募债市场的首例违约，中国债券市场违约进入常态化阶段。近几年，年度违约规模已超过千亿元。违约总体走势与宏观背景密切相关，逐步趋同于全球市场违约的特征。但是，由于中国债券市场是在金融生态还不健全的情况下发展起来的，违约也出现了一些和国际上不太一样的情况，存在相对集中违约的情况，同时表现出非市场化的特征。从一些典型的违约案例来看，存在高风险信用债卖给不具有风险承担能力的个人投资者、地方国企恶意"逃废债"、个别民企被质疑财务造假等问题，这些问题制约了市场机制在违约处置中发挥作用。从中国的现实情况来看，在未来，一方面要完善债券市场的基本制度、规范中介机构行为、厘清政府和企业的边界，另一方面要逐步建立完善应对正常违约的市场化、法治化处置机制。只有这样，中国债券市场才能更加成熟高效，既有常态化的违约，又可以依靠市场自身的力量平稳处理违约。

一、如何正确认识债券市场的违约

违约是债券市场一个非常重要的概念。从理论上讲，违约通常是指债务人不能按既定的金融契约偿还债务。在实践中，不同的债务品种、不同的机构会采取不同的违约定义。总体上来看，国际评级机构由于发展历史相对较长，积累的违约情景多样化，对违约的定义相对明确。穆迪、标普、惠誉等国际评级机构对于债务违约的定义大同小异，主要包括以下几类事件：一是债券发行人或债务人未能按照相关合约规定支付利息或本金；二是债券发行人或债务人申请破产、被接管、清算或停业，未来可能不能履行或延期履行支付义务；三是债券发行人或债务人要求债务重组，导致原始债权人利益明显受损；四是主权国家推行币制改革等导致的贷款或债券付款条件发生变化，使债券发行人或债务人可以承担较少的金融义务。

债券市场的违约是一种正常现象，是微观主体信用风险释放的自然反应。按照标普、穆迪等国际评级机构的统计，全球每年都会有少则几十家、多则数百家大中型企业出现债券违约，而且越是在成熟的债券市场，违约现象就越常态化。正常的违约有利于债券市场长期健康发展。有了违约，信用定价才有基础，债券市场的资源配置功能与效率优势才能得到发挥；有了违约，对发行人和投资者才有制约，发行人会更加审慎经营，投资者会不断提高风险识别的能力；有了违约，信息披露制度、评级制度、会计制度、受托管理人机制才有存在的价值。事实上，不仅信用债会违约，主权债也可能违约。21世纪以来，仅拉美地区主权债务违约就涉及超过10个国家，阿根廷、智利、秘鲁等国家甚至发生多次违约；希腊于2012年2月宣告主权债务违约，随后蔓延至整个欧洲，西班牙、爱尔兰、葡萄牙和意大利等国均出现主权信用危机；近期，则有2022年斯里兰卡爆发自1948年独立以来的首次主权债务危机，以及俄罗斯在俄乌冲突后受欧美制裁导致付款通道不畅出现所谓"违约"。其中，阿根廷政府在进行主权债务重组过程中与重组之后，与秃鹫基金等少数债权人进行长时间拉锯，最后为了重新进入国际市场融资，只能与秃鹫基金谈判达成协议，满足秃鹫基金的诉求，这成了一个经典案例。

从成熟市场经验来看，债券市场是机构投资者市场，由于机构投资者具备较强的风险识别与风险承担能力，有些机构在参与违约处置方面的经验也非常丰富，正常的违约是可以依靠市场解决的。主要面向机构投资者是债券市场发展的基本规律，成熟债券市场绝大部分债券是机构投资者持有的，特别是公司信用类债券，风险差异比较大，即使是同一家企业的不同债券，由于债券要素不同，其信用风险也是不同的，所以基本全部由机构投资者持有。一方面，大部分机构投资者可以通过组合投资与使用风险对冲工具的方式，进行风险分散分担，哪怕投资组合中有几只债券违约，对投资组合的整体收益率影响也不会很大。华尔街传奇人物米尔肯在德崇证券最早成立了"垃圾债"交易部门，经其推荐的"垃圾债"组合的年收益率达到50%以上，这也引领了很多机构专门从事"垃圾债"的投资交易。另一方面，债券违约不是一下子就发生的,在出现风险迹象至最终违约的过程中,风险债券会不断转手,向秃鹫基金等少数具有专业经验的机构集中,这有利于后续的违约处置。秃鹫基金等机构风险承担能力更强,投资策略多元,有些机构希望通过"债转股"操作实现对困境企业的股权控制,而有些机构希望通过债务重组或清算获取高于抄底成本的收益。秃鹫基金集中收购风险债券,也能避免持有人过多造成意见不统一,另外,秃鹫基金参与违约处置的经验非常丰富,这从其与阿根廷政府的博弈中取得最终胜利就能看出来。也就是说,只要不涉及内幕交易、发行欺诈、操纵市场,正常的违约是可以通过市场机制自行解决的。

中国债券市场在发展过程中经历了较长的零违约时期,扭曲了资源配置。进入21世纪后,中国债券市场虽然发展很快,但曾经很长一段时间没有发生实质性违约(零违约时期),这主要与三方面背景有关。第一,我国改革开放初期强调集体信用而非个人信用,但金融市场的发展必须建立在个人信用基础上,没有个人信用,违约就没有基础。近年来,随着会计、征信、评级体系不断发展,个人信用体系才不断完善。第二,我国公司信用债市场上,国有企业占据绝对主导地位,目前在存量债券中占到百分之八九十,各级政府在国有企业债券出现偿付问题的时候,会想办法进行支持。第三,我国一直高度重视维稳,而债券违约的牵涉面比其他融资手段广泛得多(交易所市场的债券还曾大量卖给个人),为了防止出现群体性事件,各方一般也会协调兑付。事实证明,零违约不是一种正常的市场状态,它扭曲了债券市场的资源配置功能,不利于市场的长期发展。一方面,为了防止到期不能兑付可能给社会稳定带来的风险,管理部门早期对公司信用类债券实行严格的审批管理，只有极少数资质良好的大公司可以发债融资，同时强制要求担保，这阻碍了公司信用类债券的发展。直到 2005 年，人民银行率先对短期融资券实施备案制，减少发行管理的行政干预，公司信用债市场才迎来真正的发展。另一方面，信用定价机制较难建立，市场长期没有信用分层。结果是，民营企业债券融资困难，在公司信用债市场中占比较低，同时，投资者不关注、不研究发债企业的信用基本面，长期不使用风险对冲工具，在市场波动时行为一致。

二、中国债券市场违约的基本情况

近年来，中国债券市场违约日益常态化，表现出与全球市场违约特征趋同的走势。但一些典型案例反映出中国债券市场存在的特殊情况，在解决违约处置相关问题时也需要关注。

（一）过去 40 年全球企业债券违约的基本特征

第一，债券违约与全球经济金融背景密切相关。受限于全球违约数据获取的局限性，我们使用标普、穆迪等国际评级机构统计的数据作为参考，国际评级机构统计的样本具有一定代表性，但受评企业更集中在美国等成熟市场，对新兴市场覆盖率较低。如图 2-1 所示，根据标普公司的统计（包括标普全球评级 1980 年之前有过评级的企业以及 1981—2021 年首次评级的企业，共计 22 469 家），2009 年全球共发生 268 起债务违约，是发生违约最多的一年，违约最少的是 1981 年，当年仅有两家企业债务违约。1981—2021年，全球共发生了四次企业债务"违约潮"，分别是在1990—1991年、2001—2002年、2008—2009年和2020年。这四个时期，一年内的债务违约事件最高分别达到93起、229起、268起和226起。究其原因，与美国20世纪90年代初的经济衰退、2000年初的互联网泡沫破灭、2008年的全球金融危机和2020年的全球疫情暴发密切相关。

2021年是疫情后全球经济恢复的一年，与历史上大多数的经济恢复期一样，违约率较之前明显下降。根据标普公司的统计，全球企业债券违约数量从2020年的226家降至72家，全球"投机级"企业债券的违约率再次降至低于2%。评级下调次数也有所下降，评级上调次数超过了下调的1.85倍。尽管与2020年相比，整体信用质量有所提高，但标普的评级分布仍然较弱，截至2021年底，14.5%的评级为"B-"或更低，高于十年前的7.4%。

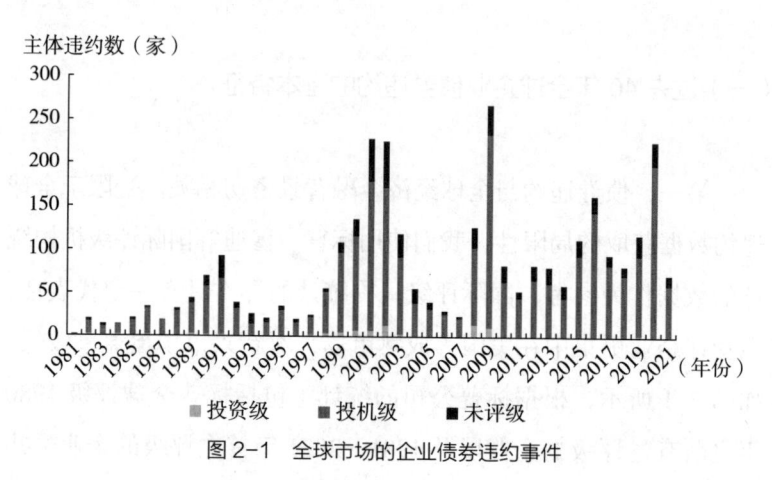

图2-1 全球市场的企业债券违约事件

数据来源：标普公司，2022，"2021 Annual Global Corporate Default Study And Rating Transitions"。

第二，绝大多数的债券违约都发生在"投机级"和未评级债券，"投资级"债券违约概率较低。根据标普公司的统计（见图2-2），1981年以来，全球企业债券的违约率[①]平均为1.46%，其中"投机级"企业债券的违约率平均为3.95%，而"投资级"企业债券的违约率平均不足0.1%。即使在发生"违约潮"的2001—2002年和2008—2009年，"投资级"企业债券的违约率最高也未超过0.42%。2010—2021年，全球企业债券违约共发生1 229次，其中仅有4次发生在"投资级"企业，分别是2011年1次、2016年1次和2019年2次，其他均属于"投机级"和未评级债券。

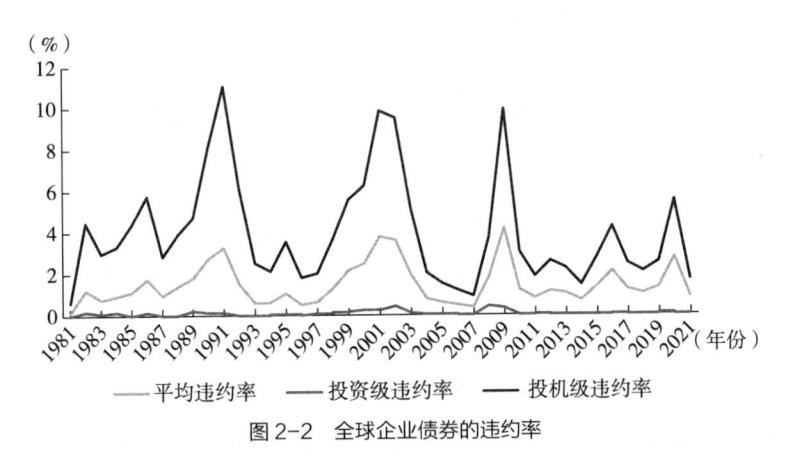

图 2-2 全球企业债券的违约率

数据来源：标普公司，2022，"2021 Annual Global Corporate Default Study And Rating Transitions"。

第三，近几年，消费服务、能源和自然资源行业相关企业的违约家数较多，2021年共有29家违约，占总数的40%；从违约

---

① 基于违约主体数量计算的，而不是违约金额，下同。

率来看，2021年，能源和交通运输业的违约率高于2%，其他行业都低于2%（见图2-3）。（相比历史平均水平，2021年大多数行业的违约率都有所下降，但交通运输业和房地产业的违约率明显高于历史平均水平，高出约0.5个百分点。）

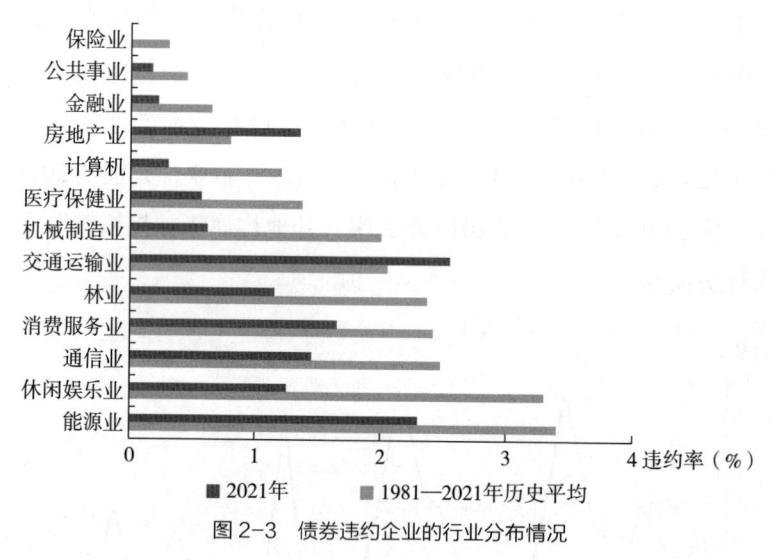

图2-3 债券违约企业的行业分布情况

数据来源：标普公司，2022，"2021 Annual Global Corporate Default Study And Rating Transitions"。

第四，债券违约是全球普遍现象，近年来新兴市场国家的债券违约现象开始增加。根据标普公司的统计（见图2-4），企业债券违约的区域分布呈现以下三个特征。一是高收益债市场比较发达的国家违约数量相对较多。例如，2008—2009年全球金融危机期间，全球共有338家企业发生债务违约，其中美国企业248家。一方面，美国的受评企业发行人数量最多，2021年初时约占全球的46%；另一方面，美国高收益债市场比较发达，发债企业中"投机级"企业数量较多，2021年初占到全球"投机级"企业数量的52.5%。二是近年来新兴市场国家的债务违约现象明显增加。2008—2009年，新兴市场国家共有46家企业发生债务违约，接近欧洲国家的两倍。此后数年，新兴市场国家的债务违约企业数量也普遍多于欧洲国家。三是"违约潮"前后一段时间，新兴市场国家的企业违约数量增幅较其他地区更加明显。例如，2000年欧洲和新兴市场国家的违约企业数量分别为4家和5家，2001年这两个区域的违约企业数量分别增加到12家和17家，2002年则分别达到19家和53家。

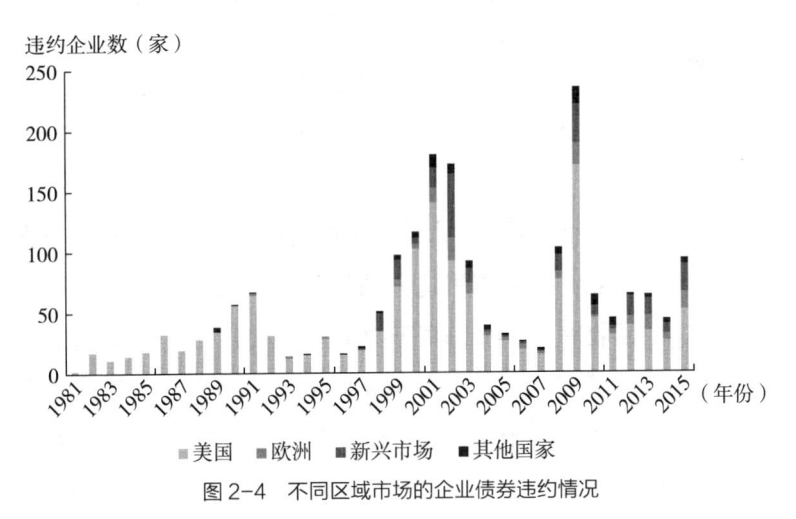

图2-4 不同区域市场的企业债券违约情况

数据来源：标普公司，2016，"2015 Annual Global Corporate Default Study And Rating Transitions"。

第五，由于银行贷款通常有抵押物，而公司信用债大多属于信用产品且信用增进措施相对不足，因此债券违约回收率低于银行贷款。穆迪评级公司的统计结果显示（见图2-5），违约企业债券的平均回收率为42.4%，明显低于银行贷款70%左右的回收率。

图 2-5 企业债券违约的回收率

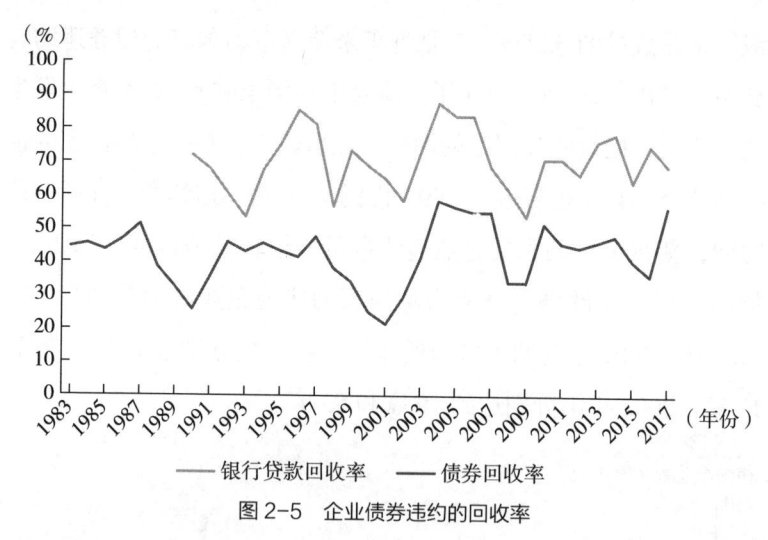

数据来源：穆迪公司，2018，"Corporate Default and Recovery Rates, 1920—2017"。

第六，近几年困境发行人债券置换的广泛应用，提升了企业债券违约的回收率。根据穆迪公司的统计，2017年高级无担保企业债券的回收率是54%，高于2016年的31%，也显著高于历史均值。穆迪公司认为，一个重要原因是困境发行人债券置换的广泛应用。2008年困境发行人债券置换占到违约事件的26%，2010—2016年该比例提升至39%。而根据标普公司的最新统计，2021年的企业违约事件中，困境发行人债券置换占56.9%，本息到期未兑付占29.2%，只有11%是各种类型的破产。

与破产等违约处置方式相比，困境发行人债券置换的偿付率更高。据穆迪公司的统计（见表2-1），经债券置换的高级无担保债券最终偿付率在70%，而破产程序下的偿付率为40%；经债券置换的次级债券最终偿付率在65%，而破产程序下的偿付率为21%。困境发行人债券置换的偿付率较高有多方面原因，包括债券置换节约破产程序的高昂成本，为债权人保留了更多公司价值，以及发行人为吸引债券持有人参与债券置换，往往开出具有竞争力的置换条件。

表 2-1　困境发行人债券置换与破产偿付率比较

种类	困境发行人债券置换		破产	
	最终偿付率	样本量（家）	最终偿付率	样本量（家）
高级担保债券	83%	81	60%	649
高级无担保债券	70%	372	40%	1 200
次级债券	65%	137	21%	765

数据来源：Moody's Investors Service。

（二）中国债券市场违约的总体特征

进入 21 世纪后，中国债券市场发展很快，特别是公司信用类债券市场实现了跨越式发展。2014 年以前，中国债券市场也有一些风险事件，比如，2010 年加强融资平台管理之后，城投企业融资环境趋紧，2011 年就有个别城投企业向债权银行表示"只付息、不还本"，导致当年城投债券信用利差大幅走扩，但在很长一段时间内，债券市场没有发生实质性违约（零违约时期）。2014 年"11 超日债"成为国内公募债市场的首例违约。总体来看，债券违约与宏观经济背景密切相关。

第一阶段是 2015—2016 年，2016 年的违约金额升至 390 亿元（见图 2-6），主要原因是部分行业产能过剩，波及较多的国企。这一期间，违约事件主要集中在产能过剩行业，如钢铁、有色金属、煤炭、光伏等。当时正处于宏观经济换挡期和去产能时期，部分过剩产能行业的企业前期盲目举债扩张、债务率大幅上升。随着行业景气度下滑，经营基本面恶化，经营现金流难以覆盖到期债务，导致出现信用风险，天威集团、东北特钢、广西有色、山水水泥等企业相继发生违约或破产。随着供给侧结构性改革的推进，相关行业在淘汰落后产能后，行业景气度明显反弹，企业经营逐步恢复，盈利大幅改善，2017年违约大幅回落。

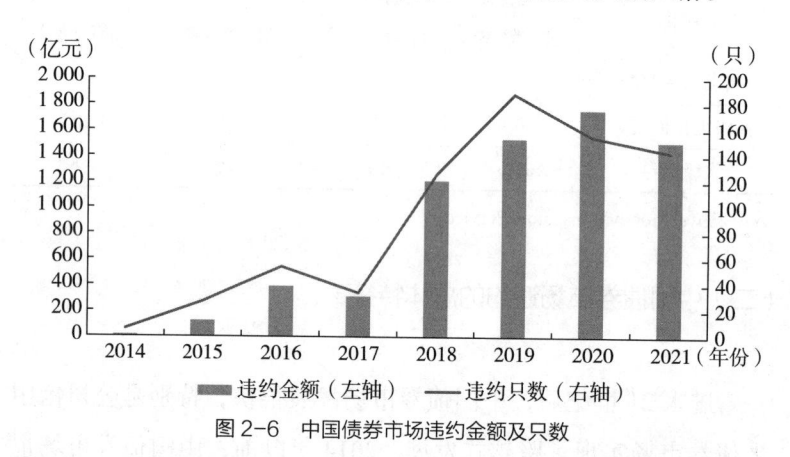

图 2-6　中国债券市场违约金额及只数

数据来源：NAFMII 整理。

第二阶段是 2018—2019 年，这两年的违约金额分别达到 1 210 亿元和 1 535 亿元。2018 年整顿影子银行，个别企业前期经营激进，过度依赖影子银行加杠杆，导致这些民营企业债券违约增加。民营企业违约更深层原因是企业过度投资，产能盲目扩张，偏离主业，多元化经营，高杠杆运营以及公司治理不完善，导致经营业绩下滑。2018 年下半年开始，康得新、康美等个别民营企业巨额财务造假引发市场对于民营企业财务真实性、抗风险能力的担忧，导致市场信心进一步受挫，部分投资人对民营企业债券"一刀切"。截至 2023 年，民营企业信用修复仍十分艰难。

第三阶段是2020—2021年，违约金额分别达到1 758亿元和1 512亿元，疫情造成企业经营困难、地方财政收入下降，2020年违约波及各类型主体，国有企业违约明显增加，2021年由于房地产行业下行，民营房企违约增加。随着疫情的持续影响，实体企业营收受到很大影响，同时地方财政实力下降，一些企业信用风险突出。2020年债券市场违约的典型特点是国有企业违约增多，占全部违约规模的一半左右，如华晨、永煤等，主要有以下几方面原因：一是受经济周期下行叠加疫情冲击影响，部分传统行业弱资质国企经营能力下降，前期高杠杆运营、管理混乱等问题暴露；二是部分地区产业结构不均衡，国企改革推进难，财政压力凸显，金融环境恶化，财政、金融对国企外部支持力度减弱；三是个别企业恶意违约产生了不良的市场影响，如华晨集团违约前夕转让核心资产等。2021年以来，房地产市场进入下行周期，同时融资渠道收紧，特别是中国恒大出现信用事件后，金融市场对房地产行业的预期普遍悲观，加剧了各个融资渠道的收缩，民营地产企业信用风险压力持续加大，违约显著增多。同时，房地产行业的下滑也带动上下游企业信用风险压力增大。

中国债券市场违约与全球市场的违约相比，有以下几方面特征。第一，中外的债券违约都呈现出与实体经济周期高度相关的特征。在宏观经济下行、经济金融危机或行业经营困难时期，企业债券违约会明显增加，全球历史上的"违约潮"与中国过去的违约高发阶段都是如此。第二，由于高收益债市场还没有发展起来，以及仍存在一些外部支持，中国债券市场的违约率目前低于全球水平。2014—2019年，中国公司信用债的边际违约率有所抬升，但目前仍低于全球1%~2%的企业发行人违约率。中国主体口径的平均违约率约0.52%，规模口径的平均违约率约0.23%。主要原因是，中国高收益债市场至今仍没有发展起来，低资质的企业较难进入债券市场，此外，一些企业出现偿付问题时仍会得到地方政府的支持。第三，由于司法处置效率不高且存在地方干预行为，中国违约债券的回收率较国际水平偏低。全球违约债券的回收率是40%~50%，中国违约债券的回收率如果只看已完成处置的部分可能比较高，但由于司法处置效率不高并存在地方政府干预行为，完成处置的违约债券比例较低，一些违约债券长期得不到处置，也就是说，实际上我国违约债券的综合回收率是比较低的，低于全球市场的水平。

（三）一些典型违约案例反映出来的问题

对比国际上成熟的债券市场，中国的债券违约还存在着一些特殊情况，不能与正常的违约同等看待，有些违约很难通过市场机制解决，成为过去中国债券市场违约处置的阻碍因素。

1. 部分高风险债券卖给了个人投资者

银行间债券市场是机构投资者市场，但交易所债券市场中有个人投资者。直到2015年，交易所债券市场才大力引入各类机构投资者，并逐渐建立大公募、小公募、私募发行等层次，因此有了初步的投资者适当性管理。实际上，在早期，不少交易所市场的公司信用债被大量卖给个人投资者，不仅包括公司债，还包括20世纪八九十年代的企业债。当时债券违约的一个典型特征是波及大量个人投资者，违约处置难度增加。

2014年3月，上海超日太阳能科技股份有限公司（以下简称超日股份）公告称，其在交易所发行的公司债"11超日债"无法按期兑付全部利息，成为国内公募债市场首例违约。超日股份为民营上市公司，主要从事多晶硅和单晶硅电池组件的生产和销售业务，产品主要销往欧洲市场，主营业务收入中境外市场占比最高，在2010年达到99.7%。2011年以来，由于欧洲光伏行业产能严重过剩以及欧美对中国光伏产品实行"双反"等因素，光伏产品价格大幅下跌，公司盈利能力不断下降、现金流趋紧。与此同时，公司没有很好地控制欧债危机后的汇兑损失，同时产能持续激进扩张，导致财务费用和管理费用维持较高增速，应收账款也持续扩张。超日债的违约是行业周期变化与自身经营不善共同造成的，此类违约并不奇怪。但有机构透露，"11超日债"有数千名债券持有人，以个人投资者居多，比例或接近九成，其中不乏用养老钱投资的退休老人，这些人既不具备风险承担能力，也不了解违约处置程序，更不熟悉法律维权手段。在实际处置过程中，由于债券持有人众多，行动难调一致，持有人会议多次未能顺利召开。即使有少数投资人通过状告发行人、承销机构存在违规行为等方式来维权，效果也不好。尽管最后通过破产重整方式引进了第三方战略投资者，解决了债权人赔付的问题，但也暴露出投资者适当性管理制度不健全，为行业敲响了警钟。

在超日债违约之前，早期的企业债券市场也出现过一些国企债券逾期事件，企业债券通过银行柜台被大量卖给个人投资者，教训是相似的。1987年，《企业债券管理暂行条例》颁布，对企业债券发行实行计划分配，发行规模按省切块。企业债的投资者以个人投资者为主，识别和承担风险的能力较差。在20世纪90年代，随着经济体制改革深化和经济结构调整，一大批国有企业陷入困境甚至倒闭，不少企业债券出现了逾期未兑付的情况，并引发多起群体性事件，导致1993年国家对企业债券市场实行"债转贷"的治理整顿。此后较长时间，为防范风险，管理部门对企业债券实行严格的审批管理。

2. 少数国有企业违约存在"逃废债"问题

2015年4月，保定天威集团有限公司（以下简称天威集团）未按期兑付"11天威MTN2"的利息，成为银行间市场首笔违约债券，也是国有企业首例违约债券。天威集团是央企子公司，主要经营输配电业务以及光、风等新能源业务，2008年1月划入中国兵器装备集团公司，实际控制人为国务院国资委。2014年，天威集团亏损101.47亿元，截至2014年末，总资产129.17亿元，总负债209.53亿元，资产负债率为162.21%，已出现资不抵债问题。但2014年底，其下属控股上市公司保变电气向兵装集团定向增发1.62亿股股份。保变电气运营的输变电业务为天威集团核心盈利业务，增发后，天威集团失去保变电气第一大股东地位，且于2015年起将不再纳入天威集团合并报表范围。天威集团仅拥有光、风等新能源业务，净资产、主营业务收入和经营性现金流大幅下降，盈利和偿债能力进一步下滑。市场质疑，控股股东有意转移天威集团的核心优质资产，导致企业丧失偿债能力。

2016年3月，东北特殊钢集团有限责任公司（以下简称东北特钢）成为第一家公募债违约的地方国企。东北特钢是辽宁省的地方国企，自 2016 年第一只债券违约以来，在一年多时间内不断发生债券违约，波及众多投资人。东北特钢债券违约有一些客观因素，包括大连基地产能过剩、企业内部管理失效等，但地方政府在应对违约以及后续处置中，被质疑存在损害金融债权人合法权益的行为等。据媒体披露，在债券违约前，企业明确承诺"按期兑付"，出现违约之后，金融机构积极协调偿债方案，但当地政府的态度并不积极。债券违约后，地方政府先承诺"不对债券进行债转股"，之后又干预债券持有人对重组方案的决策，部分金融类和债券类债权人最终不得已接受重整方案。东北特钢债券违约事件所造成的影响是深远的，不仅对于债券市场，而且对于辽宁省的经济发展与金融生态造成很大的负面影响。

2016 年中铁物资债券风险事件也产生了不良的市场影响。中铁物资实际控制人为国资委，评级是 AA+，属于较高信用级别。2016 年 1 月，中铁物资在公开市场上正常发行了一期债务融资工具，随即于 4 月 5 日向 19 家贷款银行开会通报打折减息及债转股的重组计划，并成立债权人委员会。这个消息迅速在市场扩散，并造成投资者恐慌，严重影响了市场对央企的信心。4 月 11 日中铁物资债务融资工具暂停交易，进一步加剧了市场的担忧。从企业的情况来看，中铁物资在此前两年已逐步扭亏转盈，并在多省市拥有大量可交易土地，市场价值较高，具有一定偿债能力，在此情况下提出大幅削减债务规模的重组计划，与其在发债募集说明书中承诺的偿债保障措施是矛盾的。

永煤、华晨是 2020 年地方国企债券违约的典型案例。2020 年 11 月，河南省地方国企永煤控股毫无征兆地违约，相继涉及债券"20永煤SCP003""20永煤SCP004""20永煤SCP007"。尽管永煤控股当时面临一些困难，包括疫情冲击、处置资产不及预期等，但市场普遍认为，在传统信用分析框架下，永煤控股应具备偿债能力。2020年第三季度末，永煤控股的现金及现金等价物余额300多亿元，而且永煤控股主要贷款行的授信额度仍比较充裕。此外，11月初，永煤将其持有的5亿股中原银行股权无偿划转给河南机械装备投资集团有限责任公司，6.5亿股划转给河南投资集团。2020年10月，辽宁省地方国企华晨集团在交易所市场的私募公司债券出现违约，与永煤控股相似的是，其也曾明确承诺"按期兑付"，且财务报表显示货币资金数百亿元，华晨集团在违约前迅速划转核心资产，违约后又申请母公司破产，有市场人士质疑，当地政府存在不正当使用破产重整程序的行为。

3. 有些民营企业债券违约涉及财务造假

2018—2019年，债券市场的民企违约潮中，不少民企是行业龙头企业，却被质疑在违约之前存在财务造假，通过多种手段粉饰财务数据，对投资者决策造成误导。

2019年，康得新复合材料集团股份有限公司（以下简称康得新）有多只债券出现违约，引起了市场的广泛关注。康得新是高分子材料的龙头企业，但2015—2018年每个年度都虚增利润，虚增利润总和超过了公司上市以来的9年利润总和，高达119亿元。而2015—2018年，除了2018年会计师事务所出具"无法表示意见"外，其余三年均出示标准的"无保留意见"。会计师事务所还曾在2018年深交所问询康得新时，专门证明康得新的货币资金真实存在，但几个月后康得新100多亿元银行存款无端

"消失"。此外，国内评级机构的风险揭示功能也有所缺失。评级机构将康得新的评级由 AA+ 降至 AA 是在 2019 年 1 月 2 日，不到 10 天又降至 BBB，此时距康得新发布首次债券违约风险提示只有 5 天。

这一时期还有其他类似事件。2020 年 2 月，康美药业股份有限公司（以下简称康美药业）的公司债券发生违约，此后尽管有债券达成了展期，但更多债券陆续违约。康美药业是 A 股上市的白马股，但长期"存贷双高"。以 2018 年 9 月末为例，合并口径货币资金达 378 亿元，但银行借款及债券余额也达到 392 亿元，应收账款、存货、利润等财务科目的真实性也被质疑。2019 年 4 月，康美药业发布会计差错更正公告，对 2017 年财务报表进行重述，存货少计 195 亿元，货币资金多计 299 亿元，营业收入多计 89 亿元，营业成本多计 77 亿元。此外，还有发债违约企业前几大客户中的一些企业已注销或在工商系统中查询不到的情况，也有不及时披露对外担保、债务逾期等重要信息的行为。

4. 典型案例反映出来的经验教训

（1）债券市场的基本制度很重要，高风险的公司信用债不能大量卖给个人投资者，否则违约处置会面临很大的问题

个人投资者往往在投资知识、投资经验方面较为欠缺，在选择金融产品和服务上缺乏独立判断能力，承担投资损失的能力也比较弱，销售机构往往也没有尽到风险提示的责任。从实践来看，将高风险的公司信用债卖给不具备风险承担能力的个人投资者，会酿成风险。需要吸取 2014 年超日债违约事件的教训，此

外2008年的香港雷曼"迷你债"风波，本质上也是向个人投资者推销高信用风险债券的恶果。

（2）中介机构的作用很重要，资本市场应构建严肃有威慑力的法治环境

中介机构承担着债券市场"看门人"的角色，但在一些财务造假事件中，会计师事务所被质疑较多，有的机构与被服务企业合作多年，有的机构履职不力。我国法律及监管对财务造假的威慑力还不足，投资者在受到信息披露违规行为侵害时，较难通过法律途径维护自身权益。有媒体指出，2014年就有关于康美药业财务问题的实名举报，2017年又有举报人提起行政复议申请，但直到后来，康美药业及相关中介机构才被立案调查。

（3）中国债券市场情况比较特殊，国企占比偏高，存在政企不分、公司治理不完善的问题，国企债券违约与这些问题是联系在一起的，不能简单看待国企债券的违约

长期以来，一些地方政府有插手地方国有企业经营、财务等事务的习惯，一些国有企业一直未能完全建立现代公司治理体制，导致地方国有企业的生产经营要服务于地方政府的目标，如在永煤债券违约事件中，企业就要顾及地方就业。政府信用与企业信用混在一起，很难区分哪些亏损是政府干预造成的，哪些亏损是企业经营不善造成的。这种情况下，如果地方政府甩手不管债务包袱，完全交给市场处理是不合适的。有的地方政府还不当干预，插手企业的破产重组。在一些地方，把债务包袱成功推出去甚至会被认为是一种成绩，对当地实现脱困发展做出贡献，这种现象是不正常的。总之，对于国企债券违约不能简单去看待。

（4）从现实角度来看，"逃废债"的潜在危害非常大。短期会造成区域性、行业性的融资困难，长期会影响一个地区的金融生态和经济发展

近年来，债券市场投资人群体不断成熟，对打破刚兑的认识越来越理性，但地方政府干预下的企业"逃废债"，严重破坏市场规则并造成风险传染，打击了投资者信心，投资者只能选择"用脚投票"。

第一，中铁物资债券出现风险、暂停交易后，债券市场利率大幅上行，央企的发债难度明显上升。据机构统计，2016年4月11—15日，取消发行的债务融资工具达到51只，金额合计523.8亿元，环比大幅增加，其中，央企取消的只数和金额占比分别达到31%和35%，地方国企取消的只数和金额占比分别达到51%和47%。受此影响，公司信用债净融资在2016年4月和5月出现了连续大幅下滑（见图2-7）。

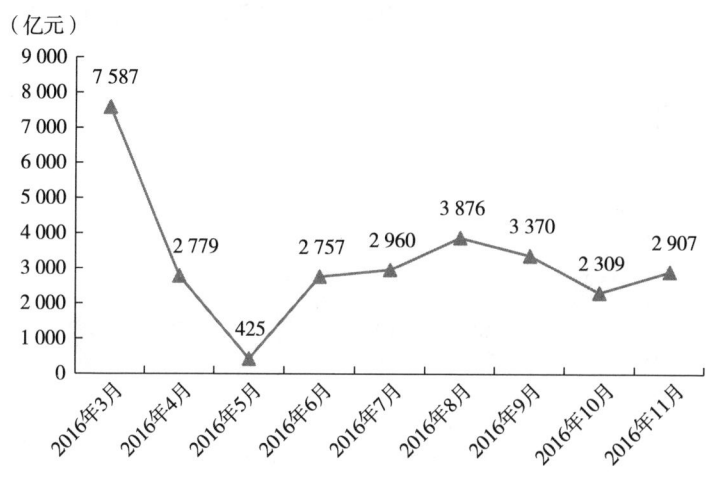

图2-7 2016年3—11月公司信用债净融资情况

数据来源：Wind。

第二，东北特钢违约事件后，全国性金融机构收缩信贷审批权，投资者选择"投资不过山海关"。在贷款方面，事件发生后全国性及省外银行机构信贷收缩显著，2010年以来，四大行和股份制银行在辽宁贷款余额中的占比总体趋于下降，但2016年末至2019年末分别下降了3.7和4个百分点，降幅远超之前几年。在债券方面，东北特钢债券违约后，辽宁公司信用债发行规模出现断崖式下跌（见图2-8），2017—2019年发行规模在900亿元左右，较2016年下降超五成，净融资持续为负；华晨集团债券违约后，2021年辽宁公司信用债发行规模进一步下滑至500亿元左右，净融资回落至-654亿元。由于地方金融生态遭到持久性创伤，辽宁经济发展与产业升级转型也受到影响。辽宁实际利用外国直接投资（FDI）从2013年的接近300亿美元降至2017—2018年的50亿美元左右，2019—2021年进一步降至30亿美元上下。辽宁GDP在2000年排名全国第8，2021年排名全国第17；辽宁GDP占全国比重在2000年为4.7%，2021年降至2.4%。

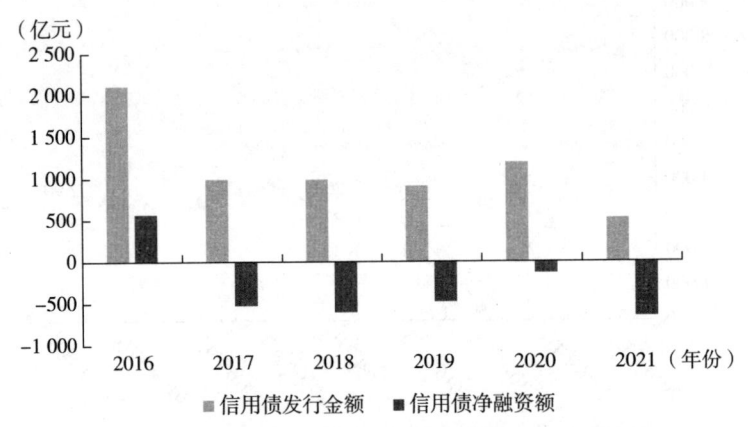

图2-8 2016—2021年辽宁公司信用债发行与净融资金额

数据来源：Wind。

第三，永煤集团债券违约以后，投资者对部分经济发展较为落后或动力不足区域、产能过剩行业以及弱资质主体规避情绪上升。不仅河南地区企业发债融资受阻，风险也逐渐传染至产业结构类似的河北、山西，以及债务负担较重的天津等地。2021年1—2月，公司信用债市场整体发行规模较上年同期增长16%，但河南发行量下滑近80%（见图2-9），河北、云南、天津地区也大幅下滑，降幅分别为54%、50%、31%。

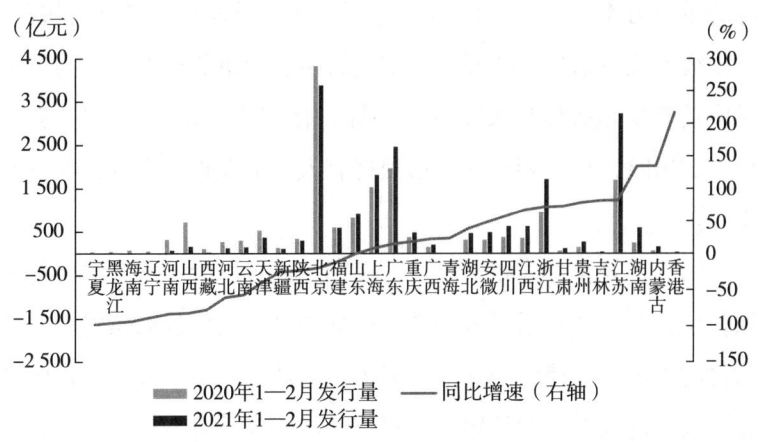

图2-9　各地2020和2021年1—2月公司信用债发行情况

数据来源：Wind。

三、中国债券市场加快违约处置机制建设

（一）中国债券市场早期违约处置实践及其问题

自2014年"11超日债"违约之后，公司信用债市场陆续出现违约事件，持有人不断探索各类处置方式。早期，各方均缺乏债券违约处置的经验，并无明确、清晰的求偿路径。不少投资人

仍寄希望于股东能进行刚兑，通过舆论继续向股东、中介机构施压；也有一部分投资人诉诸司法，通过起诉、查封资产等方式保全自身权益；还有一部分投资人与企业协商，通过债务重组获得求偿。由于各方经验不足、制度规范不完善等，早期自发探索的求偿方式结果不尽如人意。

第一，庭外处置操作不规范，容易存在信息不对称。如持有人在不知情的情况下，同一债项下不同持有人所签署的协议、获得的重组方案不同，可能因信息不对称，损害其他持有人权益；再如线上线下信息不匹配，登记托管系统记录的债券信息与债项对应的真实债务债权关系存在差异，存在"一券多卖""一券多付"的风险，且不利于其他债项持有人、潜在投资人进行处置和交易。

第二，处置方式相对单一。早期，处置风险的方式主要是担保代偿，或者企业通过各种方式筹集资金，完成延期偿付。其他偿付能力极弱的违约企业已经无力足额偿付，由于没有合适的处置方式，此类企业的处置一拖再拖。展期等一些不良贷款处置中常用的措施，尚未在违约债券处置中广泛运用。此外，也有少数企业尝试"火腿偿债""购物券偿债"等其他方式，但适用面较窄。

第三，处置时间不确定，多数违约事件回收期漫长。部分操作失误、短期流动性不足问题等造成的违约，以及违约后产生的影响使发行人更加重视债券偿付问题，推动违约债项快速解决，短则一天，长则半个月实现全额偿付。除此之外，更多的情况是，由于债券违约后产生一系列连锁反应，企业的债务问题愈加突出、资金愈加紧张、外部环境愈加不乐观，从单只债项的偿付问题演变为公司的债务危机。在这种情况下，如果采取诉讼，需经历申请、立案、审判等一系列环节，诉讼成功后执行也可能面临新的困难。如果进入破产程序，破产进程并不取决于债券持有人，而是取决于企业重组的价值。例如，天威集团自2015年违约后，2016年进入破产程序，2020年才被法院裁定批准重整草案。2021年8月末，累计已违约且未完成处置的债务融资工具中，超过两年无处置进展的约占四成。

第四，处置回收率总体偏低。回收率情况与违约原因、回收时长、企业基本面直接相关。不良资产处置中存在"冰棍效应"，即冰棍拿在手里的时间越长，化得就越快越多。债券违约处置也存在"冰棍效应"，如果违约处置快速完成，负面影响尚未全面发酵，则债券回收率较高；如果处置时间过长，会导致时间成本大大提高。此外，企业基本面与回收率情况直接相关。对于具有可持续经营基础的企业，经过资产重组、债务重组后，债券回收率尚可，甚至少数上市公司重组后股价大幅上涨，选择债转股的债券持有人获得数倍于成本的回报。

（二）中国债券市场处置机制建设情况

在债券市场违约率低的时期，处置机制建设的缺失对市场发展影响不大。随着我国债券市场的不断成熟和市场化程度不断提高，债券违约也趋于常态化，现在每年违约金额在千亿元以上，投资者对违约债券的后续处置需求日益增加，债券市场违约防范与违约处置机制建设滞后的问题日益突出。在此背景下，债券市场相关机制建设加快完善。考虑到债券市场是机构投资者市场，相较于个人而言，机构投资者具有较为规范的内部管理架构、较强的风险识别和管理能力，因此债券市场违约防范与违约处置机制建设的主要工作方向就是提升债券市场的风险揭示能力，为市场成员化解风险提供渠道和工具，明确机构投资者自担风险，并通过识别、管理风险获得投资收益。具体包括以下几个方面。

第一，提升债券市场的信用风险揭示能力。只有建立了科学、合理的信息披露制度和信用评级制度，债券的信用风险被充分揭示，投资者才能对债券进行准确定价，并做出合适的投资决策。在信息披露方面，为解决公司信用类债券信息披露要求统一的问题，2020年12月，在公司信用类债券部际协调机制下，人民银行会同发改委、证监会联合发布《公司信用类债券信息披露管理办法》及配套文件，明确了公司信用类债券信息披露的基础性、原则性要求，对披露的要件、内容、时点、频率等做了统一要求，着重强化了披露人员责任。随后，交易商协会、沪深交易所分别修订了相关信息披露细则。例如，交易商协会修订发布新的《银行间债券市场非金融企业债务融资工具信息披露规则（2021版）》《银行间债券市场非金融企业债务融资工具存续期信息披露表格体系（2021版）》，明确了债务融资工具发行及存续期的披露要求。在信用评级方面，近年来，债务融资工具、公司债均逐步取消债券注册发行阶段强制评级要求，将评级需求归还市场；监管机构、自律组织多次开展对信用评级机构的现场检查，还联合开展市场化评价，并持续推动跨市场评级业务的标准统一；引导评级机构长期建立以违约率为核心的评级质量检验机制，加强评级方法体系建设、完善公司治理和内部控制机制、强化信息披露；稳妥推进评级行业对外开放，引入外资评级机构，引导扩大投资人付费评级适用范围。

第二，加强集体行动机制。债券的长期性、集团性和公众性特征，要求债券市场建立集体行动机制。在持有人会议机制方面，自2014年债券市场刚性兑付打破后，持有人会议机制面临新的挑战，交易商协会于2019年对《持有人会议规程》进行了第二次修订，强化了持有人会议机制在发行文件中的约定，建立分层的议案表决机制，优化了会议召集程序，明确了持有人会议参与各方的权责义务；2020年，上交所发布《上海证券交易所公司债券存续期业务指南第1号——公司债券持有人会议规则（参考文本）》，深交所发布《深圳证券交易所公司债券持有人会议规则编制指南（参考文本）》（以下简称《参考文本》），规范发行文件中对持有人会议机制的相关约定，并同样对议案进行了分层设计。在受托管理人机制方面，近年来，新修订的《证券法》和最高人民法院发布的《债券座谈会纪要》，从受托管理人的诉讼主体资格认可等方面，逐步夯实了受托管理制度的法律基础；业务规则方面，2015年，证监会在《公司债券发行与交易管理办法》中进一步明确了债券受托管理人的具体要求，2019年12月，交易商协会发布了《银行间债券市场非金融企业债务融资工具受托管理人业务指引（试行）》，确立了银行间债券市场的受托管理人制度。在同意征集机制方面，随着债券违约事件增多，市场成员对可以实现主动债券管理的工具和制度需求越发强烈，但发行人进行上述债务管理的关键问题是要解决债券持有人集体行动困难的问题。基于以上现状，交易商协会于2022年5月发布了《银行间债券市场非金融企业债务融资工具同意征集操作指引（试行）》。

第三，健全信用风险防范与管理工具。在信用衍生品方面，在推动公司信用债券市场发展的同时，配套开启了信用衍生品市场建设的探索。以银行间市场为例，交易商协会秉持产品结构应简单基础、不能背离其风险管理本质的理念的原则，2010年在银行间市场首次推出信用风险缓释工具（CRM），2021年修订《银行间市场信用风险缓释工具试点业务规则》及配套的自律规则，优化CRM自律规则及管理体系，进一步激发市场活力。2019年，交易所市场首批信用保护凭证落地，发布了《深圳证券交易所 中国证券登记结算有限责任公司信用保护工具业务管理试点办法》《上海证券交易所 中国证券登记结算有限责任公司信用保护工具业务管理试点办法》《深圳证券交易所信用保护工具业务指引》《上海证券交易所信用保护工具交易业务指引》等规则。在违约债券交易转让方面，自2018年起，银行间债券市场开始试点到期违约债券转让业务，截至2022年末，北金所累计共达成44笔到期违约债券转让，成交金额约17亿元，涉及券面总额约31.67亿元，涵盖29家转让方，18家受让方；2019年，沪深交易所联合中证登发布《关于为上市期间特定债券提供转让结算服务有关事项的通知》，正式推出违约债券转让业务。在投资人保护条款方面，2016年9月交易商协会推出国内公司信用类债券市场首个专门针对投资人保护的示范条款文本——《投资人保护条款范例》，随后2017年，中国证券业协会（以下简称证券业协会）也推出了公司债领域的投资人保护条款；交易商协会于2019年推出投保条款升级版，证券业协会也于2021年发布了《证券公司投资者权益保护工作规范》。在债券置换与现金要约收购方面，2020年，银行间市场和交易所市场先后开启了境内债券置换项目实践；2022年5月，交易商协会对外发布了《银行间债券市场非金融企业债务融资工具置换业务指引（试行）》，在国内首次从规则层面明确置换业务的定义、特点以及主要操作流程。在现金要约收购方面，上交所于2019年发布《公司债券发行人债券购回业务监管问答》；交易商协会于2020年发布《关于试行非金融企业债务融资工具现金要约收购业务的通知》，正式在银行间债券市场上推出现金要约收购业务。

第四，畅通债券违约处置路径。在各方的推动下，近年来自上而下形成以司法文件、部门规范性文件、自律规则为支撑的违约处置制度体系。2020年，最高法发布《债券座谈会纪要》，聚焦债券诉讼在司法实践层面的突出法律问题，畅通债券投资人司法救济渠道。同年发布《中国人民银行 发展改革委 证监会关于公司信用类债券违约处置有关事宜的通知》，从监管部门层面统一了全市场公司信用类债券的违约处置基本规则。为进一步完善违约及风险处置机制，指导市场主体积极稳妥运用处置措施，防范化解债券市场风险，2019年交易商协会发布了《银行间债券市场非金融企业债务融资工具违约及风险处置指南》，并于2022年发布修订版，处置指南强调以公平清偿等原则为基础，基于持有人会议与信息披露等基础性制度，规范多元化处置措施。

四、下一步需要解决的几个问题

从长期来看，成熟债券市场的一个标志是，既有常态化的违约，又可以依靠市场自身的力量处理违约。目前来看，还有两个层面的问题。一是存在一些不太正常的违约，难以通过市场化的处置机制去解决，包括高风险债券被卖给大量散户、中介机构履职不力、国有企业存在政企关系不清问题等，这些问题必须得到解决。二是如何高效处理正常的违约，需要不断完善市场化、法治化的违约处置机制。

（一）完善债券市场的基本制度

债券市场要坚持主要面向机构投资者的发展定位，未来做好投资者适当性管理与管理规则分层。在改变过去面向散户和中小投资者的做法后，公司信用类债券回归以机构投资者为投资主体。机构投资者风险识别与承担能力更强的优势得到充分体现，市场的信用层次空间更大，也为将政府从对企业风险的实质性判断与潜在担保中解放出来创造了条件。目前，银行间债券市场和交易所债券市场在面向机构投资者的发展定位上已经取得基本共识，但两个市场的投资者群体还有一定的差异，银行间债券市场全部是机构投资者，交易所债券市场除了机构投资者之外，还有个人投资者参与，在这种情况下，仍然要基于投资者适当性原则做好投资者分层与管理规则分层。未来，要建立健全市场的合格投资者标准，对各类投资者进行分层分类，在此基础上加强市场制度创新和产品创新。对不同层次的债券市场，根据投资人保护需要，制定差异化的管理规则。比如，大公募、小公募、中期票据分别面向公众投资者、合格投资者、机构投资者，针对不同投资者群体的产品应制定差异化的发行管理与信息披露要求，以做好投资者保护。

（二）规范中介机构行为

会计行业和评级行业尽管是小众行业，但对债券市场高质量发展非常重要。企业财务造假事件反映出，会计制度不建设好，违约问题就会超出市场能解决的范畴。目前来看，会计行业的公司治理和监管方面还有一些问题。一是在业务模式上，我国会计师事务所直接由客户经理联系客户、承揽业务，业务资源集中在客户经理，类似于包工头模式。会计师事务所难以统一把握业务质量，部分客户经理出于维护客户的考虑，甚至会默许审计对象造假。与之相比，国外会计师事务所业务并不归于某个客户经理或者合伙人，主要依靠信誉约束，从业人员依靠职业操守获得市场认可。当前我国一共有9 000多家会计师事务所，其中分所1 100多家，市场集中度不高，审计标准、方法、流程、技术也存在较大差异。二是在监管上，国内和国外也有一些差异。在国外，会计行业有些由行业协会等自律组织管理，有些由证券市场监管部门管理。比如，美国证券交易委员会（即美国证交会，SEC）的会计部门制定财务信息披露规范，并监督美国财务会计准则委员会的工作。而我国是由财政部下属的中国注册会计师协会（简称中注协）对会计师事务所进行监管。相对而言，证券监管部门更关心信息披露的质量。

评级机构的风险揭示与预警能力对于违约处置也非常重要。在债券违约的前期，评级的不断下调，可以敦促长期债券投资者将高风险债券卖给风险承担能力更强的秃鹫基金等，更方便后续的违约处置。近年来，随着公司信用债市场规模的不断扩大，我国评级行业也取得了快速发展，评级机构的专业技术和风险揭示能力不断提升。但由于时间短、起步晚，缺乏违约率检验，信用评级等级虚高、区分度不足等现象仍然突出，难以满足我国债券市场快速发展的迫切需要。针对信用评级存在的问题，2008年国际金融危机后，国际上就提出要减少对信用评级的依赖。2021年以来，我国监管部门要求评级机构长期构建以违约率为核心的评级质量验证机制，建立并使用能够实现合理区分度的评级方法体系。交易商协会在债务融资工具注册申报环节取消信用评级报告要件的基础上，取消了发行环节强制评级的要求。我国从计划经济转轨而来，金融市场发展历史比较短，有些监管规定还不是市场化的，比如，要求证券公司、保险公司只能投资信用评级达到一定水平以上的债券。这些规定如果长期存在，会使市场信用评级水平被动抬升，导致信用评级虚高。

（三）厘清政府和企业的边界

厘清政府与企业的边界、剥离政府信用与企业信用，才能让国企违约回归正常违约。一方面，要理顺中央和地方的财政关系，建立地方政府融资市场化约束机制。要解决好地方政府收入与支出不匹配的问题，稳定地方财力和财权，培育地方主体税种，逐步推动房地产税改革试点。纵观全球，无论是联邦制还是单一制国家，财政联邦制都是主流模式，地方财政要有一定的独立性。要建立"一级政府、一级财政、一级预算、一级税收权、一级举债权"体系，各级政府的财政相对独立、自求平衡，放松中央政府对债务额度的行政性约束，发挥地方人大的约束作用，由地方人大自主决定发债的额度、期限和利率，提高地方政府举债额度，彻底打开地方政府规范融资的"正门"。要下决心推进财政体制改革，既能解决地方政府隐性债务畸形发展问题，又能发挥好地方政府参与经济建设的积极性。另一方面，推动国企改革解决其公司治理问题。我国地方政府普遍对地方国企经营、财务等实施全面控制，与国企公司治理不完善是分不开的。国企改革关键在于完善现代企业制度，形成科学有效的公司治理机制。地方政府作为出资人，应以管资本为主，通过参与公司治理对地方国企实施管理。

（四）建立应对正常违约的市场化、法治化处置机制

国际成熟债券市场是在经历几轮大的经济周期后，逐步摸索出适合自身特点的处置机制的，我国债券市场也应该遵循市场化、法治化的基本理念，逐步建立规范、成熟的违约处置机制。一方面，强调尊重市场规律，充分尊重市场主体意愿，强化契约精神。通过发行文件约定、市场机制规范，培育风险偏好层次丰富的投资群体，为风险和违约事件提供规范、便利的处置机制，从而发挥金融市场资源配置和风险分散分担作用，使信用风险得到有效揭示、合理管理、规范处置、高效出清。另一方面，强化法治意识，完善法律法规以及其他制度体系。结合我国债券市场实际，建立符合我国国情的法律法规体系，同时，逐步从"法律法规＋行政规章＋自律规则"三个层次构建债券市场的制度体系。特别是要减少行政干预，避免行政手段破坏法治环境和市场秩序。

目前债券市场违约中存在的问题,有些是非市场机制范畴的,包括基本制度、政府干预、公司治理等,本章揭示出了这些问题,关于市场机制范畴的问题,后文将重点展开讲述。

(本章执笔人:贾颖、朱满洲、郑国赞)

第三章

信息披露与信用风险揭示

信息披露制度是债券市场的基础性制度，是金融市场的核心。完善的信息披露制度有利于及时揭示信用风险，保障投资者的知情权，缓解信息不对称，是投资者保护机制的重要组成部分；同时，信息披露大幅提升了投资者获取与证实信息的效率，降低了市场摩擦成本，有利于促进资源的有效配置。债券市场信息披露机制设计应兼顾成本与效益，境外市场通常根据发行人特性及投资人类型建立分层的信息披露机制，从而在发挥风险揭示作用的同时，控制企业披露成本。我国债券市场历经多年发展已建立起以法律法规、行政规章与自律规则为基础的多层次信息披露制度体系。但因法律法规定义不清晰等因素，我国债券市场尚未能针对不同发行人和投资人建立合理、有效的信息披露分层机制。同时，信息披露机制作用的发挥高度依赖于发行人及中介机构的有效执行。发行人是信息披露第一责任人，应确保信息披露的真实、准确、完整、及时与公平。中介机构应当勤勉尽责、恪尽职守，切实发挥其"看门人"作用，对发行人进行监督。目前，企业信息披露意识不足、公司治理不善，中介机构未尽职履责，仍是影响我国债券市场信息披露质量的重要因素，同时亦需谨防因职责边界不清与责任分担机制不完善,导致中介机构成为发行人的"替罪羊",扭曲市场正常运行机制。

一、债券市场的信息披露机制

境内外主流债券市场均将信息披露制度作为核心制度,并建立了相应的制度体系。成熟的债券市场会根据发行企业、投资者类型设计分层分类的信息披露机制,以求在信用风险揭示与企业披露成本之间获得平衡,促进市场更加有效、高效运行。

(一)国际成熟债券市场的信息披露经验

国际债券市场的信息披露制度一般由法律法规、行政规章及自律规则三个层次组成。以美国为例,第一层次是以证券法、证券交易法为核心的联邦法律。美国《1933年证券法》确立了信息披露制度的原则及证券注册发行的信息披露要求,美国《1934年证券交易法》确立了持续信息披露制度,2002年《萨班斯-奥克斯利法案》将内部控制信息纳入信息披露要求。上述法案明确了"以信息披露真实性与有效性为核心,卖者负责"的理念,即卖者必须按照法定要求对其出售的证券向买方和市场进行披露,否则就要承担相应法律责任,并明确了证券注册、发行及交易环节的信息披露原则性要求、披露义务主体及违法责任等。第二层次是 SEC 基于联邦法律的授权制定的规则。SEC 制定了一系列细化信息披露内容和程序的规则与规章,并针对公开发行与交易的债券颁布了信息披露表格体系,如 S-1 的注册登记表、10-K

的年度报告表格等,对信息披露文件的内容进行了细化与标准化,并要求通过电子化申报系统进行提交。第三层次是自律组织、交易所制定的自律管理规则。1938年,美国出台了《马洛尼修正案》,确立美国证券市场管理制度由SEC与行业自律组织共同负责,并将柜台市场(OTC)纳入监管,次年设立全美证券商协会［NASD,为美国金融业监管局(FINRA)的前身］,负责场外市场监管。FINRA及交易所等自律组织在SEC规章下制定自律规则,对信息披露开展日常监管。各层制度的内容、约束范围和作用定位较为清晰,各层次之间彼此衔接。

美国市场的信息披露制度安排考虑了成本与效率原则,兼顾了各方利益,通过分层建立松紧适度的信息披露机制。信息披露要求过低,会导致市场透明度下降、投资者知情权受损,不利于市场流动性与投资者信心的建立;披露要求过高,会给投资人带来冗余信息,加剧风险分析的复杂性,同时还可能提高企业的信息披露成本,产生商业秘密泄露风险或是无法管理的舆情风险,不利于债券市场的平稳发展。在此理念下,境外主要债券市场对不同债券的信息披露要求进行了分层设计,主要包括按照发行对象及按照发行人类型两类。

1. 按照发行对象进行分层

按照发行对象进行分层,是指根据是否采用公开发行方式进行分类,本质上是债券面向的投资者类型不同。

所谓公开发行,通常指面向公众发行与交易,因公众风险分析与承受能力有限,境外法律法规通常会通过强制性的信息披露要求对公众施以保护。美国通过《1933年证券法》《1934年证券交易法》等，全面监管"与美国市场有关联的投资合同"（"证券"）的"交易"（包括"发行"和"转售"）行为。其监管理念是任何证券交易在邀约（Offer）和销售（Sale）前，均须通过美国证交会注册并披露信息，除非得到豁免。美国证交会还制定一系列信息披露表格，对公开发行或交易的证券提出信息披露要求。

所谓非公开发行，主要是指面向成熟投资者、合格机构投资者等特定对象进行发行与交易，在此机制下，美国法律仅对信息披露的真实、准确、完整等原则进行规定，对于具体信息披露要求不做强制性规定，而是由发行人和投资者协商议定。美国关于非公开发行标准的定义也经历了逐步完善的过程，在美国证交会诉罗尔斯顿·普瑞纳案（SEC v. Ralston Purina Co.）后，非公开发行的判断标准基本明确，包括：发行人与购买者的数量；购买者之间、购买者与发行人之间的关系；发行数量；发行规模；发行方式；投资人在金融方面的成熟度。非公开发行机制体现的立法逻辑是放松对"自立投资者"（即有自我保护能力的投资者）的保护，以降低发行人和市场运行成本。

美国债券市场的非公开机制主要是通过豁免规则实现的，当企业年度融资规模超过注册证券额度时，更愿意采用该规则发行。具体包括：第一，一级市场非公开发行豁免，若发行人的证券融资"不涉及公开发行的交易"，即可豁免注册及信息披露，具体包括D条例和146规则等；第二，二级市场转售豁免，允许将新发行的证券出售给"合格机构投资者"（QIB），则该出售行为不会被认为是证券法意义上的对公众发行，可豁免注册，主要包括144及144A规则。

值得注意的是，D条例中的公开劝诱禁令一直是美国非公开发行的重要特征之一，即禁止非公开发行的证券进行公开广告与披露。这一禁令虽然能够保障投资人的合法权益，但不利于发行人寻找潜在投资人，进而影响了发行效率。2008年美国金融危机后，经济持续疲软，政府意图通过放松对非公开发行的监管，缓解企业尤其是小微企业的融资压力。在此背景下，美国国会于2012年颁布了《工商初创企业推动法》（即"JOBS法案"），授权美国证交会就非公开发行标准进行修订，取消了对"一般劝诱及公开广告"的限制。明确适用对象为小微企业时，在D条例和144A规则下，仅向获许投资者和合格机构投资者进行的"公开劝诱"不属于公开发行。因此，若发行人非公开发行要采取"一般劝诱"或"公开广告"的方式，则必须采取美国证交会规定的步骤确认所有的证券购买者均符合合格投资人的身份。

2. 按照发行人类型进行分层

基于保护中小企业、提升市场效率等考虑，境外债券市场针对不同类型的发行企业设置了差异化的信息披露要求，主要是根据企业规模、市场熟悉程度等对企业进行分层。

美国对信息披露分层的探索经历了试点、推广、系统化三个阶段。1979年起，美国开始探索减轻中小企业信息披露负担，对非上市公司、金额不超过500万美元[①]的证券公开发行尝试适

---

① 1983年，证券发行金额被提升至750万美元。

用简化版 S-18 注册表格。1992 年起，美国开始分次逐步扩大简化版信息披露的适用主体范围。2007 年，美国正式建立起统一、分层的信息披露体系。总体思路是，依据公司年收入、公众持股市值进行主体分层，并通过精简非财务信息披露、降低财务信息披露年限和及时性要求等方式进行信息披露要求分层。而对至少拥有 7 亿美元普通股市值，或在近三年内发行了 10 亿美元以上不可转换证券的知名成熟发行人（Well-Known Seasoned Issuers，简称 WKSIs）公开发行的信息披露宽松程度已接近于非公开发行，适用简易的储架注册制度。

德国则专门建立了中小企业的债券市场，并设计了差异化的信息披露要求。2010 年，德国斯图加特证券交易所建立了欧洲首个专门针对中小企业的债券市场 BondM，降低了发行披露要求，以期拓宽中小企业融资渠道。但在经历短暂繁荣后，BondM 自 2014 年开始出现大规模违约。2010—2015 年，共计 34 期债券发生违约，违约金额 10 亿欧元，占总投资金额的 14.3%，该比例甚至高于同期欧洲高收益债市场违约率。发行人信息披露不实、财务造假被认为是违约的原因之一，加剧了投资者对中小企业的信任危机。2014 年，BondM 市场债券发行量锐减，发行金额同比下降 53%，发行只数同比下降 39%。2017 年，德国证券交易所在 BondM 经验的基础上，再次推出新的中小企业债券发行平台 Scale，该平台提高了企业准入门槛，并强化了对企业信息披露的要求和监管，反映出市场在平衡金融普惠性与秩序性之间的进一步探索。

（二）我国债券市场的信息披露实践与存在的问题

1. 信息披露机制对揭示风险、规范市场发展的作用

债券市场规范、统一、透明的信息披露要求是风险揭示、预警、处置的有力依托。投资者可及时获悉影响偿债能力的重大事项与财务信息，以便及时做出投资决策，或通过持有人会议、诉讼仲裁等手段维护权益。中介机构亦可通过披露的信息及时开展风险管理，调整信用评级，积极发挥"看门人"的外部监督作用。监管机构与自律组织可通过信息披露分析研判全市场风险，统筹做好重大金融风险防范化解工作。

信息披露机制因其公开性与可查性，可自然形成对融资主体及相关市场成员的外部约束。首先，对融资主体而言，履行信息披露义务意味着公司内部应建立顺畅的信息收集、审批及披露机制，提升了公司治理水平。其次，公开信息天然需要接受全社会的监督，舆论影响与投资人的"用脚投票"可形成对发行人无序经营、治理混乱等行为的软约束，促使发行人稳健经营、规范发展。最后，无论是融资主体还是中介机构均需对其披露的信息负责，并承担法律责任，在自律、行政及司法的多维度约束下，信息披露机制促使债券市场参与者在合规执业上形成良性循环。

2. 我国债券市场在实践中逐步建立和完善信息披露制度

在公司信用债发展初期，企业债与公司债一直采取严格的审批制，强调高标准的资格准入，对发行人与中介机构的信息披露义务有所忽视。2004年，"国九条"发布，将扩大直接融资作为首要任务，其后人民银行、发改委、证监会等部门陆续推动公司信用债市场去行政化，债券市场信息披露机制随之建立。

2005年，人民银行在银行间市场率先推动债券发行体制改革，首次实现了短期融资券的备案发行，并明确了短期融资券的信息披露原则及存续期的披露要求，打响了债券市场注册制改革的第一枪。2007年，交易商协会成立，对非金融企业债务融资工具发行进行自律管理并实行注册制。作为与注册制配套的核心机制，交易商协会于2008年发布《银行间债券市场非金融企业债务融资工具信息披露规则》(以下简称《信息披露规则》)，对发行公告、募集说明书、定期报告、重大事项、付息兑付等核心事项进行了明确。2007年，证监会发布《公司债券发行试点办法》；2008年，发改委颁布《国家发展改革委员会关于推进企业债券市场发展、简化发行核准程序有关事项的通知》，简化核准程序，并对公司债及企业债的信息披露提出了原则性要求。

随着市场发展，银行间市场信息披露机制在运行中逐渐暴露出一些问题，如无法涵盖新出现的影响企业偿债能力的重大事项、及时性标准不够、具体责任难以落实等。因此在2012年，交易商协会组织市场成员对《信息披露规则》进行了修订，并要求发行企业建立信息披露事务管理制度，明确人员及相关部门责任，从微观层面夯实债务融资工具市场平稳高效运行的基础。同时，为提升信息披露的可操作性与规范性，2012—2013年，交易商协会借鉴美国证交会信息披露制度框架，陆续发布了注册文件及存续期的信息披露表格体系，明确具体操作细则。

随着银行间债券市场的发展，以信息披露为核心逐步成为我国公司信用债市场的共识。证监会、发改委也着手推动公司债、企业债的机制改革，逐步完善信息披露相关制度。2015年，证监会在部门规章层面发布了《公司债券发行与交易管理办法》，明确了公司债券发行交易的基本要求。证券业协会发布非公开发行公司债券的相关要求，深交所发布了《深圳证券交易所公司债券上市规则（2015年修订）》，上交所发布了《上海证券交易所公司债券上市规则（2015年修订）》（以下简称《上市规则》），提出了公司债券存续期的披露事项。同年，发改委也提出了企业债券第三方技术评估机制，逐步降低行政依赖。

2014年，"11超日债"的违约打破了公司信用债刚性兑付，债务融资工具、企业债也陆续出现风险与违约事件。违约事件的发生也暴露出当时的信息披露机制无法有效及时地揭示债券兑付风险的问题。2015年，交易商协会对《存续期信息披露表格体系》进行了修订，新增了《非金融企业债务融资工具未按期足额偿付本息的信息披露表格（PW表格）》，提出了债券兑付出现信用风险、违约时、违约后延期兑付三个阶段的披露要求。2016年，交易所市场也逐步完善存续期信息披露的具体标准。

2019年，《证券法》修订，公司债券、企业债券的发行全面实行注册制，并首次通过法律明确了上市交易公司债券的存续期信息披露要求。2020年12月，在部际协调机制下，人民银行会同发改委、证监会联合发布《公司信用类债券信息披露管理办法》《公司信用类债券募集说明书编制要求》《公司信用类债券定期报告编制要求》，在顶层设计上统一并明确了公开发行的公司信用类债券信息披露的基础和原则性要求，着重强化了披露人员责任，同时根据市场风险新增了多类重大事项，规范了违约与破产企业的披露要求。同年，最高人民法院发布的《债券座谈会纪要》，以及2021年发布的《最高人民法院关于审理证券市场虚假陈述侵权民事赔偿案件的若干规定》(以下简称《虚假陈述司法解释》)，对虚假陈述、欺诈发行侵权案件的审理原则、发行人及中介机构的民事责任等问题进行了明确，为相关案件审理提供了法度严谨、指向明确的规范体系。2021年，交易商协会及沪深交易所分别在上述办法下，修订了相关信息披露细则。至此，银行间市场和交易所市场在公司信用债信息披露标准上已趋于统一，但根据各自市场特点，个别披露标准仍未完全一致。

3. 我国债券市场的信息披露制度框架与基本要求

近年来我国债券市场逐步建立了符合自身国情的信息披露体系，通过一系列制度保障信息披露的真实性、准确性、完整性、及时性和公平性，并根据发行方式、投资人风险承受能力的差异，确立了分层的信息披露标准。此外，根据市场风险变化和违约事件特点，不断强化对影响企业偿债能力的重要信息的披露要求，以期通过强化风险揭示达到保护投资人权益的目的。

（1）我国债券市场信息披露的制度框架

我国债券市场的信息披露制度也由法律法规、行政规章及自律规则三个层次组成。第一层主要是《证券法》。现行《证券法》确立了公司债券信息披露的原则性要求及相关主体责任，并规范了上市交易公司债券的存续期定期报告及重大事项披露内容。第二层是《企业债券管理条例》等行政法规，以及《公司债券发行与交易管理办法》《银行间债券市场非金融企业债务融资工具管理办法》《公司信用类债券信息披露管理办法》等部门规章及规范性文件。其中《公司信用类债券信息披露管理办法》统一了公开发行的公司信用类债券的信息披露标准。第三层则是自律组织及交易所制定的信息披露规则，如交易商协会发布的《信息披露规则》及配套的注册发行及存续期表格体系，沪深交易所发布的相关的《上市规则》《非公开发行公司债券挂牌规则》及配套披露指引等。

（2）我国债券市场信息披露的基本要求

我国债券市场的信息披露强调信息的真实、准确、完整、及时和公平。从境内外实践来看，信息披露的原则主要可归纳为对信息披露内容和披露行为两方面的要求，其中真实、准确、完整是对内容的要求，及时与公平是对行为的原则规范。真实性是指企业披露的信息必须真实可靠，符合客观实际情况，不得含有虚假陈述，这也是信息披露的根本要求。若违反信息披露的真实性，即构成虚假陈述的重罪。准确性是指企业披露的信息、数据必须准确无误，在内容上应当通俗易懂，不得故弄玄虚或词句晦涩。准确性原则着重强调的是信息披露义务人与使用者之间理解的一致性。信息披露不准确，则可能构成误导性陈述。完整性是指企业应完整披露相关事项涉及偿债能力判断的所有必要因素，不得故意遗漏或有重大遗漏，不仅要披露利好的信息，也应披露负面的信息。及时性是指企业必须在合理的时间内尽可能迅速地披露应披露的信息，以保障投资者对企业最新状况的知情权。公平性是指同时向所有投资者披露重大信息，确保投资者可以平等地获取同一信息，不得私下提前向特定对象单独披露、透露或者泄露。

我国公司信用类债券已形成了以风险揭示与投资者权益保护为目的的信息披露机制，并达成以"分类趋同"原则确立分层信息披露标准的共识。从披露主体上，明确了信息披露义务的相关主体，既包括企业、增进机构、受托管理人、主承销商等中介机构法人，也包括企业董监高等自然人。同时，明确控股股东、实际控制人等关联方也应配合企业履行相关义务。从公司内控上，设立多重机制，积极发挥公司内控对信息披露的约束作用。要求企业完善内控机制，建立信息披露事务管理制度，明确内部责任，规范信息汇集、披露文件审核与披露流程。从披露内容上，考虑发行方式与投资者风险承受能力的差异，设立不同的信息披露标准。向公众发行或向个人投资者发行的，应强化信息披露要求。面向合格机构投资者发行，应提升信息披露便利程度，提供标准化程度高的基础数据，便于投资者开展个性化分析。从风险揭示上，结合近年来公司信用债违约事件中暴露出的风险因素，监管机构与自律组织在深化与发行人自身相关的经营、财务等常规披露要求的基础上，拓展了对公司治理、合规情况等更复杂因素的披露。一方面，董监高变化或无法履职可能影响公司融资环境。如华通路桥董事长被协助调查，影响了银行融资能力，导致债券违约。另一方面，控股股东和实际控制人对发行企业的决策控制，也会严重影响发行人的偿付能力。如康得新案中，实际控制人利用控制地位，干预企业资金归集等财务运营，母公司康得集团长期占用子公司货币资金，最终导致债券违约。

4.当前债券信息披露存在的问题

（1）《证券法》对非公开发行界定标准不明确，影响信息披露机制有效分层

我国《证券法》未直接规定非公开发行的界定标准，需由公

开发行的定义进行反向推定。但其中涉及的"特定对象""发行累计超过二百人""不得采用广告、公开劝诱和变相公开方式"三条标准[①]，主要是为股票市场设计的。2019年《证券法》修订时，因核心目标是全面落实注册制，忽略了非公开发行标准在适用于债券市场时易引起歧义，导致占我国债券市场绝大多数的面向合格机构投资者发行的债券定位不清晰，影响信息披露机制的有效分层。

一是"向特定对象发行"的内涵。由于《证券法》未明确特定对象是否包含专业投资者或合格机构投资者，也未明确"发行"的对象具体是指发行相关信息披露文件的发送对象、参与发行申购的对象，还是实际最终的持有人，导致市场认知存在分歧。

二是"200人"计算方法。首先，"累计"的内涵。在股票非公开发行上，我国通常将历次发行的投资者数量进行累计，总数不得超过200人。但这显然不符合债券分多期发行的实际，按照《公司债券发行与交易管理办法》第34条及第38条[②]的规定，

[①] 《证券法》（2019年修订）第9条第2款界定了公开发行证券的定义，包括：（1）向不特定对象发行证券；（2）向特定对象发行证券累计超过二百人，但依法实施员工持股计划的员工人数不计算在内；（3）法律、行政法规规定的其他发行行为。同时，第9条第3款还明确了非公开发行的限制性方式，即不得采用广告、公开劝诱和变相公开方式。

[②] 《公司债券发行与交易管理办法》第34条："非公开发行的公司债券应当向专业投资者发行，不得采用广告、公开劝诱和变相公开方式，每次发行对象不得超过二百人。"第38条："非公开发行的公司债券仅限于专业投资者范围内转让。转让后，持有同次发行债券的投资者合计不得超过二百人。"

200人的计算基准是"同次发行",且转让后按照当前实际持有人数进行计算。但上述标准与《证券法》立法本意是否一致尚不明晰。其次,"人"的计量方法。我国债券持有人有金融机构等法人机构,也有资管产品等法人产品,且非法人产品的持债占比持续上升。从股票市场实践看,通常将非法人产品逐一纳入股东数量计算[①]。但债券市场非法人产品数量众多,如按产品计算人数,即使对象均为合格机构投资者,也容易因突破200人限制变为公开发行。此外,是否对投资者人数进行穿透计算的标准也不明确。股票市场的投资者人数需要进行穿透计算[②],而债券市场的穿透要求尚不明确,如类比股票市场,则操作难度极大,且投资者人数极易超过200人。

  三是"公开劝诱"的定义。《证券法》禁止非公开发行进行"广告、公开劝诱",但无配套法律法规对"公开劝诱"进行定

[①] 通常已经在中国基金业协会备案且不属于专为投资于某一拟上市公司的有限合伙形式的私募基金(简称"非专项基金")在计算股东人数时可以算作一名股东。而专项基金一般要求进行穿透计算,只有极个别案例未穿透。除此以外,有限责任公司(为规避200人人数限制设立的除外)以及依法办理备案的契约制基金、资产管理计划、信托产品在计算股东人数时也可以算作一名股东。

[②] 根据股票发行审核规则,公司向证监会申请发行股票时,应将投资者披露至最终的自然人或者国有控股主体,证监会还可以酌情采用穿透方法识别投资者。因此,即使公司仅有两名股东,经穿透计算,实际投资者若超过200人,仍可能被认定为公开发行。上述情况仅对员工持股计划在立法上进行了豁免。

义。从股票市场的判例来看[①]，通过网络传递信息被认为是借助第三方力量进行公开劝诱的方式。但随着电子信息的发展，债券募集说明书在网络上的公开披露已成为常态。尤其是在合格投资者制度和投资者适当性管理机制下，公开披露文件并不会令不适格的社会公众参与债券认购。信息虽"公开"，但无法构成实际上的"劝诱"。相关限制仅会阻碍企业融资活动，增加发行人搜寻与维护投资者群体的成本。

法律层面的留白，导致非公开发行市场边界模糊，影响了不同发行方式下各方权责关系与投资者保护力度的统一和明确。如交易所市场的"小公募"，虽名为"公开发行"，但其发售对象均为合格投资者，与私募公司债及银行间市场债务融资工具的发售范围基本一致。从投资者特征及其风险分析与承受能力来看，均为自立投资者，法律及市场规则应给予一视同仁的保护，并应当与对公众投资者的保护力度予以区分。但因市场与监管对非公开发行的认知并不统一，虽各方已就债券信息披露机制"分类趋

[①] 根据《最高人民法院公报》的《上海市浦东新区人民检察院诉上海安基生物科技股份有限公司、郑戈擅自发行股票案》中所述，"判断公开与非公开方式的标准，是信息沟通渠道是否畅通。非公开发行是指基于相互信任与意思自治原则，双方能够交流获取真实有效的信息，无需借助第三方力量来传递信息达到沟通目的。而公开发行由于面向社会公众且信息不对称，出让方需要借助中介力量，利用广告、公告、广播、电话、推介会、说明会、网络等方式传递信息，以达到吸引投资人获取资金的目的。本案中，被告单位安基公司与被告人郑戈委托多家中介公司与个人，先采用随机拨打电话的方式，以提供理财帮助为名邀请不特定对象到中介公司，后由业务员介绍并推销股权，对于犹豫不决的客户，业务员反复打电话以动员劝诱。故可以认定涉案股权转让形式属于公开发行"。

同"的方向达成一致,但对"分类"的理解不同、方式不一,导致实际上信息披露标准的"趋同"难以落实,分层的信息披露机制无法建立。

(2)随着债券风险事件的增多,需针对性建立适当的信息披露机制

在债券信用风险暴露与违约处置期间,债券的投资属性发生了重大变化,投资者对信息披露的关注侧重点也随之改变。对于一般债券而言,投资者以持有到期为主,目的是获取票息,因而更关注企业的持续经营能力、财务表现、外部融资环境和再融资能力的维持。但一旦债券发生了信用风险,债券的二级市场价格可能发生巨大波动,债券的投机与交易属性逐步凸显,投资收益或损失大幅变动。在此情况下,投资人的关注点转变为最终清偿率对于买入成本的覆盖,对信息披露的诉求更聚焦于企业的偿债意愿、资产变现等偿债能力,以及外部支持力度等。

现有对一般企业信息披露文件的要求已涵盖了绝大部分风险与违约债券投资者的诉求,但在信息披露事项内容与披露频率上尚无法完全满足风险与违约债券交易的特性。在风险暴露后,缺少对风险及违约企业最新状况全面描述的文件。债券出现风险后,投资者可得的企业概况信息通常来源于最近一期的定期报告,但时间间隔可能较长,无法直接反映企业当下的资产负债及流动性情况,尤其是投资者较为关注的实际可用货币资金、可变现资产价值以及非受限资产的情况等。风险及违约处置期间,重大事项的披露阈值较高,无法及时反映风险变化。如司法诉讼、资产处置、抵质押等重大事项的披露一般需达到企业净资产的10%才会触发,在企业风险暴露后,上述事项的微小变化对

投资者的影响放大，过高的披露阈值不利于及时揭示企业风险变化。在违约处置期间，虽要求企业持续披露违约处置进展，但在实践中存在部分企业披露的公告流于形式、信息量有限的情况。

在信息披露内容之外，信息披露质量的保障也是风险及违约处置环节的重点，其焦点就在于信息披露的真实性与公平性。

对于信息披露的真实性，在风险及违约处置期间，企业的信息披露意愿与能力均有所下降，可能出现信息披露不真实的情况。此时，中介机构是否能切实发挥"看门人"的作用就显得尤为重要，例如会计师事务所与资产评估机构对企业财务情况与资产价值的客观判断是否公允，评级机构能否根据其尽职调查及研究情况发挥信息披露、识别风险的作用，这些均会影响对企业信息披露质量的检验效果。目前市场对企业及中介机构在风险处置阶段的行业管理力度及法律责任惩戒均明显不足。

关于信息披露的公平性，在风险及违约处置期间的矛盾十分突出，包括债券持有人与潜在投资者之间、私募债券投资者与公募债券投资者之间及债委会成员单位与非成员单位之间的信息不对称。如债券债务重组的信息仅通过债券持有人会议议案的形式在实际持有人之间流转，潜在投资者无法获悉具体方案，尤其是私募债券，直至重组完成之后，公募债券投资者才能通过重大事项公告了解债务重组事项的发生。又如由银行类金融机构主导的债委会机制，因掌握企业大部分抵质押资产，在庭外重组期间主导了债务重组方案的制定，但相关信息仅在债委会成员之间分享。非成员的持有人（如非银行金融机构）无法及时获知相关信息，也无法参与到方案的制定中。此外，从绝对公平的角度而言，债券发行人出现风险及违约处置过程的所有信息均应向所有潜在投资者披露，这样才能最大限度地减少内幕交易风险，提升二级市场交易的活力。但绝对公平的信息披露机制是否会真实提升违约处置的效果，抑或是加剧风险的暴露，这是一个需要进一步探讨的问题。企业若在计划开展债务重组时就广而告之，其债券二级市场价格可能快速贬值，继而造成一级市场发行困难与银行信贷收缩，并不一定有利于债务重组方案的达成。例如，从境外离岸债市场来看，债务重组过程保留了一定的信息不对称的空间。企业拟推动债务重组，相关信息并不会向公众及潜在投资者披露。一般而言，发行人律师会通过受托管理人与实际持有人取得联系，债务重组推进与达成的信息仅在发行人与实际持有人之间流转。直至评级机构定期跟踪，潜在投资者才可能获悉债券展期事项。

（3）部分企业信息披露不及时，披露质量有待提高

信息披露的制度有赖于市场主体的实施，只有市场主体有效实施才能发挥风险揭示的作用。近年来，随着企业信息披露意识的提高，不少企业自主责任意识增强，但仍存在不少问题导致信息披露质量不高。主要表现在以下几个方面。

第一，"粉饰"财务报表。实务中虚增收入、虚增利润等财务造假行为时有出现，破坏了信息披露制度的严肃性，例如康得新和康美药业的财务造假对市场诚信基础造成了严重影响。此外，一些企业为便利资本市场融资，美化财务报表、会计处理不合规等现象也时有发生。一是会计科目入账不合规。例如，有些企业将"公益性资产"包装为"经营性资产"注入，以少量租金或者道路维护费等形式收取费用，使公益性资产具有"一定经济利益"流入，从而符合准则要求入账；或将无预期收益、不实际

控制或收益与自身无关等资产入账，可能涉嫌违反会计准则要求。二是会计科目列报不合规。部分企业某些公益性项目并未签订委托代建协议或仅签订框架协议，政府以未审计验收为由，长期不验收、不结算，相关资产因不符合"固定资产""无形资产"的定义，长期列示在"存货""在建工程""其他非流动资产"科目，因准则未要求计提折旧，资产规模得以长期保持稳定。

第二，选择性披露或不及时披露。披露的财务信息不仅是投资者及企业利益相关者做出经济决策的重要依据，也是维持债券市场正常秩序的重要信息来源。企业财务信息披露的充分性是保证财务信息有效性的重要条件，也是降低财务信息不对称行之有效的方法。实务中，企业故意忽略、隐瞒或延后披露重要财务信息，只披露有利信息、规避不利信息的现象不在少数，不仅不能满足投资者的使用需求，甚至会造成误导，影响投资者利益。例如，科迪乳业未经审批或授权程序擅自向控股股东科迪集团及其关联方提供资金及关联担保，未在相应年度报告中及时披露。

第三，资产评估存在"水分"。实务中，注资、资产减值的确认需依赖评估结果，但部分资产评估机构展业质量不过关，有些企业存在通过评估手段虚增资产、做大资产价值的现象，进而影响利润、公允价值等判断。例如，通过无偿划拨或缴纳较少出让金取得土地、探矿权、采砂权、林权、股权等，按照较高的评估值计入无形资产、交易性金融资产。又如，部分企业将资产转入投资性房地产科目，采用公允价值模式进行后续计量，且每年重估资产价值。上述操作做大了资产规模，降低了资产负债率，此外以公允价值计量的投资性房地产科目、股权会进一步影响企业利润。

（三）完善债券市场信息披露制度的思考

第一，完善上位法，建立符合债券市场实际的非公开发行界定标准。非公开发行是直接融资的主要形式之一，无论是在境内还是境外市场，非公开发行债券的规模均占绝大多数，但当前我国尚未真正建立标准明确、可操作性强的非公开发行债券的配套法律制度，尤其是未考虑债券与股票在底层逻辑上的差异，导致相关法律在债券市场适用上存在"削足适履"之感。应尽快在《中华人民共和国公司法》（以下简称《公司法》）、《证券法》修订中，明确债券非公开发行与转让的界定标准，并针对公开发行与非公开发行建立差异化的责任分担与投资者保护机制，充分体现法律对合格机构投资者等"自立投资者"保护的放松。考虑到立法流程较长，短期内，可通过修订《企业债券管理条例》等行政法规，对现有法律概念的内涵进行解释，为非公开发行债券市场，尤其是面向合格机构投资者的债券发行活动提供法理依据，促进债券市场长远健康发展。

第二，根据发行人与投资人能力的差异，建立分层的信息披露机制。市场分层是适格产品与投资者的匹配，包括产品风险与投资者能力的匹配，以及产品设计与投资者偏好的匹配。好的市场机制既有明确壁垒防止不成熟投资者购买高风险产品，又有足够深度与广度的服务供给可满足各类投资者偏好，提升匹配效率。部分投资者能力的欠缺可通过市场机制来补足，对于无法解决的能力不足问题，应设置投资者入市壁垒。如对于资产证券化、可转债等产品结构复杂、定价方式区别于一般公司信用债的产品，可通过建立有针对性的信息披露机制来提升产品透明度。

同时，在信息披露机制失灵的情况下，应提升投资者准入标准，限制信息获取能力、风险承受及处置能力较弱的投资者进入高风险市场。此外，针对不同投资者的偏好，应通过加大产品及市场化服务供给，由市场自主形成分层。丰富产品供给，满足各类风险偏好投资者的需求；在定价机制、信息披露、议事机制等维度提供多种可选方案；在交易平台、登记托管结算等方面提供竞争性服务，由发行人、投资者根据偏好自由选择，提升匹配效率，形成市场内部分层。

第三，更好地提升风险及违约处置环节信息披露的针对性与有效性。信用风险暴露后，企业的披露能力与披露意愿均有所下降，既有的信息披露机制无法落实，发行人疲于应对，信息披露的质量无法保障，严重影响投融资双方互信，导致投资者易"风声鹤唳"，产生"羊群效应"。市场规则应在上述两方面配合发力，提升风险及违约处置环节披露的针对性与有效性。针对披露能力不足，可建立与一般债券差异化的信息披露要求，根据企业实际能力与投资者核心关切调整披露的内容与频率，强调"精准狠"，不求"大而全"，为市场博弈预留空间，激励投资者强化调查分析、提升专业水平，激发市场活力。而披露意愿不足一般有两种情形，多数企业担忧披露范围过广加剧风险处置难度，可在机制设计中兼顾信息披露公平性与违约处置效果，理顺不同类型信息的披露对象，允许有限范围内的披露，同时明确实际持有人与潜在投资者之间信息的传递机制，保障必要的知情权。此外，可以探索建立风险及违约企业与持有人的沟通机制。通过收集、回应投资者关切议题、召开持有人沟通会等形式，对企业信息披露文件进行解释，加强企业与投资者之间的沟通，促进风险事件及时处置与化解。而对于个别恶意不履行披露义务的企业，应加大惩戒力度，严肃市场纪律，同时强化中介机构的作用，鼓励投资人聘请第三方评级机构、调查机构对企业真实情况进行调研，作为信息披露的有效补充。

第四，强化各方责任，提升信息披露质量。一方面，强化发行人的责任意识，自觉、合规地履行信息披露义务。既要从机制上压实企业信息披露的主体职责，抓住信息披露事务负责人，将责任落实到人；又要从实践中，通过多种方式便于企业理解、落实信息披露相关要求。另一方面，强化中介机构的责任意识，推动中介机构遵守职业道德准则，发挥中介机构在信息披露中的专业作用。

二、发行人公司治理与信息披露

从实践来看，信息披露质量问题大部分与企业行为有关，在债券市场自律处分案例中，发行企业信息披露相关违规也是最常见的违规情形。这背后既有发行人治理机制缺陷的客观原因，也有发行人对信息披露认识不到位的主观原因。同时，在外部层面，独立性干预及问责机制震慑力有限也诱发了上述违规现象。

（一）企业公司治理不善的原因

1. 缺乏有效制衡机制

现代公司治理制度的核心要义在于形成有效制衡的治理机制，其中最为重要的是发挥"三会一层"（股东大会、董事会、监事会与经理层）的相互制衡作用。有的企业形式上虽建立了较为完整的"三会一层",但边界与职责并不明晰,内部制衡功能未有效发挥。

国有企业董事会、监事会与经理层成员多由股东行政任命或选派,缺乏市场化配置机制,导致独立董事与外部董事占比低,专业监事和职业经理人明显不足,难以发挥监督与管理的职能。有的企业董事与经理层人员交叉情况普遍,导致发生严重的"内部人控制"现象。有的企业股东越过董监高直接介入企业的经营与财务,"三会一层"无法发挥有效的作用。例如有的企业虽然合并报表资产规模庞大,但是对下属企业缺乏实际控制和管理权,企业内部管理人员很少,此种架构主要目的是便于企业债券融资,"三会一层"形同摆设。

民营企业中,公司治理混乱的常见情形是控股股东或实际控制人独揽大权,人事权、财务权、风险决策权等核心权力全部控制在一人手中,董事会、监事会与经理层实际上被"架空"。如某大型民企,其经营与财务决策由实际控制人全盘把控,通过大额虚增货币资金并在集团体外循环的方式虚构销售收入。此外,市场中也不乏民企因董事会成员控制权之争导致决策偏离企业利益的情况。因董事会缺乏合理的运作机制,成员完全基于各自利益最大化而内斗,增加了民营企业的经营风险。

因企业内部缺乏制衡,法律所规定的董监高信息披露异议机制难有用武之地。《证券法》第 82 条第 4 款[①]为董监高行使表

---

① 《证券法》(2019 年修订)第 82 条第 4 款:"董事、监事和高级管理人员无法保证证券发行文件和定期报告内容的真实性、准确性、完整性或者有异议的,应当在书面确认意见中发表意见并陈述理由,发行人应当披露。发行人不予披露的,董事、监事和高级管理人员可以直接申请披露。"

达异议的权利提供了支持，2022年《虚假陈述司法解释》第15条[①]在此基础上进一步规定表达异议且未投赞成票的董监高可认定其不存在过错从而免于承担民事责任。但从实践来看，除上市公司董监高对定期财报"不保真"的事件偶有发生之外，资本市场中董监高对信息披露文件发表异议的情况并不常见，债券市场中的董监高异议则更为少见。例如，因信息披露造假被证监会处罚的康美药业，在债券违约之前，定期财务报告已常年被市场质疑，但并未有董监高发表相关异议。

2. 企业独立性受到干扰

从更深层次来看，部分发行人内部管理机制难以发挥有效制衡作用的根源在于企业独立性受到干扰。

尽管国有企业改革进程中逐步放权、加强自主经营，但公司治理中行政干预的观念仍未发生根本转变，一些政府部门以"婆婆加老板"的身份对国有企业过多干预。因实际控制人或管理机构干预发行人的公司运作，董事高管无自主经营权，不了解公司经营与财务状况，进一步导致信息披露不真实、不准确。如某省区县级城投公司，经营决策受到政府干预，人员与财务管理均缺乏独立性，导致出现未及时披露土地被无偿收回和募集资金使用

---

① 《虚假陈述司法解释》（法释〔2022〕2号）第15条："发行人的董事、监事、高级管理人员依照证券法第八十二条第四款的规定，以书面方式发表附具体理由的意见并依法披露的，人民法院可以认定其主观上没有过错，但在审议、审核信息披露文件时投赞成票的除外。"

等违规情况。此外，也有一些国有企业的重要资产重组事项的进度与披露均由上级主管部门决定，企业信息披露的独立性丧失。例如，某国企资金由控股股东集中管控，统一调配，大量货币资金被划转至控股股东的资金管理中心，最终发生违约，同时该企业未在发行文件及年报中披露相关信息，未充分揭示潜在风险。

相对于国有企业，民营企业的独立性问题不仅源于股权控制关系，还源于家族企业治理模式。部分民企的人员、业务及财务决策权为家族所控制，独立法人人格丧失，加大了信息披露的违规风险。如在实践中，企业通过债券市场融资以满足家族社会网络中其他主体业务开展的需求，募集资金通过资金占用或关联交易等方式流出企业，导致募集资金使用披露违规。

3. 信息披露意识不足，对相关规则不熟悉

除了公司治理的原因，企业自身对信息披露的重视和熟悉程度不足也是导致企业信息披露质量参差不齐的重要原因。近年来，随着信息披露机制的完善以及自律处分的警戒，企业的信息披露责任意识有所加强，但总体仍不够。不少企业仍未意识到发债企业作为公众企业的责任意识，对于信息披露工作重视不够，董监高对个人在信息披露中所承担的责任了解不清，导致这一情况的原因是多方面的。

第一，信息披露意识淡薄。部分企业对债券市场上的公开融资行为认识不足，单纯将其视为贷款融资，而忽视其所附带的信息披露责任。当发生资产转让、抵押等重大事项时，有的企业仍认为这些属于内部信息，不应向市场披露。从实践来看，企业的信息披露意识还可能与是否为上市公司、负责部门的风格有一定关系。通常而言，上市公司信息披露意识好于非上市公司，特别是由董事会秘书负责信息披露的企业，其信息披露意识更强。有的企业由融资部或财务部负责信息披露，容易更重视融资，而忽视信息披露。

第二，过于依赖主承销商等中介机构。长期以来，我国债券市场的发展对中介机构依赖度较高，无论是在发行期间，还是在债券存续期的信息披露工作中，企业习惯于交由主承销商、受托管理人全权负责，以中介机构辅导替代企业主体责任，个别企业甚至认为信息披露责任人是中介机构。在这种长期外部依赖的习惯下，企业既无责任意识，也无主动学习、按规披露的意识。

第三，对信息披露相关制度理解不到位。近年来，在公司信用债部际协调机制的统筹推动下，债券市场信息披露制度持续完善，相关要求不断细化，对企业的信息披露提出了更高要求。在实践中，不少发行人已经具有一定的信息披露意识，但对信息披露规则的要求理解不当，有的选择性披露，导致信息披露存在不合规的问题。例如资产重组事项下，无偿划转与出售、转让资产是企业常见的信息披露违规情形。根据相关规则要求，无偿划转因性质特殊，不论金额大小均应进行披露；出售、转让资产因有交易对价，价值达到最近一期经审计净资产规模的10%才需披露。不少企业混淆这两类重大事项披露标准，导致出现信息披露不合规的问题。

4. 利益驱使下的恶意违规或美化行为

少数更为恶劣的情况是，企业主观意愿导致的信息披露质量问题。债券市场中，发行企业通过信息披露向市场投资者展现自身财务状况与资信能力以获取融资。少数发行人权衡收益成本后，主动选择美化信息披露，甚至对披露信息造假。

在各种违法违规的信息披露情形中，财务造假等证券欺诈行为的主观恶意最大。公司信用债发行规模动辄上亿元，而现有《证券法》对发行人经济罚款上限仅 2 000 万元[①]，发行人财务造假的预期收益远大于预期成本，成本收益失衡已然成为企业虚假陈述的重要原因。同时，发债企业大多为非上市公司，发行人所披露的信息难以有交叉验证的渠道，更让企业财务造假有可乘之机。此前华晨集团、康美药业等相继爆雷，也让债券市场的虚假陈述等信息披露问题引发高度关注。

此外，还有一些情况下，虽然不涉及恶意造假、故意美化，但由于制度、历史等原因，企业披露的信息与真实情况可能存在出入。例如，在编制会计报表过程中，一些企业通过变换估值的方法调高无形资产估值以降低资产负债率，营造企业长期偿债能力增强的表象。再如，对于土地这类更为复杂的资产，各地土地拍卖政策执行不一，可能存在的情况就更多。如某城投企业资产负债表中有一项土地资产，企业拥有该土地的权属证明文件。但实际上，该土地为其他方所控制并进行开发建设，导致企业披露信息与真实情况出现差异。

5. 惩戒机制威慑力不足

近年来，严打证券违法违规行为的信号持续释放，监管部门

---

① 详见 2019 年修订的《证券法》第 181 条。旧《证券法》（2014 年修订）对发行人的顶格处罚仅 60 万元，造假的预期收益远大于预期成本。

通力合作，依托统一执法工作机制，债券市场的执法力度持续加大。尽管 2019 年修订的《证券法》加大了违法成本，但从现有实践来看，发行人及其董事、高管信息披露违法违规的罚责仍过轻。

从行政责任来看，惩戒力度虽有增强，但仍不足以遏制企业违规行为，处罚效果有限。在财产罚方面，《证券法》第 181 条[①]提高了对发行人及其控股股东、实际控制人的罚款额度，但出于收益成本的权衡考虑，仍有不少企业及董事、高管以身犯险。而交易所与交易商协会的自律处分存在天然短板，禁入市场等声誉罚难以对董事、高管产生有力约束，发行人仅需变更相关人员即可，但公司治理问题未得到有效根治。

从民事责任来看，法律明确并强化了董监高与控股股东、实际控制人的信息披露责任，但实践中债券持有人直接向责任人请求损害赔偿的情况并不常见。且从现有判决来看，即使是判决个人承担全额连带责任，实际履行的赔偿金额也并不高。《证券

---

① 《证券法》（2019 年修订）第 181 条："发行人在其公告的证券发行文件中隐瞒重要事实或者编造重大虚假内容，尚未发行证券的，处以二百万元以上二千万元以下的罚款；已经发行证券的，处以非法所募资金金额百分之十以上一倍以下的罚款。对直接负责的主管人员和其他直接责任人员，处以一百万元以上一千万元以下的罚款。发行人的控股股东、实际控制人组织、指使从事前款违法行为的，没收违法所得，并处以违法所得百分之十以上一倍以下的罚款；没有违法所得或者违法所得不足二千万元的，处以二百万元以上二千万元以下的罚款。对直接负责的主管人员和其他直接责任人员，处以一百万元以上一千万元以下的罚款。"

法》第 85 条①在原先董监高过错推定连带责任的基础上，将控股股东、实际控制人的连带赔偿责任归责原则也由过错责任改为过错推定。2022 年《虚假陈述司法解释》第 20 条②规定控股股东、实际控制人可作为单独被告，责任逐步加重，符合"追首恶"的证券市场法律精神。但债券虚假陈述与债券违约时常交织出现，通常是发行人未按时兑付本息，投资者才通过虚假陈述诉讼请求损害赔偿。在违约情景下，发行人及实控人往往不具备偿付能力，民事赔偿多由中介机构兜底，"追首恶"的实际效果有限。如"五洋债"案中，虚假陈述损害赔偿逾 7 亿元，虽判决实际控制人承担全额连带责任，但其实际履行 15 万元，仅承担约 0.02% 的赔偿责任。

（二）提升债券发行人公司治理的思考

从国际经验来看，现代化公司治理机制的形成也经历了较为漫长的发展时期。总体来看，公司治理的改革是一项系统工程，

---

① 《证券法》（2019 年修订）第 85 条："信息披露义务人未按照规定披露信息，或者公告的证券发行文件、定期报告、临时报告及其他信息披露资料存在虚假记载、误导性陈述或者重大遗漏，致使投资者在证券交易中遭受损失的，信息披露义务人应当承担赔偿责任；发行人的控股股东、实际控制人、董事、监事、高级管理人员和其他直接责任人员以及保荐人、承销的证券公司及其直接责任人员，应当与发行人承担连带赔偿责任，但是能够证明自己没有过错的除外。"

② 《虚假陈述司法解释》第 20 条第 1 款："发行人的控股股东、实际控制人组织、指使发行人实施虚假陈述，致使原告在证券交易中遭受损失的，原告起诉请求直接判令该控股股东、实际控制人依照本规定赔偿损失的，人民法院应当予以支持。"

需要从治理机制、市场教育等多个维度加以完善。

第一,强化内部约束机制,确保企业独立性。厘清"三会一层"的边界和责任,积极发挥利益相关方的制衡作用。同时,理顺国有资产管理机构与国有企业的关系,建议监管部门回归监管本位,在不干预企业日常具体经营的前提下,加强对企业内部管理、风险控制、激励约束等公司治理情况的评估和监管。

第二,优化市场制度,加强市场成员教育,提升企业信息披露的自主性。一方面,明确制度要求,进一步压实发行人的信息披露责任。同时,将中介机构对发行人的辅导服务从日常服务中剥离,转变为发行人可选择的有偿服务。另一方面,继续加强债券市场信息披露的宣传教育,通过多种方式为发行人提供便利的渠道,以掌握信息披露要求。

第三,加大对恶意造假行为的惩戒,强化"追首恶",完善个人信用制度,提高违规成本。对于公司因主观恶意产生的信息披露违规问题,应当加重处罚力度。同时,对于以欺诈上市、非法关联交易等方式掏空发行人的恶性行为,建议在司法实践中引导优先向组织和指使实施虚假陈述的个人追偿责任。此外,建议完善个人信用制度,对于信息披露中失职的董监高个人,要加大惩戒力度,把资本市场的失信行为与个人信用挂钩。

三、中介机构的责任分担与信息披露

为了提高证券市场的信息披露质量,引入外部监督机制,保护投资者的合法权益,证券中介机构与证券市场的发展相伴而生。现代审计师职业可以追溯到19世纪中叶的英国,随着当时公司股权分散模式的出现应运而生；证券律师行业则始于20世纪初期，随着证券法律的制定和实施而逐步发展；证券分析师行业的历史则更短。[①]在证券市场发展初期，由于证券发行人和投资者尚不成熟，证券发行与交易、信息披露、投资者适当性管理等各项制度尚未完全建立，证券市场信息的真实性、准确性和完整性无法得到充分保障，证券欺诈行为屡见不鲜。此时，作为一种结构性安排，中介机构的加入可以极大地缓解证券投资者因信息不对称而面临的种种困难。凭借其专业能力和声誉，证券中介机构对发行人披露的信息给予信用背书，也可以提升信息的公信力。因此，证券市场在发展初期往往对证券中介机构提出较高的职责要求，要求其承担较重的法律责任。特别是20世纪80年代，中介机构"看门人理论"[②]提出后，要求中介机构对发行人虚假陈述行为承担"过错推定责任"和"连带赔偿责任"成为最主要的归责方式。但在此情况下，如果权责界定不清晰，也容易造成证券市场过度依赖中介机构的负面效果。

---

① 参见：[美]约翰·C.科菲著，黄辉、王长河等译：《看门人机制：市场中介与公司治理》，北京大学出版社，2011年版，第4页。

② 20世纪80年代，美国斯坦福大学法学院的吉尔森教授和耶鲁大学的克拉克曼合作了经典论文《市场有效的机制》，提出了"看门人理论"。根据该理论，使中介机构为投资者"看门"，一是靠声誉机制，二是靠严厉的法律责任。在声誉机制影响下，中介机构将声誉视为极其重要的资产，并会为了保护自身剩余，对发行人的证券信息进行彻底的调查。而所谓严厉的法律责任，有学者认为是要建立"责大于过"的归责机制，即法律责任要超过中介机构的过错程度，以此迫使中介机构担当起把关作用，而不至于被发行人贿赂、收买。参见邢会强：《资本市场看门人理论在我国的适用困境及其克服》，载《政法论坛》，2022年第6期。

随着证券市场发展逐渐成熟,证券市场的信息质量可以从多维度得到保障:一方面,证券发行、信息披露、投资者适当性管理等可以直接促进信息质量的制度不断完善;另一方面,证券监管机构的公共执法和司法机关的民事赔偿机制可以对欺诈行为起到损失填补和惩罚震慑的作用。证券市场对中介机构的过度依赖有所转变,中介机构职责的科学性、适当性将成为新的关注重点。但同时也需注意,中介机构常常面临满足客户不当需求与维护社会公共利益之间的矛盾,甚至个别中介机构出于私利成了信息披露违法犯罪行为的"帮凶"。因此,规范中介机构的行为以及设置合理的责任承担机制是证券市场发展的重要课题。

(一)债券市场对中介机构管理的制度实践

目前,我国公司信用类债券市场的中介机构主要类型包括债券承销机构、信用评级机构、会计师事务所、律师事务所、受托管理人以及评估认证机构等。各类中介机构在支持债券市场发展、提高信息披露质量等方面均发挥了重要作用。为推动公司信用类债券市场改革开放与高质量发展,近年来立法机关、司法机关、行政机关以及行业自律组织从不同层面不断完善债券市场中介机构管理制度,取得了丰富的制度和实践成果。

首先,在立法层面,2019年新修订的《证券法》保留了中介机构对虚假陈述过错推定责任和连带责任的严格要求,并为中介机构的勤勉义务标准提供了判断依据。《证券法》第160条规定,中介机构"应当勤勉尽责、恪尽职守,按照相关业务规则为证券的交易及相关活动提供服务"。由于中介机构提供的专业服务涉及方方面面，《证券法》难以做出具体规定，所以仅从原则性方面规定了遵守相关业务规则的要求。相关业务规则范围广泛，涵盖法律、行政法规、司法解释、部门规章、规范性文件、自律规则等，由此实现了上位法与下位法的有效衔接。同时考虑到"勤勉尽责、恪尽职守"要求也具有较强的原则性，实践中中介机构是否应当承担法律责任，应当先查明是否存在违反"相关业务规则"的行为，结合具体情况做出认定和判断。[①]《证券法》第163条进一步明确了中介机构的勤勉义务、核查和验证义务，并规定"其制作、出具的文件有虚假记载、误导性陈述或者重大遗漏，给他人造成损失的，应当与委托人承担连带赔偿责任，但是能够证明自己没有过错的除外"。该条规定是"看门人理论"在我国法律中的直接体现，也成为悬在证券中介机构头顶的"达摩克利斯之剑"，引导、规范中介机构尽职履责。

其次，在司法层面，最高人民法院出台的《债券座谈会议纪要》和《虚假陈述司法解释》，系统规定了债券市场中介机构的民事责任承担机制，及时回应了债券市场发展的现实需求。《债券座谈会议纪要》专门规定了债券承销机构和其他中介机构的过错认定标准、承销机构的免责抗辩事由，并且结合债券的交易特点，明确了债券虚假陈述案件损失计算的方法及因果关系抗辩理由。《虚假陈述司法解释》于2003年开始实施，但其以股票市场为蓝本，忽略了对债券市场的适用性。2021年末，最高人民法院发布了新修订的《虚假陈述司法解释》，于2022年1月起正

[①] 参见程合红主编：《〈证券法〉修订要义》，人民出版社，2020年版，第315页。

式实施。新《虚假陈述司法解释》制定时间晚于《债券座谈会议纪要》，也有了一定的债券虚假陈述判例作为经验依据，已较为全面地考虑了债券虚假陈述案件的审理问题，多项规定体现了科学立法、精准司法的精神。例如，第13条规定，中介机构承担责任的过错应为故意或严重违反注意义务；第25条规定，被告赔偿范围以原告的实际损失为限，实际损失主要是投资差额损失。

2007年6月，最高人民法院出台《最高人民法院关于审理涉及会计师事务所在审计业务活动中民事侵权赔偿案件的若干规定》（以下简称《审计侵权司法解释》），专门规定了会计师事务所审计侵权责任认定规则。《审计侵权司法解释》第5条[①]将《证券法》中会计师事务所承担连带责任的规定限缩在注册会计师"故意"的场合，并规定在"过失"的情况下仅需承担补充责

---

① 《审计侵权司法解释》第5条："注册会计师在审计业务活动中存在下列情形之一，出具不实报告并给利害关系人造成损失的，应当认定会计师事务所与被审计单位承担连带赔偿责任：（一）与被审计单位恶意串通；（二）明知被审计单位对重要事项的财务会计处理与国家有关规定相抵触，而不予指明；（三）明知被审计单位的财务会计处理会直接损害利害关系人的利益，而予以隐瞒或者作不实报告；（四）明知被审计单位的财务会计处理会导致利害关系人产生重大误解，而不予指明；（五）明知被审计单位的会计报表的重要事项有不实的内容，而不予指明；（六）被审计单位示意其作不实报告，而不予拒绝。对被审计单位有前款（二）至（五）项所列行为，注册会计师按照执业准则、规则应当知道的，人民法院应认定其明知。"

任[1]。由于《审计侵权司法解释》没有被废止,在司法实践中还可以继续适用,而且《中华人民共和国注册会计师法修订草案(征求意见稿)》第 89 条指出,会计师事务所在过失情形下应承担补充责任,延续了《审计侵权司法解释》第 10 条所确定的规则,为实践中法院灵活认定证券中介机构承担其他形式的责任提供了法律基础。

最后,在行政监管层面,债券市场监管部门近年来发布多项规范性文件,加强行政执法,持续压实中介机构责任。《证券法》修订后,监管部门按照《证券法》的有关规定,进一步完善了对债券市场中介机构的监管要求。《公司信用类债券信息披露管理办法》以专章形式规定了中介机构信息披露的要求。根据该办法的规定,中介机构除了要对自身出具的专业报告、专业意见及披露的信息负责,主承销商、受托管理人还应当督促企业合规履行信息披露义务。同时,人民银行、发改委、证监会又在《关于公

---

[1] 《审计侵权司法解释》第 10 条:"人民法院根据本规定第六条确定会计师事务所承担与其过失程度相应的赔偿责任时,应按照下列情形处理:(一)应先由被审计单位赔偿利害关系人的损失。被审计单位的出资人虚假出资、不实出资或者抽逃出资,事后未补足,且依法强制执行被审计单位财产后仍不足以赔偿损失的,出资人应在虚假出资、不实出资或者抽逃出资数额范围内向利害关系人承担补充赔偿责任。(二)对被审计单位、出资人的财产依法强制执行后仍不足以赔偿损失的,由会计师事务所在其不实审计金额范围内承担相应的赔偿责任。(三)会计师事务所对一个或者多个利害关系人承担的赔偿责任应以不实审计金额为限。"

司信用类债券违约处置有关事宜的通知》中进一步强调严格中介机构履职，强化中介机构问责，并对主承销商、受托管理人、信用评级机构、信用增进机构等在违约处置中的职责和义务进行了明确。

（二）债券市场对中介机构管理的实践

随着相关制度的完善，债券市场逐步加强对中介机构的监管力度，行政处罚和自律处分案例逐步增多。

1. 债券市场中介机构的行政处罚情况

近年来监管部门不断加大对于债券市场中介机构违法违规行为的行政执法力度。特别是2018年12月之后，根据人民银行、证监会、发改委联合发布的《关于进一步加强债券市场执法工作有关问题的意见》（银发〔2018〕296号），证监会依法对银行间债券市场、交易所债券市场中存在的违法行为开展统一的执法工作。对商业银行、证券公司等在承销各类债券过程中的违法行为，依照《证券法》第191条（对应2019年修订《证券法》第184条）进行处罚。截至2022年10月，已有3家证券公司作为债券承销机构被证监会行政处罚，涉及债券类型均为公司债；2家会计师事务所、1家律师事务所、1家评级机构因担任债券发行服务机构未勤勉尽责、出具文件存在虚假陈述而被证监会处罚，涉及公司债、中期票据两种债券类型（见表3-1）。

表3-1 债券中介机构被行政处罚案例

序号	受罚主体	中介机构履职阶段	处罚事项
1	主承销商	债券发行的尽职调查阶段	1. 出具的《核查意见》《核查报告》《承诺函》中与营业收入、利润总额等财务数据相关内容存在虚假记载 2. 尽职调查过程中未审慎关注发行人某子公司在产能利用率、销售收入等方面存在的异常情况；未审慎关注该子公司所提供资料与公开数据不一致的情况；未实地查看发行人某子公司的生产经营场所，未发现其已处于停产状态；未审慎关注发行人某子公司纳税申报材料的异常情况
2	会计师事务所		1. 出具的2013—2017年度审计报告存在虚假记载 2. 在对发行人2013—2017年度财务报表审计时未勤勉尽责，具体包括：识别、评估重大错报风险因素方面存在缺陷，未对前五大供应商集中且同时为客户的异常情况保持职业怀疑并有效实施进一步审计程序，内部控制审计程序存在缺陷，实质性审计程序存在缺陷
3	评级机构		1. 评级报告存在虚假记载。2013—2017年，发行人通过子公司虚增营业收入、利润总额。但债券评级报告中表述"公司偿还债务的能力很强，本次债券到期不能偿付的风险很小"，评级观点和评级结论存在虚假记载 2. 出具相关评级报告未勤勉尽责，具体如下：第一，未按照相关规则要求开展尽职调查工作，包括现场访谈工作存在缺陷、现场考察工作存在缺陷；第二，未保持审慎分析，未对评级所依据的文件资料内容的真实性、准确性和完整性进行核查和验证，包括未对发行人某子公司有关数据进行审慎分析，评级报告打分缺乏相应的资料支持；第三，内部审核存在缺陷，评级公司在三级审核流程中未按照其审核标准进行客观打分，结论、依据与其标准、事实不符

续表

序号	受罚主体	中介机构履职阶段	处罚事项
4	律师事务所		1. 出具的法律意见书存在虚假记载 2. 未按照依法制定的业务规则审慎履行核查和验证义务。未对发行人重大业务合同进行审慎核查验证；未审慎查验发行人生产经营情况；未对《负面清单》的禁止性规定情形开展尽职调查，未依据查验行为独立做出查验结论；未审慎履行核查和验证义务的其他情形等

2. 债券市场中介机构的自律处分情况

从我国债券市场的自律管理体系看，沪深交易所、证券业协会主要负责交易所债券市场的自律管理，交易商协会主要负责银行间债券市场的自律管理。截至目前，沪深交易所和交易商协会均对债券中介机构开展过自律处分。

从交易商协会对中介机构自律处分实践来看，范围涵盖主承销商、会计师事务所、律师事务所、评级机构以及交易类金融机构等。从违规主体和违规事项上看，针对主承销商违规处分的案例最多，涉及发行阶段尽职调查工作不规范、尽职调查底稿不完整、未及时履行信息披露义务、募集资金管理不到位、未合规召开持有人会议等（见表3-2）。此外，交易商协会也对会计师事务所、信用评级机构等其他中介机构实施过自律处分（见表3-3）。

表 3-2　交易商协会对主承销商违规行为的自律处分案例

序号	中介机构履职阶段	违规事项	自律处分类型
1	尽职调查阶段	1. 未对发行人独立性开展进一步核查并在尽职调查报告中体现，未能充分保证尽职调查质量 2. 未对发行人受限货币资金异常情况保持足够的职业怀疑，未开展进一步核查 3. 尽职调查工作底稿不完整，尽职调查工作开展不规范	责令改正、通报批评
2	尽职调查和持续督导期间	1. 未对发行人的资产无偿划转重大事项进行有效监测，及时督导其进行存续期重大事项披露，也未及时召开持有人会议 2. 尽职调查报告未包含对发行人财务状况的调查情况	诫勉谈话、责令改正
3	尽职调查阶段	1. 资产支持票据发行备案工作尽职履责不到位 2. 未能及时关注到发行文件中财务报表信息披露不准确事项	责令改正、通报批评
4	尽职调查和持续督导期间	1. 在债务融资工具的尽职调查阶段，未发现发行人存在逾期且未偿还的债务，调查底稿中未体现对企业信用记录的调查工作 2. 债务融资工具存续期间，未及时督导发行人披露债务逾期和资产抵质押的重大事项信息	诫勉谈话、责令改正

表 3-3　交易商协会对会计师事务所违规行为的自律处分案例

序号	中介机构履职阶段	违规事项	自律处分类型
1	尽职调查阶段	1. 出具的年度审计报告存在虚假记载 2. 银行存款审计中未勤勉尽责，包括未获取相关公司已开立银行结算账户清单，银行存款函证程序执行不到位	警告处分、责令改正、暂停业务
2	尽职调查阶段	1. 出具的年度审计报告存在虚假记载 2. 在审计过程中未勤勉尽责，包括未充分、适当执行风险评估和风险应对程序，未对在建工程及借款费用资本化执行充分、适当的审计程序	警告处分、责令改正

续表

序号	中介机构履职阶段	违规事项	自律处分类型
3		1. 出具的年度审计报告存在虚假记载 2. 对财务报表的审计均存在缺陷，未能勤勉尽责	严重警告、责令改正、暂停业务
4		1. 未对发行人的业务管理系统实施相应审计程序，未获取充分适当的审计证据 2. 对财务报表的审计存在缺陷，未能勤勉尽责、未能保证所出具文件的真实性	严重警告、责令改正、暂停业务
5	尽职调查阶段	1. 未对财务报告附注中未披露"结算中心存款"的情况进行关注，也未执行进一步审计程序，在发询证函未收到回函的情况下实施替代程序所获取的审计证据不充分 2. 未结合已了解的信息对发行人大额关联交易开展进一步审计工作 3. 对发行人大额存单及相关股权被质押事项未进行关注并执行必要的审计程序 4. 相关审计业务约定书签署及审计底稿归档不规范	警告处分、责令改正、暂停业务
6		1. 对发行人货币资金的审计证据不足，未获得其资金归集账户的银行对账单，大额收支检查未获取银行收款回单 2. 对"其他应付款"的抽查，未关注到部分收款无银行回单的异常情况，相关收款记账是根据资金划出情况对应记账，无银行收款凭证 3. 未对"其他应付款"的异常往来调整保持职业怀疑并实施进一步审计程序，相关调整的依据和记账方式存在明显异常	严重警告、责令改正、暂停业务
7		在审计过程未充分尽职履责，对发行人对外担保事项仅进行口头了解，未履行必要的核查和验证程序，导致审计报告没有真实反映企业对外担保情况	责令改正、通报批评

3. 债券虚假陈述类案件增多，司法实践深入探究中介机构责任边界

随着注册制改革日趋深入，证券发行审核从核准制到注册制，从实质审核转向更加全面的信息披露，中介机构"看门人"作用得到强化，证券市场责任追究机制发生转变，民事责任追责重要性日益凸显。在相关司法解释和业务规则出台的背景下，我国证券虚假陈述案件数量进一步增长，中介机构责任追究引发的争议频发，并逐渐受到业内关注。2017—2020年，涉及虚假陈述的一审案件5.05万件，呈逐年上升态势，从2017年的6 233件增长至2020年的17 770件，增幅达185.10%。[①] 就债券虚假陈述案件而言，2007年江苏高级人民法院审理的"超日债"虚假陈述案件开启了债券虚假陈述诉讼的司法实践。但"超日债"案件未涉及中介机构的赔偿责任。2020年以来，债券虚假陈述类案件开始增多。特别是"五洋债"案件发生以来，越来越多的投资者开始对发行人和中介机构提起虚假陈述赔偿诉讼。据不完全统计，2019年之前起诉的债券虚假陈述案件总计仅3起，2020年有7起，2021年达到32起，2022年1月至10月已有18起。不仅诉讼案件数量大幅上升，诉讼涉及的债券类型也逐渐多元，目前已涵盖了公司债券、企业债券和银行间市场非金融企业债务融资工具等类型，被告范围也从发行人扩大到相关中介机构

---

① 参见郑博涵、张智潇：《注册制下证券虚假陈述中介机构民事责任边界研究——以120份裁判文书和60份行政处罚为样本》，载《金融法苑》，总第107辑。

及其他责任主体。

在"五洋债"案件中,债券发行所涉中介机构均存在不同程度的过错,因此法院判令其均承担连带赔偿责任。其中,承销商德邦证券、大信会计师事务所与发行人五洋建设承担全额连带赔偿责任,而大公国际资信评估有限公司和锦天城律师事务所分别在10%和5%范围内与发行人承担连带赔偿责任。该案集中凸显了司法层面对于构建以信息披露为核心的市场机制以及保护投资者利益、维护债券市场健康发展的决心。法院在审理中开始摒弃"一刀切"式的全部连带责任认定方式,区分不同中介机构的责任范围。具体来看,法院根据中介机构的专业分工及勤勉尽责义务确定其是否具有"影响投资者投资判断""损害投资者合法权益"层面上的"过错",判断中介机构是否履行了自身的注意义务,这体现出法院的过错及责任认定更趋精细化。但由于该案是债券市场让中介机构承担虚假陈述连带赔偿责任的首次实践,判决对于中介机构承担连带责任的事实认定相对笼统。

在另一个备受市场关注的"康得债"案件中,法院区分了中介机构的一般注意义务和特别注意义务,在认定承销商仅负有一般注意义务的情况下,未简单适用《证券法》规定的"过错推定"归责原则,而是将承销商存在过错的举证责任分配给原告。最终法院根据具体案件事实和不同机构的专业义务、执业范围等认定承销机构对于案涉虚假陈述事项已证明其已勤勉尽责,无须承担责任。可见随着司法实践的深入,法院对于中介机构的"过错"认定更加精细,中介机构的责任边界越发清晰。

（三）推动债券市场中介机构发展的思考与建议

中介机构的参与是证券市场发展的结构性安排。推动公司信用类债券改革开放高质量发展，离不开科学、有效的中介机构治理约束机制。结合我国债券市场阶段性发展特征，我们认为有必要对规范中介机构的路径展开深入思考。

第一，要立足法律和相关监管规则，准确界定中介机构的权利、义务和责任，切实发挥中介机构的"看门人"作用。"勤勉尽责、恪尽职守"是《证券法》规定的中介机构履职的基本要求。监管机构和市场参与者要共同督促中介机构健全债券业务质量和执业风险控制机制，完善中介机构执业能力评价体系，引导中介机构尽职履责，不断提高中介服务质量。同时，应不断完善中介机构的责任承担机制，将中介机构的责任承担与其注意义务、注意能力和过错程度相结合，将民事责任追究的损失填补与震慑违法两个功能相结合，切实保护债券持有人的合法权益，维护公开、公平、公正的债券市场秩序。

第二，在债券违约常态化的背景下，应当警惕中介机构成为投资者转移违约损失的"替罪羊"。现阶段，我国债券虚假陈述案件大多与债券违约事件相伴而生。投资者遭受违约损失后，通常情况下应当追究发行人的违约责任，提起违约之诉。但此时发行人往往已经丧失清偿能力，甚至进入破产程序。投资者因此可能变换诉讼策略，从违约之诉转换为虚假陈述侵权之诉，并将求偿主体从发行人扩展至中介机构，将其列为共同被告。在有些案件中，投资者甚至仅起诉中介机构，中介机构成了债券虚假陈述诉讼中投资者首选的实际承担赔偿责任的目标主体。因此，在债券发行人违约、破产高发和取消前置程序的背景下，如果权责界定不当，中介机构容易成为债券投资者索赔的"深口袋"。此类行为将扭曲债券市场的基本运行机制：一方面，责任倒置，发行人逃脱应负责任，不利于惩罚"首恶"；另一方面，倒逼中介机构选择优质发行人，资源进一步向优质主体倾斜，妨碍债券市场资源配置功能的发挥。

第三，应当坚持"卖者尽责、买者自负"的原则，合理划分发行人、投资者、中介机构等多主体间的责任。债券市场是典型的机构投资者市场，参与者均为专业的机构投资者，并且多采用"非公开发行""储架发行""回购交易"等大宗、高频、复杂的发行和交易机制。债券市场与股票市场的客观差异，使得债券市场的中介机构与股票市场首次公开募股（IPO）的中介机构承担相同的注意义务、履行相同的责任标准可能并不具有现实可行性。在债券市场，"卖者尽责、买者自负"是最核心的责任划分原则。发行人经营与收益变化导致的投资风险以及因投资者自身投资决策产生的后果，依法应当由投资人自行负责。这一精神在大连机床虚假陈述案件中已经有所体现。在该案中，相关投资者未理性投资，在发行人、承销机构、评级机构已经发布债券兑付风险提示公告后，依然持续购入标的债券，形成投资损失。因此，法院最终认定，虽然发行人和相关中介机构存在虚假陈述行为，但减轻了相关方的赔偿责任。可见，未来债券市场将进一步合理划分发行人、投资者、中介机构等多主体间的责任，强化机构投资者的"看门"意识。

第四，行政监管与司法裁判应当形成"合力"，使行政与司法在资本市场"强监管"方面形成默契。近年来，国内债券市场进入一个强监管、严问责的时代，监管机构全面落实对资本市场违法违规行为"零容忍"要求，压实中介机构"看门人"责任。对中介机构的监管处罚数量预计在未来一段时间内会呈现上升态势，随之而来的可能是中介机构为此需要承担高昂的民事责任以及应诉成本。因此，在"严监管"背景下，建议司法和行政力量加强联动，司法审判保持必要"谦抑"，审慎确定中介机构不同过错程度下的责任大小，促进债券市场的长远、健康发展。

四、承销机构责任认定与信息披露

（一）主承销商债券承销展业现状

境外成熟债券市场承销商承担"看门人"角色，依靠自身尽职调查和合理信赖其他中介机构等"专家"意见履职，同时承担因未能合理履职的赔偿责任。在境外成熟债券市场中，法律规定了事前依靠主承销商等中介机构的"看门人"机制和事后的法律救济机制。例如，美国证券法的核心理念是通过充分的信息披露保证投资者权益。为减少投资者相较于企业的信息劣势，法律一般规定了事前"看门人"防范机制和事后法律救济机制。

"看门人"机制是指依靠主承销商等专业中介机构监督公司，事前向投资者发出预警，主要依赖于绑定中介机构的声誉资本。发行人是信息披露的第一责任人，为减少投资者面临的信息不对称，主承销商承担"看门人"角色，主要依赖于自身尽职调查和合理信赖会计师事务所等其他中介机构的专家意见履职，例如通常会要求发行人律师和承销商律师出具披露函（disclosure letter）

或10b-5函（10b-5 letter），会计师就审计报告所涵盖的财务信息提交安慰函（comfort letter）。

事后法律救济机制是指投资者可以依靠法律诉讼制约发行人或主承销商等中介机构及其他代理人，处理这些人违反信义义务或契约条款的不当行为。如美国证券法第11节规定了注册过程中相关各方的严格责任标准，明示购买证券的任何人均可以通过诉讼方式获得赔偿。在信息披露虚假陈述责任认定上，发行人承担无抗辩权的严格侵权赔偿责任，承销机构等中介机构按照过错推定原则承担侵权赔偿责任。以美国市场为例，第11节没有为发行人设置任何抗辩权利，证券法律学者因此称其为"严格的侵权损害赔偿制度"（严格责任）。同时，第11节还要求发行人的董事等高级管理人员，以及发行人聘请的承销机构、律师事务所和会计师事务所等专业机构就发行人的虚假陈述损害赔偿责任对证券投资者承担连带责任，并根据虚假陈述和遗漏是否"出现在专家意见做出的声明部分"而适用不同的抗辩权利[①]。

在我国债券市场上，信息披露法律责任认定总体上与境外债券市场趋同，发行人是信息披露的第一责任人，同时按照过错推定原则追究承销机构及其他中介机构责任。在国内市场中，债券募集说明书文件主要由主承销商在对发行人尽职调查的基础之

---

① 第11节为这些发行人之外的证券虚假陈述被告人设置了必要和合理的适用场景、免责、抗辩和减责安排等。例如，如果虚假陈述和遗漏出现在"声称是在专家意见做出的声明部分"，可以适用较低的合理信赖标准，不需进行调查；如果虚假陈述和遗漏出现在"没有声称是在专家意见做出的声明部分"，则适用较为严格的合理调查标准。

上进行撰写①，但对信息披露责任的认定方面，我国与美国等成熟市场国家基本一致。近年来，债券市场关于信息披露等相关规则逐步完善，如2020年人民银行、发改委、证监会发布了《公司信用类债券信息披露管理办法》，交易商协会于2020年和2021年修订《非金融企业债务融资工具主承销商尽职调查指引》《非金融企业债务融资工具信息披露规则》等。我国对发行人采用严格责任制度，按照过错推定原则对承销机构等中介机构追究责任②。2022年，北京金融法院对某资管起诉某承销银行等债券发行服务机构虚假陈述责任纠纷案进行了一审宣判。根据涉案债券各参与方对损失的过错程度，以及虚假陈述行为与损失之间的因果关系，酌情确定承销机构、会计师事务所、律师事务所按照一定比例承担连带赔偿责任，为明确中介机构勤勉尽责标准提供了相应的判例，起到了较好的示范作用。

（二）主承销商债券承销相关问题

1. 部分债券承销机构展业质量有待提升

从市场运行实践来看，主承销商债券承销发行信息披露工

---

① 在股票市场上，2022年出现了首家由律师撰写招股说明书的"富创精密"，但律师费高达3 750万元，目前尚未有其他发行人尝试。
② 具体来看，主承销商等中介机构应对各自专业相关的业务事项履行特别注意义务，对其他业务事项履行普通注意义务。同时，最高人民法院于2020年和2022年发布了《债券座谈会纪要》和《关于审理证券市场虚假陈述侵权民事赔偿案件的若干规定》，进一步规定了承销机构等中介机构的过错认定规则，明确了中介机构责任承担与注意义务、注意能力和过错程度相适应原则。

作水平不断提升，但结合目前市场违规案例等，发现部分机构存在对信息披露工作重视程度不够、信息披露工作质量不高的问题。

第一，个别主承销商"重承揽，轻承做"，对信息披露质量重视程度不足。个别主承销商对于自身"看门人"责任认识不到位，主承销商强化信息披露质量意愿不足，涉及的是"想不想"的问题。直至2020年12月，"五洋案"一审判决主承销商对发行人虚假陈述承担连带责任，个别主承销商才逐渐重视自身尽职调查规范和信息披露质量等问题。近年来，个别主承销商尽职调查不充分、未能勤勉尽责也被予以行政监管措施。例如，某证券公司因某公司债券尽职调查未能勤勉尽责、某证券公司因某公司债券尽职调查方法运用不充分、某证券公司因某公司债的对外担保运行情况核查有效性不足等问题被予以行政监管措施。此外，债券融资具有持续发行的特征，客观来看也存在项目周期较短、尽职调查时间不充分的约束。

第二，个别主承销商"重前端，轻后端"，存在发行环节销售推荐不规范、存续期持续督导重视不足等问题。发行环节，为提升债券发行成功率，个别主承销商在债券销售推荐中存在夸大宣传等不规范情形。特别是对于发行难度较大的项目，个别主承销商在债券销售中可能存在刻意掩盖事实、提供虚假信息误导投资人等情形。存续期管理阶段，个别主承销商对存续期信息披露重视不足，可能存在未在债券存续期内及时开展风险排查工作、未能持续督导发行人履行信息披露义务等情形。例如，某证券公司因某公司债券"未及时履行受托管理人信息披露职责""未有效履行受托管理人信用风险管理职责"、某证券公司作为受托管理人因某公司债券项目"未能对发行人未披露重大债务逾期违约、重大股权资产被冻结、重大诉讼等情况保持必要关注"被予以行政监管措施。

第三，个别主承销商面对激烈的竞争环境，未能有效承担"看门人"职责。竞争可以促使中介机构提高其产品或服务质量，但也可能使中介机构更容易屈服于客户的压力，加剧发行人与主承销商天然存在的信息不对称问题。近年来债券承销业务竞争越发激烈，发行人在与主承销商合作中处于相对强势地位，特别是对于融资渠道畅通的优质发行主体。个别主承销商为争取与发行人合作，可能会采取减少核查、降低企业信息披露工作量等方式；同时，一些优质企业也存在不配合开展信息披露工作的情形。例如，某证券公司因某公司债项目"未勤勉尽责，尽职调查环节基本程序缺失，缺乏应有的执业审慎，内部质量控制流于形式"被暂停公司债券承销业务。

第四，一些主承销商内部"防火墙"不完善，基于不同业务综合经营考虑，将债券承销作为拓客手段，影响尽职调查和信息披露质量。现实中，发行人可能会主动或被动地给相关中介机构的其他业务部门提供非债券发行业务，如会计师事务所可能会为发行人提供咨询服务，银行类主承销商可能会为发行人提供贷款、存款业务等，这些都可能导致相关中介机构在开展债券承销发行业务中"迁就"发行人。

此外，从我国债券市场实践来看，银行类主承销商开展债券承销业务在客户拓展、风险识别、风险处置方面有明显优势，但部分案例也反映出个别机构存在承销业务形式规范性相对不足等问题。证券公司类主承销商比照股票承销保荐业务搭建起债券承销的合规风控体系，在形式合规方面相对完备，但也存在内部激励机制失衡、后续信息披露和长期风险管理能力相对较弱等情况。

2. 债券承销机构的职责认定有待完善

近年来，随着公司信用债市场逐步有序打破刚兑，各方对主承销商责任认定讨论、研究越来越多。总体来看，各方认为目前我国债券市场法律规则对主承销商信息披露责任认定还不够完善，需要从股债差异、发行方式、不同中介机构职责边界角度对主承销商责任进行合理区分。

第一，有必要在规则层面重新审视将债券承销机构与募集说明书披露责任相"绑定"的做法。目前境内市场对于债券虚假陈述责任设计基本参考股票首次公开发行，但债券发行业务与首次公开发行股票业务差异较大，不应比照股票业务与招股（募集）说明书"绑定"。一是发行主体方面，债券发行人多为成熟型企业，财务、经营状况、内部管理较为稳定、成熟，多为多次发行主体；而首次公开募股企业多为成长型企业，财务、经营状况、内部管理处于不断变化过程中。二是信息披露内容方面，股票投资者寄希望于发行企业的未来盈利能力，而债券投资人关注公司未来的清偿能力，主要参考现金流质量、有息负债规模和偿债期限错配等。三是投资人获取信息和判断能力不同。我国股票市场中个人投资者占比较高。相较于个人投资者而言，机构投资者对市场信息的获取、分析和判断能力更强。

第二，应区分债券的公开发行与非公开发行的责任认定和追究方式。非公开发行在监管方式、监管标准、投资人群体等方面均与公开发行存在着显著差异，不宜完全照搬公开发行的严格责任原则和过错推定原则追究相关责任人的赔偿责任。

第三，应进一步厘清债券的责任配置体系，完善"合理信赖"专业意见的制度。例如，通过非承销类中介机构出具"安慰函"等文件，可以使承销机构在非专业领域履行普通注意义务，无须专门进行尽职调查，同时承销机构可以通过"安慰函"免除相应的责任。

3."严进宽管"的监管方式有待改进

目前主承销商的管理一定程度上存在"严进宽管"的问题，退出机制不完善，同时承销机构分层不足，影响信息披露责任履行与工作质量。以国内公司信用债市场为例，目前债务融资工具市场可开展承销业务的机构合计 74 家；公司债、企业债市场具有证券承销业务资格的机构合计 106 家[①]。目前，我国对于证券承销机构的准入管理相对较为严格，但"退出机制"需要进一步完善，同时分层管理不完善，一定程度上导致目前主承销商数量较多、执业质量参差不齐、"价格战"等恶性竞争时有发生，影响信息披露质量以及市场健康运行。

从银行间债务融资工具市场来看，交易商协会对主承销商实行分层管理，A 类主承销商主要由大型商业银行和股份制银行组成，B 类主承销商则主要由城农商行组成，面向注册地所在区域

---

① 数据来源：证券业协会。证券公司及其证券牌照类子公司合并统计。

内的企业开展主承销业务。B类主承销商具有区域资源优势和信息优势，可广泛拓展深化区域内各类型发行主体，但实践来看可能也存在业务集中于当地大型优质企业的"垒大户"情形。

在公司债、企业债市场方面，由具有证券承销业务资格的证券公司承销。证券公司的证券承销业务资质未进行进一步的业务分类管理，大型机构与小型机构执业水平差异较大，部分小型机构存在内控机制不完善、风险识别和专业能力相对较弱的问题。此前，部分中小券商采取业务包干的方式开展公司债承销业务，对行业的风险控制和健康发展产生了不利影响。

（三）提升债券承销机构展业质量的思考

1. 建议结合市场特点合理确定承销机构责任

场外市场均为合格机构投资者，债券信息披露标准不宜简单借鉴股票首次公开发行，承销机构的责任认定同样如此。如果忽略债券、股票市场在企业类别、发行周期、信息披露核心内容等方面的差异，对主承销商课以过重的特别注意义务，可能导致信息披露成本提高、有损市场效率，不利于市场多层次建设。同时，也应结合考量公开、非公开不同发行方式下投资者的差异，有针对性地确定主承销商的责任义务。

2. 建议推动主承销商持续提升承销业务水平

一是完善不同类型机构分层定位，优化"退出机制"。建议持续强化主承销商业务和机构管理，完善不同类型机构的分层定位，引导支持差异化、特色化、专业化发展。同时，完善主承销商业务评价体系，优化"退出机制"，对不合格机构及时予以"淘汰"。二是进一步提升承销机构展业水平。推动承销机构持续完善内部制度，健全风控机制，增强专业能力，不断提升债券承销业务水平。同时，充分运用金融科技手段，探索推动承销业务线上化、智能化，不断提高执业质量及效率。

3. 建议引导承销机构完善公司治理，防范利益冲突

一是进一步完善银行类主承销商公司治理。引导商业银行完善债券承销业务与其他业务间的内部隔离机制，在组织架构、人员设置、业务操作流程等方面实现有效隔离。同时，引导商业银行建立适用于债券业务的利益冲突防范机制，完善利益冲突信息披露安排，防范债券存续期的利益冲突风险。二是引导证券公司完善内部激励机制，实现稳健经营，避免过度激励、短期激励导致市场片面追求规模排名和短期业绩，进而引发风险隐患。

五、信用评级与信息披露质量

信用评级源于解决金融市场信息不对称的需求，信用评级机构基于严谨模型和严格逻辑的专业判断，对偿债能力和意愿等信用状况进行评估，以揭示信用风险。在微观上，有效的信用评级结果可以提供公正、客观的信息，有助于投资者优化投资选择，取得可靠收益；在宏观上，相对稳定的信用评级结果则有助于防范金融风险，维护市场稳定发展。

（一）国际市场信用评级发展历程

1. 在国际债券市场发展过程中，信用评级的角色由信息提供者演变成风险分析者，并持续创新风险相关的产品和服务

境外评级业务起步较早，世界上最早的信用评级机构产生于美国，19世纪中叶，美国西部大开发带来铁路产业繁荣发展，不少企业开始通过债券方式进行融资。当时发行企业信用质量参差不齐，投资人需要在各类债券背后庞大的信息数据中分析筛选，发行人也需要推销自己吸引资金。由于信息不对称情况严重，市场对由独立第三方提供信息产生了大量需求，直接催生了评级行业。1909年，穆迪发布了世界上第一个公开的债券评级报告，随后普尔出版、标准统计、惠誉出版陆续进入评级市场，评级行业初步形成。

20世纪以来，信用评级行业伴随着美国债券市场的壮大而持续发展，市场总需求扩大使评级所涉及的行业领域和证券范围逐步扩大，经济大萧条等数次经济冲击对信用评级机构的风险监测功能予以验证，评级机构社会认可度提高，市场对评级服务需求增加，评级机构成为资本市场体系中不可或缺的组成部分。

同时，美国监管机构出于投资安全的考虑，要求金融机构持有与其投资风险相称的充分资本，并将信用评级作为衡量风险的指标，进一步强化了信用评级机构在债券市场中的地位。随后，美国证交会设立了"国家认可的评级机构"（Nationally Recognized Statistical Rating Organization，简称NRSRO）制度，NRSRO的评级逐渐成为美国甚至其他国家金融监管机构制定法律和准则的基准。

近年来，伴随着金融市场的快速发展和金融全球化的迅猛推进，各类投资者对信用评级的需求不断增加，信用评级机构也不断推进产品创新，提升服务水平。经过百年发展历程，境外市场现已形成以国际三大评级机构为主要代表的评级市场格局。评级机构的评级符号和体系间存在一定差异，但总体而言，主要由AAA、AA、A、BBB的投资级别及BB、B、CCC的投机级别构成。在评级分布上，已基本形成以BBB级为中枢的类正态分布形态；其中BBB级占比约30%，A级占比约25%，最高等级AAA级占比不到5%。

2. 在全球多轮经济危机中，国际评级机构的顺周期性等问题凸显，并在近期传导至我国公司信用债市场

顺周期性特征，是指信用等级会随着宏观经济走势和受评对象较短时间内变化而出现同向变化趋势的特征，在经济繁荣时评级上调，在经济波动时短期内大范围和大跨度的评级下调。顺周期评级的前瞻性和稳定性差，容易导致一系列问题。微观上，在经济高峰期，投资热情普遍高涨，过高的评级结果无法正确揭示和反映信用风险，容易使市场参与者投资冒进而蒙受损失；在经济低谷期，过低的信用评级等级则可能会引起投资者的恐慌情绪，错过投资机会。宏观上，顺周期性评级则会在一定程度上加剧市场动荡，甚至导致危机的出现。

在国际金融危机爆发前后，信用评级暴露出了严重的顺周期性、模型失灵问题，时至今日仍然受到市场诟病。在危机爆发前，评级机构做出错误判断，没有进行风险提示和预警，评级机构曾简单认定次级抵押债券和普通抵押债券风险相同，过多地给予受评主体不符合违约表现的高评级；安然、雷曼等巨头破产前，评级也一直保持在投资级别之上。而后，评级机构过度反应，骤然大幅下调评级，对金融风险的扩散"推波助澜"，比如1997年亚洲金融危机、2008年美国次贷危机、2010年欧债危机，评级机构轮番下调评级，要么切断了融资渠道，要么大幅提高了融资成本，加剧了市场恐慌，使金融危机恶化。同时，评级机构存在严重的利益冲突，不仅为结构化产品评级，甚至参与设计过程，帮助产品满足高评级要求。

近年来，上述问题又有所显现，对不少国家的宏观经济和企业融资造成冲击。例如，2020年疫情暴发以来，全球经济衰退压力加大，贸易活动和资本流动急剧萎缩，国际三大评级机构在4个月内下调了上百个国家或地区的主权评级，有个别国家甚至仅仅因为申请G20缓债倡议的后续债务处理共同框架就被下调了评级。2021年9月以来，国际三大评级机构对中资企业的海外评级进行了持续集中下调，仅9月单月就同比增加300%、环比增加33%，而后每月均保持在60次左右的频次，远高于2020年同期月均十余次的水平。截至2022年末，已下调超过400次，涉及百余家企业，其中大多数企业被下调3个以上子级，对其境内外融资造成巨大影响。此外，本轮调整中评级逆转率高，稳定性不足的问题凸显。2020年8月房地产融资环境明显收紧，国际三大评级机构大范围上调房地产企业信用等级，而近50%的企业又在短期内被下调回原等级甚至更低等级，对行业和企业发展趋势的把握不足，影响投资者决策和境内宏观经济的稳定性。

（二）评级行业在我国市场发展及存在的问题

1. 评级行业伴随债券市场发展不断壮大，目前格局基本稳定

我国信用评级行业的发展时间相较于国外并不长，是在改革开放、债券市场建立的需求下起步的，并随着市场深化、监管推动而快速发展。

改革开放后，随着经济和金融体制改革，企业债券逐步出现，为适应债券市场发展需求，吸收国际市场评级经验，信用评级机构在监管培育下相继创立。21世纪以来，伴随着债券市场品种逐渐丰富、规模进一步扩大，信用评级机构的业务得到快速扩张。同时，监管部门逐步规范信用评级机构的业务，在评级资质、工作要求、评级结果质量等多方面强化立法和执法。

经过30多年的发展，我国信用评级行业初步形成了较为稳定的行业格局。除本土评级机构外，我国还引入标普、惠誉等外资评级机构，丰富市场参与主体，扩大对外开放。截至2022年末，已有54家评级机构完成了备案，其中15家在债券市场开展信用评级业务。债券市场信用评级行业整体收入30亿元左右，从业人员达到3 000余人，基本发挥了缓解信息不对称、揭示信用风险、助力债券市场发展的功能和作用。

2. 行业初期的粗放发展催生了评级泡沫，引发了一系列问题

国际信用评级行业在发展历程中，"断崖式"下调、"顺周期性"等现象常有发生，相关评级机构因是否保持中立、是否真正揭示信用风险、信用评级依据是否充分而广受质疑。欧美等地的监管检查及司法判例中，也发现评级机构存在内控监督不足、违反评级一致性以及违反利益冲突防范规定等情况，影响了评级结果质量。例如，2015 年美国证交会指控标普使用的评级方法与披露不同、对新的评级标准进行虚假和误导性宣传等。标普支付 7 700 万美元达成和解，并被禁止开展商业抵押支持证券评级业务一年。而近年来我国评级行业在快速发展过程中，也逐渐暴露出类似问题，引发市场的高度关注和诟病。

一是评级准确性差，高等级债券违约现象屡见不鲜。近年来违约企业中，不乏违约前级别长期处于高位、无负面调整的评级预警动作，违约后大跨度下调级别的情况。AAA 等级的含义为"偿还债务的能力极强，基本不受不利经济环境的影响，违约风险极低"；AA 等级的含义为"偿还债务能力很强，受不利经济环境的影响不大，违约风险很低"。但近年来违约前仍维持 AA 及以上等级的情况层出不穷，甚至有评级上调后 6 个月内发生违约的案例。违约多发生在 AA、AA+ 和 AAA 等级上，A-、BBB+ 和 BBB- 级别的违约率明显偏低，且 BB+、BB- 和 B+ 等低等级未发生过违约。这直接反映出国内债券市场的评级结果准确性不足，跟踪评级滞后，评级的含义和企业实际偿债能力不对应，市场对评级机构产生"信任危机"。

二是信用等级分布过于集中，且出现有悖于经济波动而长期持续向上抬升的态势。信用等级划分为 19 个子级，但债券市场发行人集中在前 3 个子级，总体为一头大一头小、向高等级集中的分布状态。截至 2022 年末，近 90% 存续企业集中在 AA 及以上等级，而 2011 年该比例仅为 70%，相对于欧美公司信用债以 BBB 为中枢，差异显著。多年来信用评级机构的评级标准宽松，多进行等级上调，尤其在经济增速从高速向中高速换挡的过程中仍有这个特征，被普遍诟病"评级虚高""评级泡沫"。大范围、高频次的等级上调导致整个市场信用等级虚高，而等级下调动作主要发生在已出现明显信用风险事件的情况下。

三是信用等级区分度不足，定价作用弱。随着越来越多的企业评级上调到高信用等级，同一等级里企业信用水平差异很大，甚至可以区分出三四档的差异。例如2018年新发行的3年期中期票据AA+级主体发行利率最多相差380BP（基点），2019年和2020年该最大差值分别上升至503BP和520BP。信用评级没有起到信用定价的作用，与市场投资人对信用风险的看法存在较大分歧。

四是信用评级报告可读性较差，对企业关键风险信息的披露和分析不充分，时常出现未明确提示重大事项、未明晰列示级别调整依据等情况。信用评级报告利用较长篇幅对受评企业的经营、财务情况进行介绍，关于风险揭示的内容被淹没在其他信息之中；评级观点表达不清晰，评级结果得出过程缺乏逻辑性、自洽性和透明度。与此同时，由于外部评级对投资机构的参考作用有限等多种因素，越来越多的大中型投资机构开始加强内部评级建设，培养相关人才、建立内部评级体系、加强自主风险研判，相关机构在投资过程中综合考虑内外部评级情况，或更多地参考本机构内部评级结果。

3. 我国评级行业在发展中出现的种种问题，是长期以来评级依赖、不正当竞争等多种因素交织的结果

一是政策过度依赖信用评级，推动信用评级集中于准入门槛之上。我国债券市场信用评级行业是由政策推动的，政府部门要

求债券发行必须要有评级，同时长期将信用评级作为债券发行和投资的标准，要求信用等级应达到AA级或以上。债券市场准入门槛较高，AA级为公司信用债的"发行门槛"已成为投资人的共识和市场"潜规则"。但是实际上每个等级中都有大量信用等级不完全相同的主体，对投资者而言风险定价的参考意义越来越弱。

二是评级质量得不到检验，缺乏有效的声誉约束，评级机构通过等级竞争扩大市场。我国债券市场历史上长期存在刚性兑付情况，市场对评级的准确性和区分度并不敏感。由于历史违约案例较少，无法用违约率来长远、客观地检验评级是否能有效地衡量信用风险。在此情况下，市场未能进行自发优胜劣汰，确保生存空间是信用评级机构短期内的首要经营目标，因此更加肆无忌惮地为抢夺市场份额开展激烈的等级竞争。

三是评级机构独立性弱，缺乏有效的公司治理安排，过度迎合市场高评级需求。与国际评级机构在发展过程中出现的利益冲突管理等问题相同，我国评级机构也存在发行人付费模式下独立性差的情况。评级报告等服务高度同质化，往往通过等级、价格来招揽业务，评级标准最松、价格最低的机构获得优势。同时，组织架构、内部制度尚不健全，缺乏独立性保障安排，很难确保不受被评对象、承销商等债券发行相关利益主体的影响。

四是评级方法成熟度不高，评级机构的研究分析能力不足。部分信用评级机构和从业人员不具备加工高质量评级信息的能力，评级方法对受评对象的适用度不高，评级机构也未对分析人员、评级数据库予以重视和投入，没有形成突出的技术优势，制约了高质量发展。

此外，由于不同监管部门认可资质的标准、准入门槛、作业要求有所不同，评级机构在公司背景、管理水平、业务素质等方面良莠不齐。多头监管、多头认证也面临信用评级机构监管重叠和监管套利问题，这也在一定程度上带来恶性竞争。

（三）我国评级监管改革及成效

普遍存在的评级虚高、区分度不足、预警能力弱问题使信用评级行业屡遭质疑，特别是在2018—2020年，个别信用评级机构出现了受评企业违约前维持AAA级别的严重质量问题。同时，信用评级行业还存在利用咨询服务买卖评级、高管贪腐等严重扰乱市场秩序的行为。2019年起，监管自律组织持续发力推进评级改革，强化作业合规和评级质量控制，应对行业顽疾。伴随着改革政策持续推进，2021年以来评级市场明显呈现向好趋势。

1. 监管部门同向合力，各项规范与国际监管接轨

2019年，人民银行等四部委发布《信用评级业管理暂行办法》，是首个专门针对信用评级领域的部门规章，确立了"行业主管部门—业务管理部门—自律组织"的协同监管模式，凝聚了各监管部门共识，有利于发挥监管合力。交易商协会发布多项自律规则，重点规范尽职调查、利益冲突管理、信息披露等评级作业薄弱环节。2021年，证监会修订发布《证券市场资信评级业务管理办法》，进一步规范评级执业行为。同年，债务融资工具、公司债注册发行阶段强制评级要求逐步取消，保险资金投资债券的信用评级要求调整，降低外部评级依赖迈出了实质性的步伐。

2021年8月，人民银行等五部委发布《关于促进债券市场信用评级行业健康发展的通知》，要求评级机构单独披露受评主体信用状况、明确披露外部支持提升情况，并强化事后检验，以此提升评级区分度和透明度。

同时，在公司信用类债券部际协调机制下，监管机构和自律组织间互相交流评级信息，持续推进跨市场评级业务标准的统一。交易商协会与证券业协会每季度联合发布业务通报，也是自律组织间跨市场互联互通、加强评级机构自律管理的重要举措。

2. 持续强化对行业的监督检查，对发现的违规行为加大惩处力度，起到强有力的震慑作用

人民银行、证监会、交易商协会多次对信用评级机构的评级质量和全流程作业合规情况开展检查，重点关注评级区分度明显低于行业平均水平、跟踪评级滞后、大跨度调整级别、更换信用评级机构后上调评级结果等情形。已有多家信用评级机构因独立性、尽职调查等问题被处以罚款或暂停业务。与此同时，司法救济渠道也进一步畅通，形成证券虚假陈述民事诉讼判例，有信用评级机构被判决承担一定比例的民事赔偿责任。在"严监管"和"强司法"的环境下，信用评级机构的违法违规成本提高。有关部门督促信用评级机构归位尽责、合规履职，在公平公正的市场秩序下开展质量竞争。

3. 在一系列监管改革政策引导下，行业的评级虚高、预警能力弱的问题明显改进，评级区分度和透明度有所提高

一是评级泡沫在逐渐出清，评级标准愈加审慎。在保障市场运行整体稳定，90%以上企业的信用等级未发生变化的基础上，随着发行人信用分化加剧，信用等级调整自2021年开始转为下移趋势（见图3-1）。负面调整占比超过八成，特别是2021年正面调整同比减少约90%。

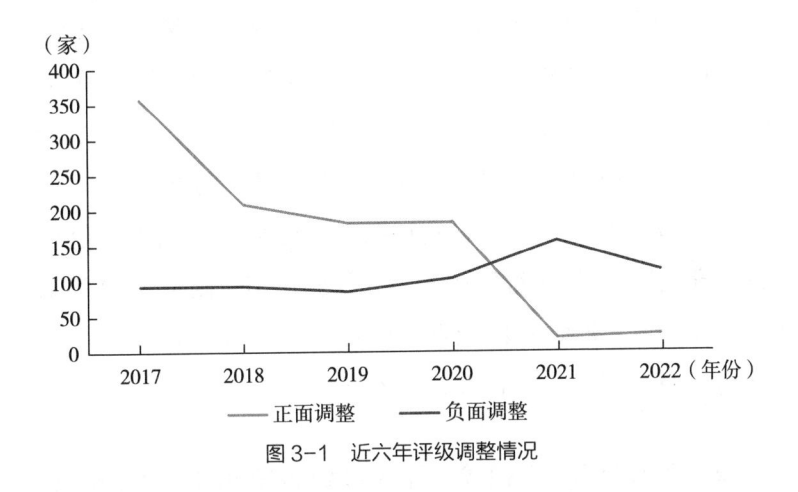

图3-1 近六年评级调整情况

二是评级预警和风险揭示功能有所修复，跟踪评级及时性改善。负面舆情敏感度提升、风险提示增多。负面调整中有近九成为非违约企业，且幅度以展望负面、下调3个以内子级为主，而在往年调整中近半数是对违约企业的大跨度级别下调。

三是以高级别来抢占市场的情形减少。据统计，2021年更换评级机构后上调的企业比重不到5%，较上年减少5个百分点；而在2022年，该比例又进一步下降至不到1%。信用评级机构间逐渐以质量竞争替代等级竞争，更加重视结果质量为基础的"声誉机制"。

四是披露个体信用和外部支持力度，个体信用区分度明显较高。信用评级机构逐步重视个体信用基本面的分析，并更加审慎地评估股东、政府提供的外部支持。截至 2022 年末，对个体信用级别的单独披露覆盖超过 4 000 家企业，占比约 90%。其中个体信用集中分布于 AAA 级至 A 级 6 档，中位级别 AA- 级，低于最终级别[①]1 个子级；外部支持提升档数集中在 1~4 档。

五是评级结果使用的市场化水平显著提升。取消强制评级效果明显，2021 年银行间市场无债项评级发行的数量已近六成，2022 年该比例上升至八成；无主体评级的企业不到 5%，大多数市场成员主动披露信用评级特别是主体评级。与此同时，双评级、多评级，以及投资人付费评级、主动评级等不同模式评级"百花齐放"，发挥多维度的参考、校验作用。截至 2022 年末，900 余家企业获得多个委托评级结果，占存续企业的 20%，评级机构也披露了近千家企业的主动评级结果。

4. 探索实践投资人付费模式，引导评级机构在市场驱动下提供契合投资人需求的高质量服务

2010 年，交易商协会代表市场成员出资成立投资人付费模式的评级机构——中债资信，切断评级机构与发行人之间的利益链条，保障评级机构运作独立性，回归为投资人服务的本源。经过十余年的发展，中债资信的评级表现得到投资人认可，其评级分布范围更为广泛，集中在 AAA 级至 BB+ 级，并呈现以 A- 级为中枢、中间大两头小的评级分布形态；受评企业的违约前级别已处于较低水平，违约前 20 个月、6 个月的级别中值分别为

[①] 根据《关于促进债券市场信用评级行业健康发展的通知》要求，最终级别包含个体信用状况和外部支持两部分。

BBB+级和BB级。在不同付费模式下进行评级结果的互相对比、校验，在评级市场引发"鲶鱼效应"，引导挤压评级泡沫，促进行业公信力提升。

而伴随着"降依赖"等市场化政策的推进，信用评级机构更趋向于提高投资端认可度、强化市场声誉建设。部分信用评级机构开始布局面向投资人的多元化信用信息服务，例如信用分析、风险监测、模型构建以及行业区域研究等。一方面，充分发挥评级机构的信息收集、分析优势，拓宽业务范围；另一方面，掌握投资人的实际需求，加强与投资人沟通，也能反哺信用评级方法体系的优化，提升评级业务质量。

（四）进一步提高我国信用评级质量的思考

1. 信用评级机构应完善评级方法，充分反映信用风险因素变化，提高评级的稳定性、前瞻性，避免出现"顺周期性"问题

一方面，在评级过程中应当秉持"跨周期评级理念"，增强评级结果的稳定性。债券与股票不同，信用评级判断企业违约风险是否加大，不仅需要关注财务指标，也要综合考虑其资产变现能力、偿债意愿等多个方面。在评级过程中应根据历史表现和未来预期，相对全面地评价信用主体在经济周期内的表现情况，实现信用等级的跨周期可比。另一方面，信用等级也并非完全固定不变，在需要揭示风险、调整等级时要尽可能地做到提前和准确，避免临时的、突发的、大幅度的等级调整，引导投资人形成对受评主体信用风险情况的理性认识和稳定预期，帮助稳定市场情绪，进而维护金融市场稳定。

因此，对于信用评级机构来说，应优化评级方法和序列，完善尽职调查、跟踪评级等业务的工作要求，提升信用评级的前瞻性和预警能力。同时，加大技术投入，长期构建以违约率为核心的评级质量验证机制，及时检验评级表现，并反馈到评级方法当中。

2. 鼓励市场化、差异化竞争，驱动评级机构提供客观、公正、符合市场需求的高质量服务，并在此基础上做大做强

一是进一步强化市场化约束，引导声誉机制发挥作用。持续披露违约率检验结果，完善市场化评价机制，以评级对风险的揭示和预警能力来检验信用评级机构，实现市场化优胜劣汰。二是支持信用评级机构的差异化发展，充分发挥自身优势。鼓励信用评级机构从投资人的实际需求出发，提供适应市场的信用评级报告、信息咨询等差异化的产品，丰富投资者服务内容。三是坚持"引进来"与"走出去"并重，持续稳妥推进行业对内对外开放的同时，支持境内评级机构建立全球评级序列标准，开展国际业务。

3. 优化评级生态，营造公平、公正的市场环境

一是建议持续推进降低对外部评级的直接依赖，引导市场合力使用信用评级。目前部分监管政策仍将信用评级作为债券发行、投资、抵质押等环节的标准，评级依赖仍有待进一步降低。未来需加强投资者培育，引导其合理参考、使用信用等级，完善内部投资风险控制，增强风险防范意识，提高自身的风险管理能力。二是市场参与者要配合评级作业，维护评级独立性。发行人、增信机构、中介机构等市场参与者应积极配合信用评级机构开展尽职调查等评级作业，及时提供评级机构所需相关材料，助力评级结果依据信息充分性和准确性；同时不干扰评级决策，保障评级结果客观公正。

4. 延续强监管约束，筑牢合规底线，构建公平有序的行业竞争秩序

一是持续修订完善评级监管规则和自律要求。根据评级行业发展变化和业务实践，以评级结果质量、独立性、信息透明度为导向规范评级，推进统一跨市场评级作业规范标准。二是加强外部监管，完善评级市场退出机制。持续加强评级业务的事中事后监管，加大违法违规行为的查处、惩戒力度，提高评级机构的法律责任意识，促进全面建立健全公司治理体系和内控要求。

六、会计师事务所与财务信息披露

（一）会计师事务所信息披露质量问题的成因

我国债券市场财务信息披露存在的问题，受我国以原则为导向的会计准则、政府主导的多头监管格局、惩处力度较轻、事务所治理机制不完善、行业恶性低价竞争、审计依赖评估价值等多方面因素影响。

1. 会计师事务所执业质量问题

会计师事务所审计程序执行不充分，或经审计财务报告编制质量较差。审计机构应当保持职业怀疑，严格按照审计准则的要求执行审计程序，不得进行"走过场"式的审计，而实务中，部

分审计机构存在未充分执行审计程序等未勤勉尽责行为。例如，康美药业案例中，会计师事务所审计过程的合法合规性受到了市场及监管机构的强烈质疑。相关监管机构查明，广东正中珠江会计师事务所在为康美药业提供年报审计服务中，风险识别与评估阶段部分认定结论错误，未严格执行舞弊风险应对措施等审计计划，甚至出现内部人员配合上市公司拦截询证函、将伪造的走访记录作为审计证据的行为，出具的审计报告存在虚假记载。又如，永煤集团案例中，相关监管机构查明，希格玛会计师事务所没有保持职业怀疑，错误评估货币资金领域重大错报风险，没有针对重大错报风险设计并执行特别的审计程序，获取的审计证据不充分，未审慎评价审计证据，且质量控制复核过程和签署时间存在纰漏，出具了有虚假记载的审计报告。

  此外，当前债券市场财务信息披露存在明显瑕疵的情形屡见不鲜。较为常见的情况包括，法定报表、模拟报表定性不清楚；财务报告过于简略，无法进行财务分析与评价；财务报告中不提供上年同期相关的重要数据；财务附注质量差，关联交易、受限资产等重要财务信息界定、表述含混不清，如关联交易的定价政策、关联方占用公司资金的缘由、处置及资金占用是否签订明确双方权利义务的协议等信息不充分等；财务信息披露随意，未对重大财务异常事项予以必要关注，未发现控股股东非经营性占用资金等重要情况等。上述财务信息的披露瑕疵，均极大地影响了市场对审计机构的专业性依赖，不仅对投资者的投资价值判断造成重要影响，也不利于债券市场高质量、可持续发展。

2. 会计准则的影响

我国以原则为导向的会计准则更加依赖职业判断，从业者发挥空间较大，叠加恶性低价竞争、会计师事务所治理机制不完善、依赖评估价值等因素，导致审计程序简化、人才流失严重、后续追责难度加大以及资产价值失真，进一步影响审计质效和信息披露质量。

第一，我国于 2006 年正式公布的新会计准则体系，持续与以原则为导向的国际会计准则趋同，更加依赖从业者的能力。目前，国际上通行以规则为导向（Rule-based）的美国会计准则（US GAAP）体系和以原则为导向（Principle-based）的国际会计准则（IAS）/ 国际财务报告准则（IFRS）。US GAAP 更偏重以规则导向为制度基础，通过各类准则、细则、执行指南对各类业务执行进行细节性指导，企业和审计师自由发挥的余地较小，进而提升公开财务信息的质量。IAS/IFRS 主要由多方利益主体协商制定，以原则导向为主，依赖从业者的职业判断和职业操守。中国企业会计准则（CAS）于 2006 年发布，并持续与 IAS/IFRS 趋同，但某些准则也存在差别。例如，我国以国有资本为主，IAS 起初将国有资本的交易都认定为关联交易，而后才妥协制定豁免条款，不将同属国有企业作为关联方披露。又如，实务中有的同一地区的国企合并认定为同一控制，有的又认定为非同一控制。在我国以国有资本为主的背景下存在专业判断的差异，影响可比性。以原则为导向的 CAS 更依靠专业判断，信息披露质量更加依赖于执业质量，从业者发挥空间较大。

第二，会计师事务所行业恶性低价竞争，合伙制下"加盟店""包工头"特征凸显，散伙快、再追责执行难度大。人才是会计行业的第一资源，是行业高质量发展的基础和支撑。企业以价格为导向的事务所选聘模式导致行业长期存在恶性低价竞争问题，审计效益无法覆盖审计成本，促使事务所简化审计程序，放松质量管控，降低审计质量。同时，事务所无法给高水平的专业人才提供相适应的薪酬，人才流失较为严重，执业能力不足，中小型会计师事务所的人才培养和执业能力不足尤为明显。此外，根据《会计师事务所执业许可和监督管理办法》（财政部令第89号），会计师事务所从事证券服务业务和经法律、行政法规规定的关系公众利益的其他特定业务，应当采用普通合伙或者特殊普通合伙形式。合伙形式下个人承担无限责任，对从业者执业起到一定约束作用，但是合伙制组织形式便捷，也导致总、分所管理，散伙后续追责执行存在困难。对于设立分所的全国性会计师事务所，原则上各地分所的人事、财务、业务、技术、执业质量等由总所统一管理，但利润导向下，小型会计师事务所"加盟"大品牌、审计项目"分包""转包"现象屡见不鲜，部分会计师事务所总、分所之间，分所与分所之间出具的审计报告质量差异较大，如何兼顾效率与质量的一体化管理也是行业当前的痛点。此外，合伙制下散伙容易、追责难问题的解决措施也有待进一步完善。例如，2022年7月21日广东正中珠江会计师事务所（特殊普通合伙）注销，前期瑞华会计师事务所30多家分所陆续注销。对于已注销的事务所，后续投资人追责执行的难度也有所加大。

第三，审计依赖资产评估结果，而资产评估行业发展受社会关注程度较低，存在的问题未被重视。一是评估机构缺乏完善的内部管理制度和相应的质量监控制度。对评估中的项目接洽、协议签署、资产清查与鉴定、具体评定估算，以及评估报告的编写等方面缺乏质量监控，致使评估人员在评估操作中只注重工作速度和经济效益而忽视评估的质量。风险意识淡薄是评估机构质量监控制度不健全的主要原因。二是评估人员的职业道德和业务能力有待提高。资产评估人员需具有丰富的专业知识、工作经验和较强的执业能力，由于我国的资产评估起步较晚，理论和专业人员储备等方面略有不足，为承揽业务，有些评估师未能恪守职业道德准则，滥用评估假设，随意选择评估参数，高估或低估资产价值，为资产评估风险的发生埋下隐患。三是评估客体及市场经济环境具有不确定性。一方面，资产评估的客体种类繁多，数量、使用状态和市场价格等都处于动态之中，同时评估客体在运营中发挥的作用不同，也会导致产生的效益具有极大不确定性。另一方面，资产评估具有现实性和预测性，市场经济环境的变化会带来诸多不确定性因素，进而影响评估质量。

3. 会计监管问题

我国债券市场从业的会计师事务所受政府主导的多部门监管，同时准则制定、监管和事务所展业的独立性不够强，事后处罚力度较轻且事务所自身审计风险承担能力较弱，进一步影响了信息披露质量和投资人保护成效。

第一，我国债券市场从业的会计师事务所同时受多个部门监管，且准则制定、会计监管为政府主导，事务所执业独立性易受影响。美国证券市场采取以美国证交会为主导的独立监管模式，主要依靠美国公众公司会计监督委员会（PCAOB）开展工作。

我国债券市场从业的会计师事务所同时受财政系统、证券管理相关部门、行业协会等部门管理，检查范围有交集。同时，财政系统、证券管理相关部门、行业协会等建设运营的会计师事务所信息管理系统并不相通，无法全面、及时查询所有的会计师事务所变更、处罚等从业信息，有些基本信息存在重复现象。例如，当时瑞华会计师事务所辽宁分所、厦门分所、宜昌分所、宁波分所、河南分所、贵州分所等6家分所注销营业执照时，相关会计行业管理系统未见相关分所执业证书注销情况的公告。

美国财务会计准则委员会（FASB）和国际会计准则理事会（IASC）作为US GAAP和IAS/IFRS的准则制定机构，均为民间组织，具有一定的独立性。与之相比，我国政府有权制定CAS，而政府恰恰又是会计信息的使用者，不同于国际上尽力回避会计信息使用者直接参与准则制定的做法。同时，我国政府主导的会计监管也依托地方监管机构开展工作，而地方政府因发展地方经济等考虑又会影响审计结果。例如，地方政府为推动当地企业上市、在资本市场融资等，可能对事务所与企业审计合谋的行为不及时制止，而事务所为争揽业务或迫于地方监管压力选择听之任之。

第二，我国相关处罚力度不够，会计师事务所违规成本低，同时缺乏职业责任保险，审计风险承担能力较弱。美国《萨班斯－奥克斯利法案》强化了对有关犯罪行为的处罚力度，提高了证券犯罪和会计造假的违规成本，对犯罪行为起到了遏制作用。相较而言，我国会计师事务所在问题暴露后，处罚方式以警告、批评、警示函等为主，财产罚的金额较小，无法达到惩戒效果，往往负面声誉对事务所展业影响更大，但散伙容易等因素导致影响较为有限。同时，国内会计师事务所职业责任保险①设立意识不强，即使设立也存在保额较低的问题，并且"两康"事件后，保险公司对会计师事务所投保也很审慎。

（二）关于提升会计师事务所执业质量的思考

2021年，《国务院办公厅关于进一步规范财务审计秩序促进注册会计师行业健康发展的意见》（国办发〔2021〕30号）发布实施，从依法整治财务审计秩序、强化行业日常管理、优化执业环境和能力等方面提出意见，进一步规范财务审计秩序、促进注册会计师行业健康发展。2022年，为贯彻落实国办发〔2021〕30号文件精神，《会计师事务所监督检查办法》《会计师事务所一体化管理办法》《关于加大审计重点领域关注力度控制审计风险进一步有效识别财务舞弊的通知》等文件相继出台，从监管检查、事务所内部治理和执业能力等方面提出了明确的办法和措施，发挥了积极作用。结合上述情况，对提高债券市场财务信息披露质量还有以下建议。

第一，建议整合监督执法力量，加大追究惩罚力度。建议进一步明确各地联合检查的操作细节要求，避免重复监管，尤其是缓解涉及资本市场服务会计师事务所面临的多头监管压力。建议加强系统间的互联互通，进一步细化信息更新的时间要求，整合信息资源，避免信息不对称造成的市场资源浪费。建议加大财务

---

① 会计师事务所及其合伙人、股东和其他执业人员因执业活动造成委托人或其他利害关系人经济损失，依法应当承担赔偿责任的保险。

造假法律责任追究力度,提高事务所及注册会计师的违规经济成本,督促提升审计质量,切实保障资本市场财务信息披露质量。

第二,建议完善行业竞争和风险承担机制,促进良性竞争。建议建立事务所的正常淘汰机制,促进形成"有进有出""优胜劣汰"的良性证券审计市场生态。建议引导企业形成以质量为导向的选聘机制,降低价格因素权重,从源头有效遏制恶性竞争。建议加强事务所风险承担能力,特别是根据资本市场和证券业务等复杂现状,充分考虑事务所客户群体和业务现状,修订相关法律法规,完善职业责任保险等相关要求。

第三,建议强化财务信息披露要求,引导企业规范会计处理。建议完善企业会计准则体系,适时修订相关指南、案例等,及时解决贯彻实施中存在的突出问题。建议加强培训和实务指导,强化企业、会计从业人员对债券市场规则和会计准则的认识,实现会计处理的规范化。建议加强资产评估关键参数等信息披露,研究发布正反面评估案例,提高资产评估行业监管力度,规范行业执业标准。

(**本章执笔人:王蔚、王永涛、许潇聿、杨苏琦、喻美**)

第四章

持有人的集体行动机制

债券持有人的集体行动机制是指，全部或部分持有人按照法律法规规定或协议约定的方式、规则和流程达成合议，为维护共同利益采取一致行动。在某些集体行动机制下，允许多数持有人达成的合议对少数有不同诉求的持有人具有约束力，以实现持有人集体权益的最大化。

　　持有人的集体行动机制是保障债券风险处置效率的重要制度基础。与一般债权债务关系不同，债券作为一种标准化的融资工具，具有长期性、集团性和公众性的特征，由于面对着众多、分散、变动的债权人群体，债权人之间沟通和集体行动成本较高，加之不同个体的利益诉求和专业能力不同，容易出现"搭便车效应"和集体行动困境。集体行动机制在一定程度上可以提高协商效率，在平衡参与方自由选择权和"少数服从多数"决策制度的基础上，构建债权人意思表示的机制，推动风险处置，增进其共同权益的维护。

一、集体行动机制的国际经验

境外市场较为常见的集体决策机制有持有人会议、同意征集、受托管理人等。

持有人会议机制，是指由债券持有人针对关乎持有人利益的事项，通过集体表决，以会议的形式来达成一致行动决议的机制。持有人会议是由同类同期债券的持有人组成，就有关债券持有人的共同利害关系等事项做出决议的临时性合议组织。在债券风险和违约处置中，债券持有人会议是一种重要的平等协商平台，在国际市场中应用非常广泛。但境外市场因法律环境、市场惯例等不同，债券持有人会议制度差异较大。

同意征集是境外债券市场修改债券条款的一种重要方式，具有缓解企业流动性压力的作用，常与债券置换等工具组合使用，达到激励持有人参与债券置换等债务管理的目的。债券置换和同意征集在境外债券市场分别称为交换要约和同意征求。

债券受托管理人是发行人聘请的，在债券存续期代表持有人监督发行人履约情况并在债券违约后代表持有人一致行动的专业机构。在该制度框架下，受托管理人作为发行人单一对手方，能够代表分散、众多的持有人集体行动，为债券存续期管理提供更多便捷和灵活性。

这些机制在投资人沟通、议事决事、促进风险化解、保障投资人自身权益等方面发挥了积极重要的作用。但由于司法体系、监管制度和市场惯例的不同，上述机制在不同国家的实践中的表现形式也存在较大差异。

(一) 持有人会议机制

在英国法系下，债券持有人会议的相关规则并非通过法律规则进行明确规定，而主要通过债券募集说明书等发行文件进行约定。但发行文件约定的持有人会议规则不得与相关法律、监管规则相冲突。在纽约法系下，没有正式的持有人会议的约定，而只是在募集说明书中约定了持有人的投票程序。

与英美法系不同，大陆法系国家通常在相关法律文件中对债券持有人会议进行规范。例如，日本的公司法规定了表决事项、表决比例、召集人等制度框架；公司法施行令规定了召集形式、召集程序等。德国债券持有人会议机制，由具有普遍适用性的强制性法律规范和以市场成员自由意志为基础缔结的契约条款共同构成。在法律方面，德国的债券法作为债券持有人会议制度最主要的上位法律制度，明确了持有人会议的议事权限、召集主体、召开流程、表决机制和决议效力等事项。在契约层面，市场参与者则通过在发行文件、债券凭证中对持有人会议相关事宜做出约定，从而在合同条款层面同时确立了该制度。

虽然不同的市场债券持有人会议制度体系各有特点，但其在表决机制方面却有一个共同点，即均采取了分层分类的表决机制。在英国法系下，决议分为普通决议、不含"保留事项"的特别决议、含"保留事项"的特别决议。日本将债券持有人会议的议案分为特别议案和普通议案，特别议案为有关发行公司不履行到期债务所产生的责任免除或和解；公司债券持有人会议代表的选任，决议执行人的确定，决定代表人、执行人的解任或变更委托事项；对发行公司进行诉讼行为或破产程序、公司更生程序①或属于有关特别清算程序行为的决议。其余都为普通决议事项。德国债券持有人会议决议机制包括简单多数决机制与绝对多数决机制。对债券核心条款进行实质性变更的事项须适用绝对多数决机制。三个市场不同类型议案或事项的表决通过比例不尽相同，但基本遵循了更重要事项适用更高表决比例的原则。

（二）同意征集

同意征集在英美法系国家的适用较为普遍，其基本流程包括同意征集启动、同意征集开放期、同意征集截止、交割等环节。发行人向目标债券全体持有人发送同意征集文件，阐明对现有债券条款的修改方案并陈述修改理由，提请债券持有人在一定期间内做出"同意"的意思表示。若同意征集截止日期前，持有人的同意比例超过了最低表决比例要求，则发行人有权执行对债券条款的修改，持有人将受到修改后的债券条款的约束。参与的中介机构包括征集代理人、信息代理人、制表代理人、法律顾问等。其中，征集代理人负责向发行人提供财务建议、与持有人沟通意向，通常由投资银行担任；信息和制表代理人负责行政性事务，如创建同意征集网站、收集持有人同意回执、答复持有人程序性疑问等。

由于市场惯例和法律体系差异，英美法系对于修改债券条款同意征集的适用情形和比例不同。对于英国法管辖下的债券，同意征集主要用于修改债券条款，一般表决比例为 3/4 或者 2/3。

---

① 类似于中国的破产重整程序，日本法律在破产法律之外，针对处于困境而又有再建希望公司的重整程序设立了《公司更生法》。

而纽约法管辖下同意征集的适用条件更为严格，出于法律惯例，无论通过何种方式修改债券条款，均需全体持有人一致通过，因而在实践中几乎没有用同意征集机制来修改债券条款的情况，只用于在删除交叉违约条款、删除或者豁免一些财务契约的技术性违约条款等相对比例较低的事项中征求投资人意见。此外，由于同意征集往往伴随着交换要约和置换要约，在纽约法管辖下的同意征集还要遵守美国证交会的其他要求。

（三）受托管理人

债券受托管理制度作为投资者保护的重要机制之一，在国际债券市场的应用较为成熟。债券受托管理制度起源于美国。19世纪初，为了满足铁路债券中抵押权登记的需要，美国债券市场首先出现了债券信托，由一家机构负责集中管理债券抵押权，以此方便债券的转让、支付以及抵押权行使等。随着债券市场的不断发展，违约风险逐步暴露，尤其是彼时美国债券市场上的投资者多为个人投资者，集体行动成本较高，债券受托管理人便朝着保护债券持有人利益的方向延伸出了更为丰富的功能。

从起源上看，债券受托管理人制度的基础关系是信托关系。受托管理人作为独立于发行人与债券持有人的专业机构，对持有人承担信义义务。信义义务也称忠实义务，是一种最高标准的注意义务，也是一项在英美法系信托法下普遍适用的规则。其核心是受托管理人应毫无保留地代表全体持有人的最大利益行事，发生利益冲突时，后者利益优先。随着信托概念的不断发展和大陆法系国家对信托制度的引进，信托的定义不断演变。目前，除了主要英美法系国家之外，日本、韩国、中国台湾等大陆法系国家或地区也都以英美法系的债券受托管理人实践为蓝本，实行了符合自身情况的债券受托管理人机制。

债券受托管理人职责是受托安排优势的集中体现，可以从违约前后两个维度来分析。在债券违约发生前，受托管理人的职责限于双方信托契约约定的职责。一般来说，违约前债券受托管理人的职责多为行政性事务，包括将发行人支付的利息、本金转付予债券持有人；监测发行人契约合规情况；持有附担保债券的担保权益或抵押物、监督发行人履约情况等。债券违约后受托管理人的职责较违约前更难界定，也更为灵活，但却是制度优势的集中体现。一般来说，一旦违约事件发生，债券受托管理人通常会采取以下行动来维护持有人的利益：一是获取债券持有人名单，并通过国际资金清算系统（SWIFT）或清算机构配合证实持有人身份；二是获取持有人名单之后，调查债券持有人希望采取哪些措施应对目前的违约事件，征集债券持有人的意见（无论是通过召开持有人会议的模式，还是通过书面征求意见的模式）；三是受托管理人从债券持有人收到相应的补偿或补偿承诺后，根据债券持有人指令采取相应行动。

二、集体行动机制的国内实践

（一）持有人会议机制

1. 我国持有人会议机制的发展历程

2010年以前，我国债券市场缺乏对持有人会议进行专门规制的法律法规，关于持有人会议召开条件、召集程序、表决形式、会议有效性、决议有效性、信息披露等约定主要由发行人在募集说明书等发行文件中自行设置，标准不一，影响了实践中投资者的权益保护。2010年，交易商协会首次发布了《银行间债券市场非金融企业债务融资工具持有人会议规程》（以下简称《持有人会议规程》），明确了持有人会议的法定议事程序和一般议事平台的双重功能，在会议召开、召集、债权登记、审议、表决、答复等程序上提出了具体要求，并在会议触发条件、参会权确认、会议有效性与决议有效性等基本机制方面制定了较为严谨的规定。《持有人会议规程》的推出，填补了国内制度空白。

随着债券市场的深化发展，影响企业债项偿付的重大风险事项种类日益复杂，特别是近年来随着违约事件的日益增多，市场各方对通过持有人会议协商违约处置的意愿日益迫切，我国的持有人会议制度也随之不断夯实和完善。《持有人会议规程》在2013年和2019年进行了两次修订，增加了与企业信用风险相关的重大事项作为持有人会议触发条件，并建立了分层的议案表决机制，以提升持有人会议在庭外重组中的作用。证监会在2015年发布了《公司债券发行与交易管理办法》（以下简称《管理办法》）。交易所市场发布了《上市规则》，对公司债持有人会议的触发条件、召集主体、召集程序、表决机制进行了规定；并于2020年进一步推出了《参考文本》，旨在规范市场成员在募集说明书中对持有人会议机制的相关约定，并同样对议案进行了分层设计。

2. 我国持有人会议制度特点

首先，在会议的触发条件方面，两个市场的相关规则都采用了不完全列举的方式对持有人会议的触发条件进行了规定。其中,《管理办法》《上市规则》列举了 11 项应召集会议的情形,《参考文本》则在这 11 项情形的基础上进行了归类和细化。具体的情形分为以下几类:第一类是变更发行文件相关条款,包括变更募集说明书重要约定、修改债券持有人会议规则、解聘、变更债券受托管理人或者变更债券受托管理协议主要内容;第二类是偿债主体发生了对持有人权益产生重大不利影响的事件,如不能按期支付本期债券的本金或利息、管理层不能正常履职、增信主体发生重大不利变化等;第三类是发行人提出重大债务重组方案;第四类是兜底条款,法律法规规定的由持有人会议作出决议的其他情形。

与上述规则相比,《持有人会议规程》列举的应召开持有人会议的情形有所扩大,还包括发行人拟转移债务融资工具清偿义务;发行人因拟进行的资产出售、转让、无偿划转、债务减免、会计差错更正、会计政策或会计估计变更等造成净资产减少 10% 以上;发行人发生可能导致其丧失对重要子公司实际控制权;30% 及以上持有人提议开会的情形。

此外,两个市场的规则均规定了可以在发行文件中自行约定其他召开持有人会议的情形,并赋予了发行人、信用增进机构、单独或合计持有 10% 以上持有人书面提议开会的权利。

其次,在召集主体方面,公司债采用了受托管理模式,由发行人为债券持有人聘请受托管理人,并在募集说明书中约定,投资者认购或持有本期公司债券视作同意受托协议。根据《管理办法》,受托管理人具有召集债券持有人会议的职责。在债券受托管理人不同意召集,或者应当召集而未召集债券持有人会议时,单独或合计持有本期债券总额 10% 以上的债券持有人有权自行召集债券持有人会议。《持有人会议规程》规定，召集人由发行人在发行文件中约定，原则上为本期债务融资工具的主承销商；召集人不能履行或者不履行召集职责的，单独或合计持有 30% 以上同期债务融资工具余额的持有人、发行人、信用增进机构均可以自行召集持有人会议，履行召集人的职责。

再次，在召集程序方面，《管理办法》《上市规则》《参考文本》仅对持有人会议召开公告及决议公告的披露时间、债权登记日进行了规定。召集人应当至少于持有人会议召开日前 10 个交易日发布召开持有人会议的公告，最晚于债券持有人会议表决截止日次一交易日披露决议公告，并规定在会议召开公告中列明会议议事程序。此外，《参考文本》还对缩短会议程序以及简化程序的情形进行了规定。其中，缩短会议程序的规定即受托管理人认为需要紧急召集持有人会议以有利于持有人权益保护的，应最晚于现场会议召开日前第三个交易日或者非现场会议召开日前第二个交易日披露召开公告。简化程序的规定即针对某些不会对持有人权益保护产生重大不利影响的事项，召集人可选择不召集持有人会议，而仅公告说明该事项的影响、发行人或受托管理人拟采取措施等情况。债券持有人若未在一定期限内提出书面异议，则视为已同意前述公告所涉内容。

相较而言，《持有人会议规程》对于召集程序的规定更为细致。除了规定召开公告披露时间与交易所市场一致以外，《持有人会议规程》还对议案、表决、决议、相关方答复等会议重要环节及相应公告披露要求均做出了明确的规定。同时，规定了更为严格的缩短召集程序的情形，即针对出现信用风险等严重影响持有人权益的突发情形，可缩短召集程序。目前银行间债券市场和交易所债券市场均允许召集人缩短会议召集程序以满足实践中的客观时效性要求。总体而言，交易所市场对该机制的适用并未进行任何限制，召集人可完全自行判断是否有必要缩短召集程序。但是债务融资工具的持有人会议规程则规定除风险和违约处置外，此类操作须经持有人会议决议认可。此安排的主要考虑在于集体多数决涉及对个别持有人实体权利的限制，鉴于持有人会议召集程序的核心功能在于确保持有人可充分获取相关信息并具备充足的决策时间，故是否放弃该程序性权利应由持有人自行决定。

最后，在表决机制方面，两个市场均采用了分层的表决机制，即针对直接对本期债券偿付产生重大不利影响的或修改债券发行相关条款的事项，采用了更高的表决生效比例。其中，《持有人会议规程》明确列出了变更债券偿付条款等 6 类事项作为特别议案，对于特别议案，债务融资工具的持有人会议规程要求应当由超过总表决权数额 90% 的持有人同意后方可生效。而交易所市场则规定此类议案仅需经总表决权 2/3 以上的持有人同意即可生效。针对其他事项，两个市场均规定由超过总表决权数额 50% 的持有人同意后即可生效。

除了分层表决机制，交易所市场还设计了特殊的分组表决机制、多次表决机制及参会预反馈机制等。其中，特殊的分组表决机制主要针对部分设置了回售选择权的债券，有助于解决实践中因回售导致的持有人"同债不同权"问题。针对部分设置了回售选择权的债券，鉴于选择行权持有人对发行人享有的给付请求权与未行权的其他同期债券持有人存在区别，《参考文本》中明确规定具有相同请求权的债券持有人可以就不涉及其他债券持有人权益的事项进行单独表决。多次表决机制在一定程度上维护并提升了持有人会议决议和市场运行效率。首先，召集人因出席人数未达会议成立最低要求，而拟就相同议案再次召集会议的，可适当缩短召集程序；其次，若召集人连续召集 3 次以上持有人会议，但每次会议出席人数均未达到召开最低要求的，则可在发行文件中自行设置低于规则要求的表决通过比例。但是，该机制目前不适用于变更债券条款的情形。预反馈机制即召集人拟召集现场会议的，可在会议召开前设置参会反馈环节征询债券持有人参会意愿。若反馈拟出席会议的持有人份额低于会议成立最低要求，召集人有权决定直接取消该次会议。但是，未提前反馈的持有人，其参会及表决权的行使仍不受影响。

（二）同意征集机制

随着我国债券市场逐渐走向成熟，特别是刚性兑付打破后债券违约事件增多，市场成员对于可以实现主动管理债券的工具和制度需求越发强烈。一方面，出现风险或违约的发行人，亟须通过债务重组等方式快速处置风险或违约债券；另一方面，信用状况良好的发行人，出于融资成本、期限管理等因素考量，也会产生变更存续债券要素、优化自身债务结构的需求。发行人进行上述债务管理的关键是要解决债券持有人的集体行动困难。基于以上现状，交易商协会于 2022 年 5 月推出了《银行间债券市场非金融企业债务融资工具同意征集操作指引（试行）》（以下简称《同意征集操作指引》）。这是我国探索债券市场同意征集机制的首个制度。

1. 同意征集的法律效力

同意征集是债券发行人与持有人为解决集体行动困难做出的机制安排，其法律效力来源是合同约定。《同意征集操作指引》规定，发行人实施同意征集，应事先在发行文件中明确约定征集事项范围、征集程序、表决比例、征集结果的生效条件和约束力等重要事项，并就同意征集机制对投资人权益的影响进行风险提示。对于未在发行文件中事先明确约定同意征集机制的存续债项，发行人不得实施同意征集。

2. 征集事项范围

国际经验表明，同意征集制度主要用于修改债券条款。《同意征集操作指引》采用"定义+列举"的方式，将征集事项范围限定在"需要取得持有人同意后方能实施的事项"范围内，并列明了变更发行文件中的发行条款、选择权条款、投资者保护条款、解聘变更受托管理人及受托管理协议、转移债务融资工具清偿义务等具体事项。同时，将发行人减资、合并、分立、解散列为可以实施征集的事项，以便更好地保护持有人利益。《同意征集操作指引》并未赋予发行人自行约定其他征集事项的权利。

3. 同意征集的实施程序和生效条件

《同意征集操作指引》对征集准备、征集公告、征集方案发送、撤回及具体内容、同意征集开放期、同意回执递交、回执统计等实施程序进行了规定。同时，《同意征集操作指引》规定了同意征集"多数决"的生效表决比例与持有人会议制度相同，普通征集事项需要50%以上持有人同意，属于持有人会议特别议案的征集事项需要90%以上持有人同意。

4. 同意征集机制与持有人会议机制的比较

第一，同意征集机制与持有人会议机制在"决事"功能、中介机构参与、流程依据等方面具有相似性。一是均为重要的决事机制。持有人会议与同意征集均含有表决机制，持有人可以通过两种形式就关乎其自身利益的事项进行表决。二是均须中介机构参与。持有人会议机制下，受托管理人或主承销商负有召集持有人会议的职责；律师应对同意征集的合法合规性进行全程见证并出具法律意见书，发行人也可聘请存续期管理机构、法律顾问等中介机构协助完成相关流程。三是机制流程均受到监管规则和合同约定的规制。持有人会议机制通过《证券法》、自律规则等监管规则，对召集主体、召开条件、流程等进行明文规定。同意征集机制则主要由自律规则予以规范。同时，两个机制均须在发行文件中予以约定，以确保机制实施的法律效力。

第二，同意征集机制无"议事"功能，发起主体多为发行人，流程更便捷。一是持有人会议兼具"议事"与"决事"功能，是持有人充分沟通、集体协商的重要平台，体现出较强的"议事"特征；而同意征集机制是发行人征求持有人同意、修改债券条款，重在"决事"。二是持有人会议的发起主体较为多元，可以包括发行人、持有人、中介机构；同意征集机制则通常由发行人发起，一旦持有人接受要约且同意征集达到了有效条件，则视为发行人与持有人达成了新的合意，因此发行人的主动性较强。三是同意征集机制的流程相对灵活，若单独使用同意征集，监管机构仅对同意征集文件的信息披露提出最低要求，但对其具体流程，例如同意征集开放期等并无强制性要求。

（三）受托管理人机制

1. 我国受托管理人制度发展历程

在我国公司信用类债券市场，受托管理人制度从引入到被法律正式确认历经了近20年的时间。2003年，《证券公司债券管理暂行办法》首次引入了"债券代理人"的概念；2007年，《公司债券发行试点办法》在交易所公司债市场引入了"债券受托管理人"的概念；2015年，证监会在《公司债券发行与交易管理办法》中进一步明确了债券受托管理人任职资格、具体职责、勤勉义务等内容，在交易所公司债市场全面推行受托管理人制度。

而银行间市场在发展之初并未建立受托管理人制度，而是由主承销商全面负责从项目遴选、注册发行到后续管理、债务兑付等各个流程的辅导和督导工作。随着市场违约的逐步常态化，在缺乏受托管理人的情况下，主承销商在债项违约后诉讼、破产等环节的法律身份不明确的问题逐步显现。同时随着更多的债券违约处置采用司法方式，债券持有人在维权过程中出现了多头诉讼、重复举证等突出问题，极大地影响了维权进度，不利于风险出清。2019年12月交易商协会发布了《银行间债券市场非金融企业债务融资工具受托管理人业务指引（试行）》，确立了银行间债券市场的受托管理人制度。但是银行间市场的受托管理人以商业银行为主，而我国的商业银行监管政策对银行的经营范围有较为严格的限制。出于审慎考虑，商业银行目前在银行间市场并未大规模开展受托管理业务，因此银行间债券市场的受托管理人制度尚未全面施行。

近年来，我国受托管理人制度的法律基础逐步夯实。2019年修订的《证券法》颁布实施，其中一大亮点就是在立法层面对债券受托管理人的诉讼主体资格予以确认。2020年7月，最高人民法院发布《债券座谈会纪要》，再次认可了债券受托管理人的诉讼主体资格，充分保障了债券受托管理人统一履行诉权职能，为债券受托管理人维护债券持有人权益提供了明确的司法依据。

2. 我国受托管理人制度的特点

受公司信用类债券市场结构影响，目前受托管理制度在我国交易所公司债市场和银行间债券市场呈现出不同的制度特点。

首先，受托管理人的任职资格以债券承销机构为主，但银行间市场的机构类型更为广泛。交易所公司债市场的受托管理人必须由本次发行债券的承销机构或其他证监会认可的机构担任，实践中均由证券公司同时担任主承销商和受托管理人。而银行间债券市场受托管理人的机构类型包括具有主承销商资格的商业银行、证券公司，具有债务融资工具承销商资格的信托公司，金融资产管理公司，以及具有债务融资工具从业经验的律师事务所。

其次，在受托管理职责方面（见表4-1），与国际通行规定类似，受托管理人在债券违约前后均需要履行一定职责，其中交易所市场受托管理人的职责更为丰富。交易所市场的受托管理人职责可归纳为以下三个方面。一是债券存续期间，持续关注发行人的偿债能力、担保物状况、信息披露情况、募集资金使用情况，在特定情况下召集债券持有人会议等，均为日常性事务。二是在预计发行人不能偿还债务时，受托管理人可要求发行人追加担保，并可向法定机关申请财产保全；在债券持有人授权的情况下，受托管理人提请担保人代偿或处置担保物，提起民事诉讼、仲裁，参与重整相关法律程序。三是发行人实际不能偿还债务时，可以接受债券持有人的委托，以自己的名义代表债券持有人提起民事诉讼、参与重组或破产程序。而在银行间债券市场，针对债务融资工具的存续期管理工作，设计了主承销商和受托管理人并行，但划分不同职责的方案。其中主承销商为发行人提供辅导、提示、协助沟通等存续期管理服务，并配合监管部门对债券的合规情况、风险情况等开展监测排查。受托管理人负责在取得投资人授权后代为处置担保物、申请财产保全措施、参与诉讼、破产等司法程序，聚焦违约处置核心职责。

表4-1 银行间债券市场与交易所债券市场受托管理人职责对比

职责	银行间债券市场		交易所债券市场
	主承销商	受托管理人	受托管理人
日常监测督导职责	辅导发行人和责任人员了解存续期管理制度	无	无
	无		监督募集资金用途
	监测发行人信用风险		监测发行人信用风险
	风险排查和压力测试		无
	偿付资金排查和督导		偿付资金排查和督导
	合规监测：涉及信息披露情况、募集资金使用情况、持有人会议触发事项、投保/行权条款触发情况等		合规监测：监督发行人对公司债券募集说明书所约定义务的执行情况

续表

职责	银行间债券市场		交易所债券市场
	主承销商	受托管理人	受托管理人
日常监测督导职责	合规提示：涉及信息披露督导、投保/行权条款履行、变更募集资金用途、违规纠正	无	合规督导：信息披露督导、行权条款履行
	向交易商协会报告严重违规行为		无
违约处置职责	协助发行人制定并落实应急预案	无	可以协助发行人制定应急处置预案
	督促发行人与持有人制定并落实处置方案		督促发行人等落实约定的偿债保障措施
	配合受托管理人履行职责		无
	向交易商协会报告重大偿付风险和违约处置进展		向监管机构和自律组织报告
	无		要求发行人追加担保
	无	代表持有人参与债务重组	代表持有人参与债务重组
	无	代表持有人申请财产保全、提起诉讼或仲裁	代表持有人申请财产保全、提起诉讼或仲裁
	无	代表持有人参与破产程序	代表持有人参与破产程序
持有人会议相关职责	担任召集人	根据约定担任召集人	担任召集人
	无	参加持有人会议	无
	无	根据约定代表持有人参会、提议、表决等	无
担保物管理职责	根据资产抵/质押代理协议管理处置担保物	根据受托协议约定管理处置担保物	管理处置担保物

第四章
持有人的集体行动机制

三、完善持有人集体行动机制的思考

集体行动机制引入我国债券市场之后，除了同意征集刚刚建立，尚在实践探索阶段，持有人会议和受托管理人机制都分别在银行间市场和交易所市场得到了长期的实践。在长期的债务存续期管理中，在投资人保护方面，尤其是违约处置工作中发挥了重要作用。但随着市场的深化发展，在实践过程中也面临新的问题。为了更好地发挥我国债券市场集体行动机制的作用，建议从以下几个方面进行完善。

第一，进一步夯实持有人会议、受托管理人等集体行动机制的法律基础，增强法律效力。从我国现行法律规定看，涉及持有人会议和受托管理人的法律制度主要是《证券法》第92条，该项规定虽然是对债券投资者集体行动机制的原则性规定，但也存在对于非公开发行的债券可能无法适用、受托管理人法律关系不明、持有人会议效力不足等问题，亟须《公司法》《中华人民共和国信托法》等相关法律配套修订，加以解决。具体来说，一方面，持有人会议的表决机制可能限制少数人权利，需要法律明确其效力。根据《中华人民共和国民法典》（以下简称《民法典》），涉及债务承继、债券展期、利率调整等合同变更事项需要债权人同意。债券募集说明书约定持有人会议规则，以"多数决"方式形成一致意见。但实践中，异议持有人主张"多数决"与《民法典》规定的"债权人同意"不符，涉及民事权利的限制应由法律特别规定。因此需要相关法律，如《公司法》参照股东会制度对债券持有人会议效力加以明确，实现"公平"与"效率"之间的平衡，规定按照持有人会议规则约定形成的生效决议对持有人具

有约束力。另一方面，受托管理人的诉讼资格需要法律明确规定。《证券法》规定公开发行的公司债券，应当设置受托管理人，并具有诉讼资格。目前，法院根据最高法发布的《债券座谈会纪要》将此项规定类推适用于其他公司信用类债券，并且规定了受托管理人可以代为进行担保物登记。但根据《中华人民共和国立法法》，涉及诉讼和仲裁制度应当制定法律，因此需要立法层面进一步解决非公开发行债券受托管理人的诉讼资格、抵质押登记身份问题。

第二，进一步完善集体行动中相关中介机构的利益冲突防范机制。主承销商、受托管理人等中介机构在债券投资者集体行动机制中承担了重要职责，但目前我国债券市场并未对相关机构的利益冲突问题予以充分关注。《证券法》规定，受托管理人应当由本次发行债券的承销机构或者其他经国务院证券监督管理机构认可的机构担任，实践中基本都是由债券的主承销商担任。承销机构兼任受托管理人所产生的利益冲突问题不容忽视。特别是债券违约后受托管理人可能碍于承销机构的身份，无法公正、客观履行其对持有人的信义义务、维护持有人的权利。因此有必要进一步完善集体行动机制中相关中介机构的利益冲突防范机制。如在任职资格方面，应当允许并鼓励承销机构以外的其他专业机构担任受托管理人，给市场提供多元化的选择。同时，建议完善利益冲突的识别、披露机制，强化债券持有人的知情权和监督权。此外，应当规定严重利益冲突发生时的处置机制，当相关中介机构发生某些无法消除的严重利益冲突且足以影响其公正履职时，启动中介机构强制解任机制。

第三，加强市场培育，提高集体行动机制运用的市场化程度。目前在我国，集体行动机制的运用多源于监管的强制要求，而非市场自发意愿。这导致一些未被强制要求的集体行动机制设置比例不高，如同意征集制度。此外，由于市场化激励不足，相关中介机构在集体行动机制中的专业能力未被充分激发，影响制度效果。以受托管理人制度为例，从国外经验看，受专业化程度、利益冲突防范要求以及市场规模效应等多重因素影响，受托管理业务通常会向几家大型专业机构集中，并发展成为一项独立的金融服务业务。而在我国，由于受托管理业务与债券承销业务深度绑定，发行人和持有人将其视为债券承销的"附属品"，不愿单独付费。受托管理机构基于成本收益考虑，也不愿投入过多的资源，受托管理机制难以良性发展。因此应当加强对各方的引导和宣传，激发市场活力，强化集体行动机制的生命力。

（本章执笔人：成睿、王敏、刘欣东）

第五章

投资人保护条款

2015年以来，随着我国债券市场刚性兑付有序打破，市场对于投资人保护机制提出了更高的要求。投资人保护条款是重要的投资人保护机制，其基于债券的契约属性，由发行人在发行文件中事先设定承诺和处置措施条款，可降低投资人和发行人双方的交易成本，并通过市场化和法治化手段切实保护投资人合法权益。成熟市场早在20世纪30年代就确立了投资人保护条款的法律地位，并在实践中形成了较为完备的投资人保护体系，得到了市场的广泛使用。银行间市场于2016年9月率先推出我国公司信用类债券市场首个专门针对投资人保护的示范条款文本，交易所市场也于2017年推出投资人保护条款。实践证明，投资人保护条款示范文本可有效提升投资人保护机制的规范性，弥补潜在的法律漏洞和风险。不过，当前投资人保护条款的使用还存在法律基础不完善、集体行动机制不健全、投资人等市场群体成熟度不够等问题，因此有必要继续深耕细作，推动债券市场投资人保护再上新台阶。

一、国际债券市场投资人保护条款

美国、中国香港及欧洲等境外市场均构建了基于自身法律框架及市场实践的投资人保护体系，其中投资人保护条款作为发行人、投资人之间的契约条款得到了广泛应用。美国债券市场约有50%的债券附有交叉违约条款，我国企业海外存量债券中，添加交叉违约的占比近45%，尤其是投资级以下债券基本均添加了投保条款。如富力、正荣等地产公司美元债添加了交叉违约、限制资产转移等条款，南京六合经开、浦口经开等城投公司美元债则添加了控制权变更条款等。国际市场经验表明，市场各方对于契约原则下设立的投资人保护条款认可度较高，且条款能够有效约束发行人乃至投资人的相关行为，是平衡投融资双方利益、加强信用风险保护的有效手段。

（一）美国债券市场的实践

美国债券市场已基本构建了一整套保护投资者、维护债券市场稳定的规则体系。其中，通过在发行文件中添加契约条款，可限制发行人的某些行为或要求发行人必须履行一些行为，来保障债券持有人免受发行人信用恶化对其按时偿还本息能力的影响。从法律基础来看，1939年的《信托契约法》明确可在募集文件中约定债券持有人权利，因此发行文件中的契约条款成了投资者保障债权价值的主要合同依据。

从美国债券市场投资人保护条款的内容来看，美国债券市场投资人保护条款主要可分为限制类条款和事件类条款。限制类条款以禁止性条款为主，要求发行人在经营、财务方面不能过于激进，通过限制某些行为或将部分关键财务指标维持在一定水平之上，将发行人信用风险控制在一定水平之内。事件类条款则主要是在发行人信用状况发生重大变化时赋予投资者一定控制权或要求提前清偿的权利。在具体的条款内容上（见表5-1），常见的包括控制权变更限制条款、核心资产出售限制条款、负债限制条款、支出限制条款、合并收购限制条款、交叉违约条款、特定情形下回售条款等。

表5-1 美国债券发行文件中常见的偿债保障条款

条款类型		核心目的	具体情形及约束手段
限制类条款	控制权变更限制	避免控制权变更导致偿债能力和信用风险的恶化给投资人带来损失	通常约定当企业所有权或经营权发生变更时，债券投资人有权要求企业以特定价格赎回债券，给持有人重新评估投资价值的机会并可以选择退出 具体情形包括：发行人的所有资产被出售；董事会的多数董事被更换；发生清算或合并等 约束手段：债券投资人有权要求企业在控制权变更之前以特定价格赎回债券，通常该赎回价格略高于本金价格（如本金价格的101%）
	核心资产出售限制	避免对于发债企业的债务偿付能力起到至关重要作用的核心资产的划转或出售对发行人的信用状况构成重大影响	主要限制出售资产交易的公平性、所获资金的流动性以及限制其用途：如约定出售资产获得的资金至少有70%是现金或类似形式，并且该笔资金需在发行企业内保留一年或用于偿还同等或更高级别的债务；对获得资金的用途通常限定在偿还债务、再投资于与主营业务相关且有助于偿还债务的资产等

续表

条款类型		核心目的	具体情形及约束手段
限制类条款	负债限制	限制发行人过度举债	通常会根据覆盖率和杠杆率情况限定未来可新增的债务。（1）限制债务的类别可包括：一般负债、租赁、信用证偿付、股票赎回义务以及对外担保等。（2）依据的指标：EBITDA利息保障倍数，总负债与EBITDA的比值。（3）例外情形：一定额度内的银行负债、与受限制子公司之间的借贷；为降低剩余存量债券违约风险而进行的再融资以及紧急情形下的融资等
	支出限制	避免股东、关联方利益等危害债券持有人合法权益	通常根据发行人的财务水平对支出情况进行相应的限制。（1）限制的支出类型：股票分红、股票回购、劣后于债项的债务提前赎回以及关联交易等。（2）限制方式：根据财务状况设定支出额度，如固定支出保障倍数不低于2倍以及不超过合并后净利润的50%，并对该额度进行动态调整
	合并收购限制	确保合并、收购等行为发生后，发行人信用状况不会大幅下降	通常只有在相关财务指标有所改善时，才允许并购交易的发生；继受方继续承担债券项下的义务
事件类条款	交叉违约	使投资人在面对风险事件时可以及时寻求救济措施，与其他债权人处于同等地位	通常约定当发行人其他债务违约时，未到期的其他债务也可以提前宣告违约
	特定情形下回售	使投资人在特定情形发生时，可选择回售债券避免风险	通常约定在信用评级下降、其他债券违约或控制权发生变动时，债券持有人可以提前回售债券

整体来看，美国债券市场投资人保护条款有以下特征。一是条款涉及范围广、种类丰富，既涵盖财务性指标，也涵盖企业特定经营行为，并且除了约束发行人外，还可以约束特定子公司、担保人等。二是兼顾发行人、投资人双方利益。由于涉及不同的利益相关主体，保障条款既要起到保护投资者的作用，又要为企业的经营、财务、投资活动留下空间确保其灵活性，否则对企业的过分制约可能会降低投资者的收益。三是条款设置具有充分灵活性，大部分投资人保护条款不是固定的、同质的，买卖双方可以经过谈判在发行文件中加入符合双方利益的条款，这一点在高收益债券中体现得尤为明显。

（二）中国香港债券市场的实践

中国香港债券市场具有较高的国际化水平，特别是在雷曼"迷你债"事件后，中国香港对证券投资者保护也进行了一系列制度改革，其中对投资人保护条款进行了重点优化。同时，中国香港债券市场也结合亚洲市场整体特点，可根据发行人信用级别、所处市场等因素的不同，适用严格程度不同的投保条款，其中包括中资企业境外债大多使用的投保条款，因此也被称为"亚洲模式"。

具体来看，三类严格程度包括宽松型、准宽松型和严格型。宽松型主要约束消极担保风险和实际控制权变更风险，结构与欧式投资级债券相似，保障条款使用程度较低，对投资者保护不足，早期的点心债就属于宽松型。准宽松型通常是基于财务报表的指标约束，主要有现金漏损风险、杠杆风险和资产投资风险，具体条款有限制支付、限制新增债务等。严格型覆盖了全口径六大类风险（见表5-2），中国香港债券市场中美元离岸市场的中国企业债券大多适用严格型条款。

表5-2 严格型六大类风险及常见偿债保护条款

风险类型	常见保护条款
现金漏损风险	设置支出限制类条款，例如引入"利润分配条款"，避免因变相分红导致企业偿债能力受影响
资产投资风险	（1）设置限制投资类条款，在确保企业正常经营灵活性的前提下，对企业经营范围进行适当约束，防止其因过度追求短期利润而激进经营。（2）设置限制资产转出条款，一是要求在出售或划转与债券偿还相关的核心资产时须经债券持有人同意，二是对资产出售所获得的资金用途进行限制
杠杆风险	设置限制债务类的条款，明确约定当财务杠杆超过一定程度时发债企业对债券进行赎回
留置权从属风险	设置限制担保类的条款，主要维持债券的偿付优先顺序，限制新举借的担保债务对资产的更优先求偿权
结构性从属风险	限制母子公司关联交易，一方面要求董事会对关联交易进行严格审查，确保关联交易的公平、公正，不掺杂高管的个人利益诉求；另一方面可要求遇到影响债务安全的重大关联交易时需得到债券持有人同意
控制权变更风险	设置特定赎回条款，约定当企业所有权或经营权发生变更时债券投资人有权要求企业以特定价格赎回债券

特别是，中国香港债券市场中的离岸美元债券是比较活跃的高收益债券，其债券契约条款的设置具有几方面特点。一是高收益债券基本上都适用严格型条款，即对全口径六大类风险都有所约束。二是在限制支付、留置权从属及控制权变更的具体契约条款设置上，对投资者的保护有所增强。三是对于新发行人的契约

条款也普遍强于重复发行人，整体较欧美高收益债市场对投资人保护的效果更强。

（三）欧洲债券市场的实践

与美国债券市场、中国香港债券市场不同，欧洲债券市场对投资人的保护主要体现在偿债基金条款、契约条款和受托代理制度三个层面。其中偿债基金条款和契约条款是基于债券发行文件中偿付义务的相应约束，前者为发行人执行偿付时的还款安排和明细要求，是基于提前偿还条款中对分期偿付的安排，后者是在面临偿付之前对发行人新发债或其他影响存续债券持有人利益事件的限制。

欧洲债券市场契约条款的设置相较于美国债券市场和中国香港债券市场的"亚洲模式"而言较弱，主要包括留置权从属风险方面的"同等优先清偿权条款"和"限制抵押条款"。前者核心目的在于使所有债券持有人都处于同样的受偿地位，要求债务人不得签署比该项债券债务更优先清偿的其他债务。该条款要求发行人不得在债券到期日之前或到期日仅对部分债券持有人偿付应付本金，除非在债券上已有明确规定。而当发行人无力偿付债务或破产时，所有的无担保债权人也都将受到同等的或按比例清偿的待遇。后者是为了保证债券持有人仍享有对应资产的有效处置受偿权，具体规定为"发行人及其分支机构不得将其具有偿还义务或担保的资产进行抵质押"。如果发行人或其下属公司进行了抵质押，那么发行人必须确保所有的债券均可享有同等地位的保障，或者向所有债券追加同等价值的抵质押条款。

二、国内投保条款的发展

（一）银行间市场投资人保护条款发展情况

2015年以来，随着东北特钢违约事件的发生，债券市场刚性兑付有序打破，对防范信用风险、切实保护投资人权益提出了更高要求。在早期债券市场风险事件处置过程中，债券投资人持有债权的金额小，在债权人委员会中的话语权极弱，导致债券投资人权利无法被保护，持有人主动尝试借鉴成熟市场经验，在募集中自主添加投保条款，但在发生风险违约事件时，存在条款添加规范性差、可操作性弱、持有人会议决议效力不足等问题。为更好地贯彻中共中央、国务院关于"促发展、防风险"系列政策精神，落实稳定债券市场、防范金融风险的工作要求，切实保护投资人合法权益，交易商协会结合我国法律规范以及市场实践，于2016年9月推出国内公司信用类债券市场首个专门针对投资人保护的示范条款文本——《投资人保护条款范例》。

《投资人保护条款范例》自推出以来，得到了市场的广泛认可和积极应用。在规范发行人经营融资行为、保障债券融资渠道稳定、提高投资人保护法律效力、有效防范信用风险等方面发挥了积极作用。此后，随着债券兑付进入高峰，部分企业特别是前期财务较为激进的民营企业再融资出现较大困难，违约及风险事件陆续发生。交易商协会对新型风险事件充分研究分析，总结新增违约发行人的风险特征，对《投资人保护条款范例》进行修订，有针对性地就条款触发情形、条款类型、救济措施等进行丰富和完善，推出《投资人保护条款示范文本》（2019年版）。

1. 投保条款的具体内容

《投资人保护条款示范文本》(2019年版)主要包括交叉保护条款、事先承诺条款、事先约束条款、控制权变更条款、偿债保障承诺条款和资产抵质押条款六大类条款,涵盖企业的治理结构、经营行为、财务表现、投资融资、信用增进等方面内容,并为投资人提供更加全面有效的保护措施。

(1)交叉保护条款

这是在发行人其他债务发生违约、偿债能力发生急剧变化的情况下,给予发行人未到期债券的债权人提前采取救济措施的保护条款。交叉保护条款的目的是解决发行人本期债券之外的其他债务未兑付时,本期债券持有人如何得到相应救济保护的条款。

(2)事先承诺条款

这属于经营维持类条款,旨在约束发行人在债务融资工具存续期间审慎稳健经营,维持稳定的财务指标和经营状态,并在发行人由于自身经营原因导致其财务指标超出一定限制或相关中介机构调整原专业判断时,给予投资人相应救济措施。具体包括:一是财务指标承诺条款,该条款要结合企业实际情况进行充分预测和评估,审慎合理设置比例数值;二是无保留审计意见承诺条款,此条款旨在对发行人的财务报表质量情况进行约束,一旦在存续期间,财务报表被审计师出具了保留意见、否定意见或无法表示意见,则给予投资人相应的保护措施;三是年报按时披露承诺条款,债务融资工具发行人有按时披露年度财务报告的义务,对于无法按时披露年报的发行人,如果在披露截止日后的一定期限内仍无法披露年度报告,则需要给予投资人相应的保护措施;

四是评级承诺条款，此条款旨在当发行人存续期间评级被下调频繁，级别被调降到某一级别的事实情况发生时，给予投资人相应的救济保护；五是经营维持承诺条款，此条款旨在当发行人生产经营状况发生急剧变化，无法正常开展经营，对偿债能力造成实质性影响时，给予投资人相应的救济手段。

（3）事先约束条款

这是触发型条款，针对发行人某些具体经营行为做出限制，具有特定性和针对性，发行人和主承销商应根据企业具体经营情况选择添加。具体包括：一是限制对外重大投资条款，为防止发行人对外投资过于激进，引导发行人聚焦主业，对发行人设置投资规模限制的条款，针对主营业务范围内和主营业务范围外的投资设置相应的比例要求；二是限制关联交易条款，对于关联交易频繁复杂且金额占比较大的发行人，设置限制关联交易金额的条款，允许发行人在合理经营范围内进行关联交易，超出合理经营范围则需要给予投资人相应保护措施；三是债券担保限制条款，为保障发行人发行的公司债、企业债和债务融资工具等债券处于同等清偿顺序，一旦发行人所发行的公司债、企业债设置了担保，则需要给予债务融资工具投资人相应的保护，保障债券投资人平等权利；四是限制对外提供重大担保条款，为防止企业对外担保规模扩张导致代偿风险过大，影响企业正常经营和偿债，设置限制对外重大担保条款；五是限制出售转移重大资产条款，为防止发行人将合并报表范围内重大优质资产或子公司转移，严重影响发行人偿债来源，设置发行人出售转移重大资产需事先经过持有人会议同意的条款；六是质押减持上市子公司股权条款，为保证发行人持有的非受限上市公司股票可以足额覆盖本期债务融资工具的本息，设置发行人减持股票导致不足以覆盖本息时，需要提前征求持有人会议同意的条款；七是股权委托管理协议变更条款，发行人通过股权委托管理的关系将重要子公司纳入合并报表范围，一旦发行人委托管理关系进行变更或解除，导致重要子公司不再纳入发行人合并报表，严重影响发行人经营和偿债能力，为防止上述情况发生，设置该条款；八是名股实债条款，对于名股实债存续规模占比较大的发行人，如果发行人在存续期间单独或累计新增金额较大的名股实债，需事先召开持有人会议征求持有人同意；九是债务重组条款，为防止发行人任意对本期债务融资工具进行债务重组，如进行债转股、减少债务本金、进行展期、削减利率等，或者对其他债务进行债务重组，导致对本期本金利息的偿还产生重大影响，设置该条款。

（4）控制权变更条款

控制权变更条款属于针对特定情形的保护条款，主要针对控股股东、实际控制人控制力较弱容易发生变更的情形，例如过度依赖实际控制人的民营企业、股权质押比例高的企业等。发行人的控股股东或实际控制人出现变更等可能影响发行人偿债能力的事项时，需召开持有人会议，或采取投资者回售等救济措施。

（5）偿债保障承诺条款

偿债保障承诺条款是效力仅次于保证担保、抵质押担保的偿债保障类条款，包含资产池承诺条款、担保承诺条款、流动性支持承诺条款。偿债保障承诺条款是基于对发行人整体经营、偿债能力的判断，其效力虽弱于实质性担保，但通过设置偿债保障金专户、权利凭证交由主承销商保管、主承销商动态监测、抵质押手续办理、支付违约金等机制设计，实现了对投资人有力的保护。

（6）资产抵质押条款

资产抵质押条款是实质性增信配套机制，进一步强化抵质押条款的应用效力，一方面满足低信用等级发行人发债诉求，另一方面给予投资人实质性保护。抵质押条款的推出使投资人保护条款实现了从单项、基础保护到综合、深入保护的全覆盖，使投保条款形成了信用风险预警、信用风险防范、信用风险处置到偿债实质保障的全方位、立体式投资人保护"闭环"。

2. 主要特征

（1）增加本土化制度设计，充分平衡发行人与投资人利益

与境外成熟市场条款触发直接导致企业提前到期兑付不同，投保条款设计时在借鉴国际经验的基础上，充分平衡发行人与投资人利益，实现债券投资人对发行人约束的同时，通过"宽限期"和"持有人会议再协商机制"的设计，有效避免条款触发后直接回售或债券加速到期。一是增加"宽限期"机制，即发行人如果在宽限期内偿还了已违约的债务或恢复了财务状况，则不会触发条款，发行人的债券继续存续；二是增加"持有人会议再协商"机制，即发行人如果在宽限期内未偿还已违约债务，可通过召开持有人会议对是否可以豁免该期债券违约进行再协商，持有人可选择"增加担保、提高票面利率等"有条件豁免发行人本期债券加速到期，也可以直接无条件豁免发行人。

（2）坚持市场化、法治化使用原则，通过募集合同约定增强持有人会议效力

投保条款的使用强调市场化使用原则，文本供市场成员参

考，条款的添加完全尊重市场成员意愿，发行人和主承销商可根据企业自身情况、市场发行环境、投资人意见及市场惯例等自主自愿选择使用，强化市场化约束机制。对于持有人会议效力的问题，当前《公司法》等法律尚无明确规定。事先在募集说明书中以合同条款形式明确投资人保护条款涉及的核心要素，约定发生触发情形后召开持有人会议的处置程序和各方权责，有助于进一步增强持有人会议效力。

（3）分类细化触发情形和违反约定责任，便于市场各方选择

通过对各类条款的触发情形进行细化，各方可根据发行人具体情况遴选相应指标，并确定相应阈值。同时，针对不同类型条款设置了差异化的违反约定责任类型，供市场成员结合具体情形权衡选择。同时，《投资人保护条款范例》设置了包括"增加担保、提高票面利率、回售权、不新增债务、不分红、不减资"等多种措施的"违反约定救济工具箱"，投资人可根据情况选择更利于自身权利保障的救济手段。

（二）交易所市场投资人保护条款发展情况

交易所市场近年来也十分重视在募集说明书中约定投资人保护条款。上交所在2016年10月下发《关于试行房地产、产能过剩行业公司债分类监管的函》，提出符合监管要求标准的企业要增加投资人保护契约条款。2017年6月中国证券业协会起草了《公司债券投资者保护条款范例（征求意见稿）》，推出了公司债投资人保护条款，条款的类型和内容与交易商协会发布的《投资人保护条款范例》基本一致。2021年8月，交易所市场正式推

出《上海/深圳证券交易所公司债券发行上市审核业务指南第 2 号——投资者权益保护（参考文本）》（以下简称《投保指南》）。

交易所《投保指南》也对条款推广使用提出了明确要求。《投保指南》的投资人保护条款主要有两方面内容：增信机制条款与投资人保护条款。增信机制条款涉及抵押、质押、保证、债务加入等增信条款的具体约定和机制设计。投资人保护条款涉及五大类条款，即偿债保障措施承诺、财务承诺、行为限制承诺、资信维持承诺和交叉保护承诺条款，与交易商协会现行投保条款涉及内容相类似。此外，上交所向证券公司发出《关于落实投资者权益保护机制相关安排的通知》，要求自 2021 年 11 月 1 日起申报及发行的上交所公司债项目，应在募集说明书中设置至少一项增信措施或投资人保护条款，若未设置需说明不予设置的理由，推动了交易所投资者保护条款的广泛应用。

三、国内投保条款应用

（一）银行间市场投保条款使用添加情况

如图 5-1 所示，2016 年以来投保条款添加比例先上升后下降并逐步趋稳，2018 年以来稳定在 25%[①] 左右。交叉保护、财务指标承诺及事先约束条款添加比例较高。从发行金额来看，2016—2018 年，债务融资工具投保条款添加比例逐步上升，2018 年开始逐年下降，添加投保条款比例基本维持在 25%。初

---

① 根据 Wind 数据统计，下同。

步判断主要由于2016年信用风险初现，投资人信用风险偏好收紧，发行人及主承销商大幅主动添加投保条款以满足投资人的需求；2019年以后，信用风险事件逐步常态化，投资人信用风险判断趋于理性，投保添加比例逐渐平稳。条款添加分布上，交叉保护、财务指标承诺、事先约束条款添加比例相对较高，2020年这三项添加金额占比分别为18%、12%和13%，与市场对于发行人债务违约、高杠杆经营等风险担忧基本相符。

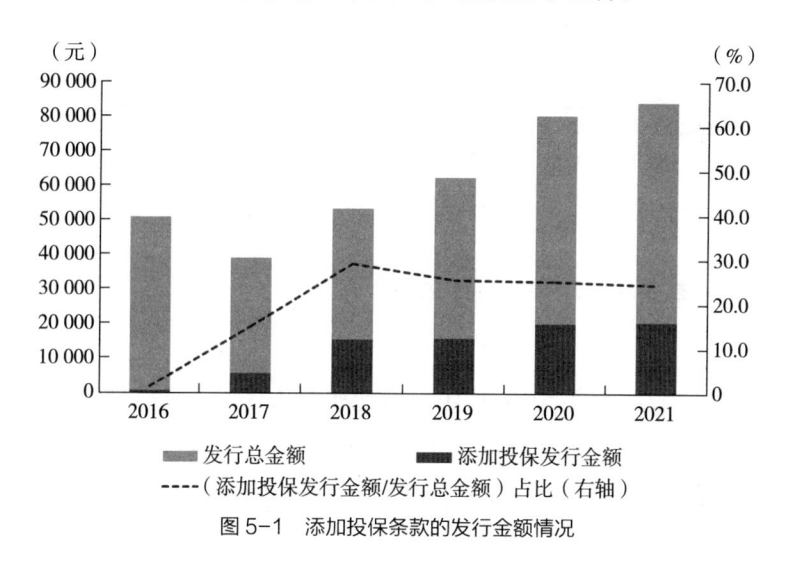

图5-1 添加投保条款的发行金额情况

首先，从评级分布来看，低评级和信用资质偏弱的企业添加比例较高。企业评级资质与条款添加比例相关度较大，AA+级及以下企业添加条款占比高于AAA级，自2018年以来添加条款的占比在逐年提升，而AAA级企业条款添加比例自2018年以来呈明显下降趋势。其次，从企业性质来看（见图5-2），民营企业受市场认可度等多重因素影响，添加条款的比例最高，2018年以来一直维持在50%以上；地方国企添加比例较为稳定，维持在30%左右。央企及子公司信用资质相对较好，添加比例逐年下降，最近一年下降到10%以内。

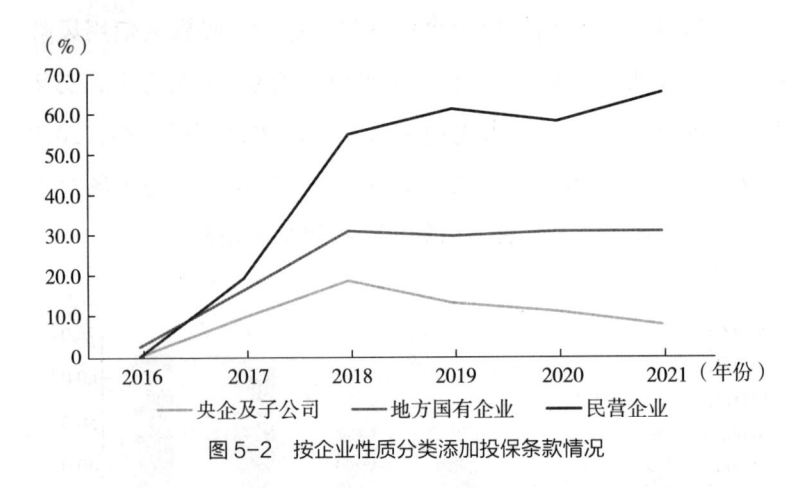

图 5-2 按企业性质分类添加投保条款情况

（二）交易所市场投保条款使用添加情况

公司债市场自2016年10月推出投资人保护条款以来，添加比例持续上升。添加投保条款的比例从2017年的3%左右，上升到2021年的15%。2021年8月交易所推出了《投保指南》，要求自2021年11月1日起申报及发行的上交所公司债项目，应在募集说明书中设置至少一项增信措施或投资人保护条款，2021年12月投资人保护条款添加比例达到72%（见图5-3），添加条款的企业中城建类企业占比超过60%。

公司债添加投保条款的企业性质和评级分布情况与债务融资工具类似（见图5-4）。央企及子公司添加比例最低，但由于2021年度《投保指南》的推出，其添加比例上升明显。民营企业条款的添加比例最高，在2020年以前高于地方国企，2021年后随着城建类企业大量添加投保条款，地方国企添加比例首度超过民企，达到17.36%。AAA级添加比例最低，随着评级降低，添加比例逐渐升高。

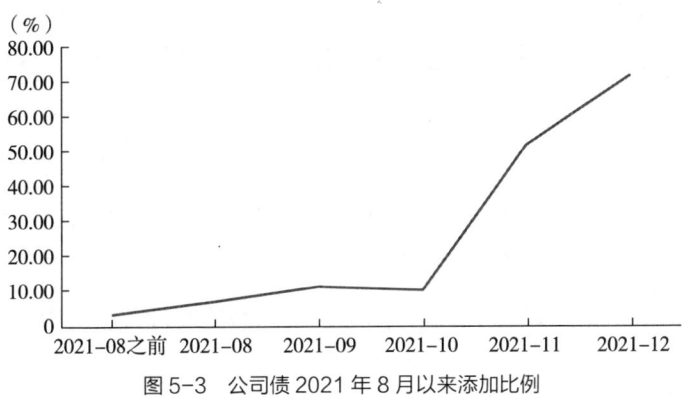

图 5-3 公司债 2021 年 8 月以来添加比例

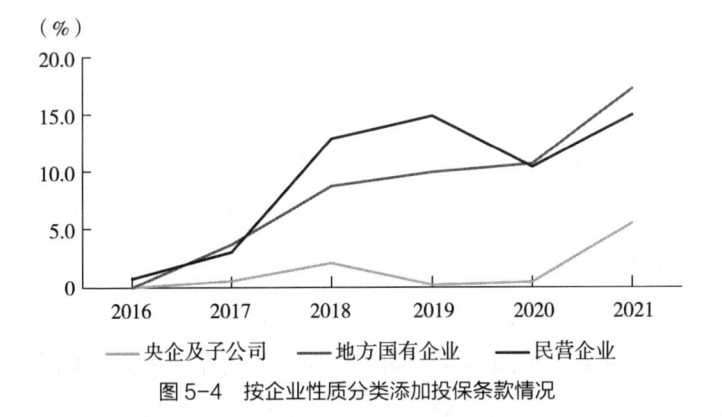

图 5-4 按企业性质分类添加投保条款情况

（三）投保条款实践应用效果

1. 发挥"防风险、增实效"作用

对于风险较高的企业，投保条款可为投资人和发行人事先设置明确的风险预警指标，限制发行人在有限责任下盲目激进的经

营行为,并在债券违约前给予投资者维度的强化救济措施,发挥更有力的风险预警和防范作用。例如,"16株洲城建MTN002"设置了"限制转移重大资产条款"。在存续期间国资委无偿划转了下属棚改公司51%的股权,触发了该条款,发行人依据投保条款约定并按照持有人会议决议为本期债券增加了担保,保障了投资人的利益。"17黑龙江建设MTN001"由于资产负债率均在85%以上,债务压力明显高出同类企业,因此添加了资产负债率不超过87%的财务指标承诺条款。此后企业资产负债率达到88.89%,触发了该条款,通过召开持有人会议,持有人认为该情形不会影响发行人偿债,同意无条件豁免发行人违反约定。

2. 增强"稳信心、促发行"效果

添加投保条款能够在市场风险偏好下降的情况下提振市场信心,提高债券发行稳定性。例如,鞍钢股份于2016年5月发行超短期融资券时,因市场违约事件集中爆发无法完成发行,通过添加交叉保护条款和资产池承诺条款,获得市场投资者认可,最终成功发行。同时,投资人保护条款的触发指标可以在一定程度上规范企业经营行为,在企业出现重大经营变化时,提前给予投资人保护。例如,华闻传媒三期中期票据设置了"实际控制人变更条款",2019年触发该条款,发行人为投资人提供了下属上市子公司股权质押来保障投资人权益,2020年华闻集团出现偿付困难后,发行人通过处置股权最大限度地保护了投资人的合法权益。

3. 强化"市场化、法治化"理念

通过合同条款进一步明确发行人、投资人、主承销商及其他中介机构的职责要求和规范程序，提升持有人会议决策的效率和效力，在现有法律环境下强化市场契约精神，通过示范文本引导市场成员自主标准规范使用，进一步得到《民法典》合同编、《民法典》担保分编等法律的强力保护，强化了市场主体各方的责任意识和契约精神。发行人、主承销商、投资人等已逐渐认可并重视投保条款在防范风险、促进发行等方面的积极作用，在实践中主动添加使用。各类市场主体已逐步建立内部配套制度机制，运行程序和操作标准规范逐渐清晰。

4. 实现"标准化、易操作"效果

投保条款解决了此前市场主体自发起草契约条款存在的不标准、不规范的问题，弥补了潜在的法律漏洞和风险。例如，国裕物流 2015 年第二期短期融资券由主承销商和发行人自主添加了交叉违约条款，但未在条款中明确交叉违约后的投资者救济程序和保障措施，致使投资者无法通过条款约定有效保护自身利益。投保条款的推出进一步完善了条款的运行机制，优化了条款的操作流程，明确了条款的适用标准，细化了条款的使用要求，增强了操作便利性。

四、当前投保条款应用存在的问题

（一）国内尚未建立高效运转的债券风险和违约处置机制，集中协商债务重组效率较低，制约了投资人保护条款作用的发挥

由于境外债券市场的债务重组和违约处置手段丰富、机制健全、运转有效，交叉违约条款触发后加速到期的债务将通过多元化手段进行处置，避免企业面临大规模到期兑付的压力。相比之下，我国债券市场虽然已经形成了丰富的处置措施，但是受市场环境的影响，并不能形成高效运转的处置体系。当企业触发投保条款、多期债项集中到期后，常常难以在短期内有效协商重组，导致面临大规模债券违约的困境。这也限制了投保条款保障债券持有人集体利益作用的发挥。

（二）投资人等市场群体成熟度不够，相关诉求无法通过惯例形式纳入募集说明书，对投保条款的认知度和重视程度不高

与境内债券市场不同，境外债券市场以私募发行为主，经过几十年的市场实践，投资人针对不同类型企业的条款诉求已形成较为成熟的市场惯例。发行人、主承销商、律师等市场主体在募集说明书撰写时可充分考虑投资人的偏好，给予其相应的保护条款。由于境内债券市场投资人群体尚未形成对合同条款及投保条款的敏感度，投资人诉求尚不成熟，债券投资"重主体、轻条款"，常常只关注企业主体性质和主体财务情况，对募集文本和条款通常关注较少，尤其对于募集中合同条款及投资人保护条款的认可和重视程度不够，相关内容尚未纳入债券投资的关注和考量体系，募集法律条款设定需要进一步完善，投资人对自身权益保障重视程度需要进一步提升。

（三）条款添加的针对性和规范性不强，存在盲目添加条款、对条款添加认知不足、对添加后果未充分评估等问题

与境内债券市场不同，境外债券市场的募集说明书通常由主承销商和律师共同撰写，高度重视募集中法律条款的协商制定，主承销商的团队力量强大，同时配有承销商律师，与发行人聘任的律师共同对募集说明书进行核查把关，投保条款的添加通常根据发行人自身情况进行定制，条款的匹配性较强。在境内债券市场中，部分发行人在发行时未考虑自身经营和财务特征，盲目添加投保条款，条款的针对性和规范性不强。由于未对具体条款进行充分、审慎的评估，对条款触发的情形和后果预估不充分，契约意识和诚信意识不强，一旦自身债务管理触发条款，且未在宽限期内解决债务问题，履行约定的配合度较弱。

（四）主承销商专业性和辅导工作有待加强，发行人对条款的功能性认知不高，主承销商持续督导职责发挥不到位

主承销商为了促进债券顺利发行，会引导发行人添加投保条款以获得投资人认可。但由于部分主承销商的专业性不足，在添加时未结合发行人情况对条款添加的选择进行审慎评估，也未给予发行人全面充分的沟通指导，条款添加不合理、不规范，发行人对条款添加的情形和后果并未充分了解。在存续期发行人触发相关条款，例如非标违约，企业听之任之，未进行及时补救，主承销商也未及时进行监测和督导处置，导致未按照条款约定履行相应程序，可能就贻误了发行人获得投资人豁免的时机。

（五）交叉保护等构成较强约束的条款更需要完善的制度支撑及科学使用，避免产生顺周期效应加剧企业负担

交叉保护条款是我国债券市场应用较为广泛的一类投资者保护条款，截至 2022 年 5 月末，在全部 16 460 只存续债务融资工具中，有 3 548 只设置了交叉保护条款，占比约 21.6%。交叉违约机制是对所有债权人的公平保护，对发行人也构成了较强的制约机制。然而，如果企业难以在宽限期内解决逾期债务问题，将导致存续债券加速到期，短时间内面临大额兑付压力，进而在一定程度上表现出"双刃剑"的特征，甚至可能在顺周期环境下加剧企业债务负担。

五、下一步优化发展的建议

（一）优化完善债务重组配套制度，强化持有人会议、金融机构债权人委员会集体行动机制，保障投资人保护条款应用效果

针对存续添加交叉保护条款的债券，如企业有需要，可通过一些市场化、法治化的手段缓释存续交叉保护条款可能带来的负面影响。在做好投资者合法权益保障的基础上，充分发挥持有人会议、金融机构债权人委员会等集体行动机制的作用，通过优化完善同意征集、债券置换等工具手段，促进债务积极化解。也可通过调解中心等相对柔性的形式促进投资人与发行人之间的协商交流，将债券加速到期带来的债务负担压力逐步进行缓释，促使投资人保护条款发挥更加积极的作用。

（二）加强对投资者的教育和培训，推动投资人将投保条款纳入投资考量因素，通过对投保条款正向反馈发挥市场指挥棒作用

投保条款作用和效力的发挥有赖于投资者群体的正向支持，注重投资者教育和市场理性培育尤为重要。在投保条款的添加和触发过程中，如果投资者能在其中发挥主导性作用，通过理性的投资选择发挥指挥棒作用，以积极正向的反馈强化募集条款约定，并在条款触发处置过程中促进高效协商解决，将对投保条款发挥实质效力、更好地保护投资者权益起到举足轻重的作用。

（三）发挥各类中介机构专业性，强化各方责任，保障投保条款科学合理规范使用

投保条款的添加是发行人和投资人市场博弈的结果，条款具有"双刃剑"的效果，在给予投资人相应保护的同时，也让渡了发行人相关权利。当前部分发行人对条款添加认知不足，在添加时未审慎评估相关影响，主承销商应积极辅导发行人明确了解添加投资人保护条款的含义、适用范围及可能产生的后果，添加条款的选择要与发行人的经营和财务状况相匹配，强调条款添加的针对性和规范性，科学选择并审慎评估条款添加可能带来的影响，做好条款触发后的应对预案。同时，可考虑借鉴成熟市场由律师负责撰写发行文件合同条款的方式，加强律师专业能力在我国债券市场中的应用，强化条款的科学合理使用及对投融资双方合法利益的有效保护。

（四）培育市场主体的契约和法治意识

投保条款能否发挥应有的作用，关键在于市场各方参与主体对契约精神和法治精神的认知和坚守。投保条款本质是合同契约条款，合同契约条款的高效履行本质上依赖缔约各方对诚信意识和法治意识的推动。对发行人而言，除了关注债券融资满足资金需求，也应积极履行市场责任，强化契约精神，诚信参与市场。对投资人而言，除了关注投资回报和信用风险，也应将契约条款、法治理念等作为投资行为的底层逻辑。对中介机构而言，应该通过专业能力的发挥，促进债券市场契约精神和法治意识的提升。

（本章执笔人：韩宁、张春雷、马捷、王歌瑶）

第六章

信用风险管理与分散分担

信用风险是客观存在的，需要有合适的工具和机制对其进行分散和转移。国内外实践表明，信用衍生品是有效的风险管理工具。此外，能否有效分散分担信用风险还在于现券交易机制是否灵活高效、风险定价是否科学合理以及债券市场投资者结构是否多元等。

一、信用衍生品在信用风险管理中的应用

信用衍生品通过金融技术实现了信用风险从基础资产中的分离、转移和重组。经过30多年的发展，国际信用衍生品市场成为仅次于利率、汇率衍生品的第三大场外衍生品市场，满足了商业银行、保险公司、各类基金、证券公司等对信用风险的主动管理、多头投资、套利交易和双边做市等不同需求，在安然、世通等大型公司的破产案件中凸显了促进信用风险分散分担的重要作用。虽然一度因过度创新投机、监管真空和失序发展放大了次贷危机对金融体系的冲击，但金融危机后各国从防范系统性风险角度加强对场外衍生品市场的监管，市场重新回

归以结构简单、风险可控的产品为主导的发展轨道，在促进市场流动性和价格发现、增加市场弹性韧性方面发挥着积极作用。

与国际衍生品市场去繁就简不同，我国信用衍生品市场尚处于发展初期，存在日益增长的信用风险及信用利差波动风险对冲需求与产品缺乏流动性、缺失信用卖方力量等主要矛盾，而对冲机制的不完备也导致了资产价格下跌，市场预期一致，资产抛售的交易踩踏问题突出，市场价格自我调整的速度和弹性不足。因此，推动建设更高效、活跃、有效的信用衍生品市场，满足不同类型投资者多元化的信用风险管理、投资、交易的需求，增强市场应对风险的韧性，促进公司信用债券的流动性和价格发现，进而提升服务实体经济的效率和水平大有空间。2022年8月《中华人民共和国期货和衍生品法》正式实施，有效填补了期货和衍生品领域的"基本法"空白，有助于增强投资者参与衍生品交易的信心。在当前市场深化改革、加速开放的背景下，应在有效防范交易对手风险和系统性风险的基础上，以发展为第一要义，从法律政策、市场结构、运行机制等方面加快信用衍生品市场发展。

（一）信用衍生品的分类和基础功能

信用衍生品是指交易双方约定在未来一定期限内，由信用保护买方按照约定的标准和方式向卖方支付信用保护费用，由卖方就约定的一个或多个参考实体向买方提供信用风险保护的金融合约。

1. 基本分类

信用衍生品类型多样、形式灵活，根据出现顺序和复杂程度，主要包括以下几类产品。

一是单名产品（Single-name），是指参考实体为单一经济实体的信用衍生品，一般而言，包括单一名称的信用违约互换（CDS）、总收益互换（TRS）、信用联结票据（CLN）和信用价差期权（CSO）等。

二是多名产品（Multi-name），是指参考实体为一系列经济实体组合的信用衍生品，包括不分层和分层的 CDS 指数、担保债务凭证（CDO）等。组合产品的交易结构较为复杂，但共同的机理是由多个基本信用违约互换或多个单一的信用衍生品构成的资产组合池。由于组合产品对信用资产组合池中的违约相关性非常敏感，也叫作"相关性"产品。

三是其他产品，主要指固定比例投资组合保险策略（CPPI）、固定比例债务债券（CPDO）和资产证券化信用违约互换（ABCDS）等与资产证券化紧密结合的信用衍生品。这些产品结构复杂、定价很不透明，次贷危机后基本销声匿迹。

2. 基础功能

一是优化信用风险配置，促进风险分散分担。在信用衍生品出现之前，投资者想承担信用风险就必须全额发放贷款/买入债券，持有贷款/债券就必须承担全部的信用风险，这限制了风险厌恶型及风险偏好型投资者主动、灵活及高效的投资、交易和管理信用风险。信用衍生品使风险厌恶型投资者能够通过支付一个可预期的成本而将风险转移，银行机构还可以利用信用衍生品缓释资本，风险偏好型投资者则实现了对信用风险的配置，在并不占用现金情况下获得了保费现金流入，提高了金融资本的利用效率。同时，保险、基金和企业等更多不同类型机构的参与，促进了信用风险从银行体系的分散，有利于降低信用风险的集中度，提高金融市场整体风险抵抗能力。

二是提升流动性，促进价格发现。信用衍生品把信用风险分离出来，成为具有交易属性的金融产品，吸引了更多参与者，特别是对冲基金、证券机构等对市场风险、价格水平最为敏感的机构。它们对经济指标、政策动向和资金流向等各种基本面和技术面因素在第一时间进行综合研判，挖掘交易机会，带动市场的整体流动性。更多、更持续的信用衍生品交易，有利于实现对信用风险更加有效和精细化定价，同时通过信用衍生品交易中无风险套利策略，增强了信用债券现货与信用衍生品市场、信用衍生品市场与其他资本市场的互动性，促使相对价格保持在合理区间。

三是增强市场整体弹性，降低现货非理性波动。债券会到期，有利息，从预期现金流角度来看具备一定价值，是天然的多头市场，债市下跌时期通常短于上涨和稳定时期。如具备成熟的信用衍生品市场及善于抓住市场波动机会的信用保护卖方，为基础资产提供有效的信用风险及信用利差的对冲，可以避免"多头"机构在信用债券存在潜在违约冲击、交易负面情绪迅速传导的情况下，为应对内部风控政策的刚性要求或产品赎回压力被迫卖出债券现货，从而降低或避免因交易踩踏造成的市场波动性放大风险，增强市场弹性和韧性。

（二）国际信用衍生品市场发展历程及趋势

1. 发展历程

20世纪80年代末90年代初美国大量商用按揭贷款违约，银行资产质量恶化，资本充足率下降，筹资成本上升，而信用风险管理领域一直缺乏风险对冲工具。在此背景下，信用衍生品在1992年的国际互换和衍生产品协会（ISDA）年会上出现，正式进入历史舞台。1995年，摩根大通银行与欧洲复兴开发银行达成了历史上第一笔信用违约互换。这种既能帮助银行改善资产负债状况，又可以降低筹资成本的产品迅速得到市场关注。发展初期，信用衍生品市场透明度和流动性较低，商业银行和保险公司分别为最主要的信用保护净买方和净卖方。特别值得一提的是，2001年安然、2002年世通两家公司陆续发生破产案件，但没有给单个银行甚至一系列银行带来严重危机，在一定程度上归功于这些银行前期都不同程度地使用了信用衍生品来转移其信用风险，信用衍生品起到了"减震器"的作用。

在经历了初期的平稳发展阶段后，随着信用风险度量技术的发展和成熟、信用数据可获得性增强、计算机和电子交易平台等技术手段的普及，以及标准合同文本的推广应用，2000年后信用衍生品在两个方向上的创新，使市场日益活跃。

其中一个方向是CDS指数，2003年数家大银行首次推出了以100家公司为基础资产的道琼斯TRAC-X指数，使市场流动性大为提高。从此，分块交易成为可能，Delta对冲技术也被广泛推广应用，各大银行纷纷成立"相关性交易"平台，改变了早期信用衍生品交易、对冲及风险管理的运作规则。而道琼斯 TRAC-X 指数已演变成目前北美的 CDX 指数和欧洲的 iTraxx 指数。

另一个方向是参考债务开始转向以房地产贷款为主的资产证券化产品，而且结构日趋复杂。2000 年以后，随着美国房地产行业的繁荣，银行将贷款组合资产证券化，发行抵押贷款支持证券（MBS），并打包分级为担保债务凭证（CDO）出售，再以这些次级贷款资产证券化产品为标的大量发行 CDS，甚至还会在 CDO、CDS 的基础上再发行 CDO 平方、组合 CDO 等更复杂的信用衍生品。

随着市场的不断发展，对冲基金、投资银行等机构越来越多地参与信用衍生品交易，它们从投机、套利或做市的角度参与市场，对市场流动性提高起到了促进作用。另外，企业由于管理商业往来中的应收账款等债务关系，也成为信用保护的主要净买方。全球信用衍生品市场从 2004 年开始出现爆炸性的增长（见图 6–1），截至 2007 年末，全球信用衍生品的市场规模达到了创纪录的 58.24 万亿美元。

在信用衍生品市场规模急剧膨胀的同时，各种创新产品的交易结构日益复杂，风险转移和传递的链条越来越长，导致其逐渐背离了风险可控的基本原则，也由此成为金融危机中的风险隐患。2008 年金融危机期间，信用衍生品市场遭受了严重冲击。针对在金融危机中暴露的问题，各国监管当局、自律组织和基础设施等发起了一场重大改革，后危机时代的信用衍生品市场迎来新的发展趋势。

图 6-1　全球信用衍生品市场规模

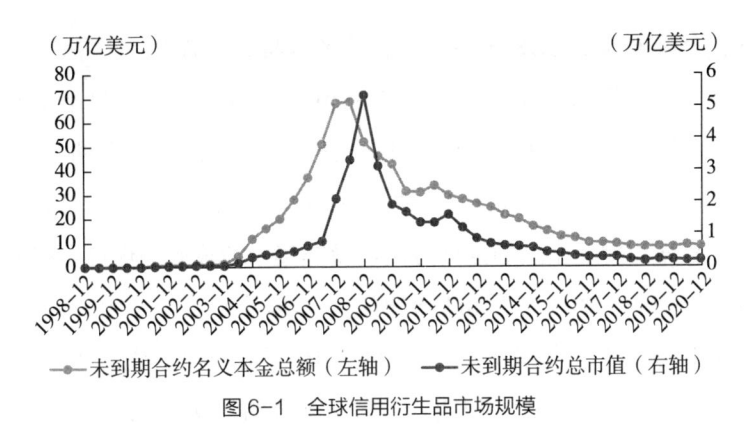

数据来源：国际清算银行（BIS）。

2. 发展趋势

尽管信用衍生品市场因前期的失序发展助长了次贷危机，并因引发金融危机而备受诟病，但各国监管部门和市场相关方面还是肯定其在促进信用风险分散、提高流动性、增加市场弹性方面发挥的作用。考虑到绝大部分场外衍生品仅对合格投资者开放的特点，围绕防范和有效处置金融机构过度投机导致系统性风险传染的主要目标，金融稳定委员会（FSB）、国际证监会组织（IOSCO）和国际清算银行下属的巴塞尔委员会等国际金融组织、各国监管机构及国际掉期与衍生工具协会（ISDA）对信用衍生品市场进行了一系列改革和调整，发布金融监管改革方案，推动集中清算及保证金机制应用，加大信息披露力度，加强合约标准化。在经历金融危机的涤荡后，信用衍生品从复杂向简单回归的趋势日益明显。整体而言，信用衍生品市场朝着更为安全、稳健和高效的方向发展。

（1）向简单基础CDS产品回归，单名和指数产品占据主导

金融危机后，全球信用衍生品市场整体规模呈明显下降趋势，市场规模从2007年末的顶点快速下滑至2011年末的29.48万亿美元，4年间降幅达56.8%。伴随着监管改革，特别是强制集中清算和交易压缩的推广应用以及非集中清算履约保证金机制的逐步落地，2012年后市场规模进一步减小，直至2017年进入相对平稳发展，市场规模为8万亿~10万亿美元。截至2021年末，国际信用衍生品未到期合约名义本金约为9.1万亿美元，未到期总市值为2 106亿美元[①]。

同时，产品结构出现明显的变化，结构复杂、定价不透明的合成CDO等产品几乎销声匿迹，市场逐步回归到最简单、最基础的CDS产品。如图6-2所示，截至2021年末，全球CDS未到期合约名义本金约为8.8万亿美元，市场规模占比97.1%，其中单名CDS约为3.5万亿美元，占CDS市场规模的40.1%；多名CDS为5.3万亿美元，占CDS市场规模的59.9%，标准化程度高的指数CDS占多名CDS的93.1%。交易最为活跃的指数产品包括CDX指数和iTraxx指数两个系列，其中CDX指数主要覆盖北美地区，分为投资级指数CDX IG和投机级指数CDX HY；iTraxx指数则主要覆盖欧洲和亚洲地区，主要的指数为iTraxx Europe（iTraxx欧洲）。

---

① 数据来源：国际清算银行。

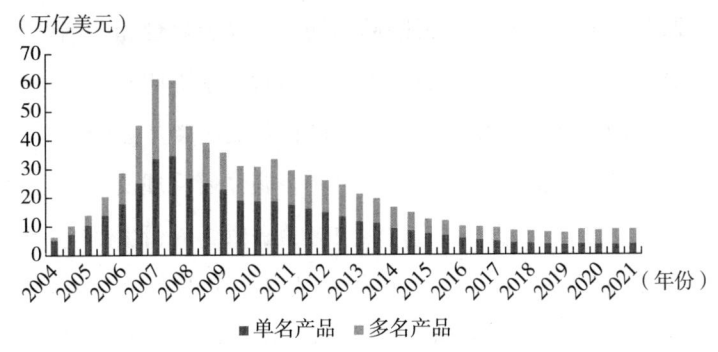

图 6-2　各信用违约互换产品名义本金总额历年变化

数据来源：国际清算银行。

（2）立足防范系统性风险，构建场外衍生品监管体系

在金融危机前，场外衍生品市场基本处于监管真空状态。为促进金融稳定，防范系统性风险扩散，欧美各国致力于重构金融监管体系，在针对机构类型和市场行为的微观审慎监管的基础上，强化了系统性风险识别和监管协调，加强了中央银行的宏观审慎监管职能，并重视加强包括信用衍生品在内的场外衍生品市场的监管。

以美国为例，其成立了金融稳定监督委员会（FSOC），负责研究识别系统性风险，认定具有系统重要性的金融机构和基础设施，并具有对联邦和州各金融监管机构的协调职能。在金融稳定监督委员会协调下，美联储对衍生品等各金融市场的稳健运行和系统性风险防范负总责。通过审慎监管银行控股公司（BHC）、金融控股公司（FHC）、证券控股公司（SHC）、存贷款控股公司（SLHC）及联邦储备体系各会员银行等，全面监控和管理各类金融机构的衍生品业务风险，并对经金融稳定监督委员会认定的系统重要性金融机构和基础设施，例如中央对手方清算（CCP）

进行监管，同时具有指导美国商品期货交易委员会和美国证券交易委员会等机构制定衍生品市场审慎监管要求等职权。

美国商品期货交易委员会和美国证券交易委员会分别对所辖期货及场外衍生品市场[①]的参与机构实施注册管理及业务行为监管，其中实施注册管理的监管对象涵盖提供场外衍生品前台服务的互换执行设施（SEF）、提供中央清算服务的衍生品清算机构（DCO），包括互换交易商（SD）和主要互换参与者（MSP）在内的场外衍生品主要参与者，另外场外衍生品市场中介服务机构[②]和信息报告库（SDR）也在监管对象中。

（3）推动集中清算和强制保证金应用，控制交易对手风险

金融危机中雷曼兄弟公司的倒闭引起了市场对交易对手风险的重视。金融危机后，为降低交易对手信用风险，实施的最主要措施包括两个方面。

一是针对标准化的场外衍生品合约，强制通过CCP进行集中清算。CCP集中清算，是指清算机构自身介入已经达成的交易，通过合约替代，成为卖方的买方和买方的卖方，并通过多边净额轧差、要求交易双方提供保证金等抵押品、逐日盯市、建立损失分摊机制等担保交易履约的处理过程。欧美相关法案规定了将标准化的场外金融衍生品进行强制中央清算的义务，并赋予监

[①] 美国商品期货交易委员会负责有形的实物商品和利率、汇率、天气等虚拟标的产品，以及宽基证券指数产品的期货与场外衍生品监管，美国证券交易委员会负责除宽基证券指数产品外的证券相关的期货及场外衍生品监管。

[②] 包括商品基金经理（CPO）、商品交易顾问（CTA）、期货经纪商（ECM）、介绍经纪（IB）等。

管者清算义务的决定权。根据国际掉期与衍生工具协会的数据，随着多名工具的中央对手清算比例上升，2021年信用衍生品中央对手清算占比达80.6%，其中CDX HY、CDX IG和iTraxx欧洲的中央对手清算占比分别为96.7%、97.1%和92.7%，而其他类型的信用衍生品的集中清算占比为40.6%。

二是针对非集中清算的场外衍生品合约，逐步建立扩大强制保证金交换范围。为抑制金融机构过度投机，防范交易对手风险，2011年G20（二十国集团）峰会通过决议，提出对非集中清算的衍生品合约采取更高的强制保证金交换要求。2013年9月，巴塞尔银行监管委员会和国际证监会组织（IOSCO）联合出台了《非集中清算衍生品交易保证金要求》，并于2015年3月修订分步实施进度表，为各地区监管政策的制定与执行创设了统一的国际标准，其中对用以冲抵保证金的抵押品也做出了较为明确的指导性界定。主要国家和地区开始陆续出台各自的场外非集中清算衍生品强制保证金法律法规，并于2016年底起陆续进入分步实施阶段。

（4）强化信息披露及交易报告要求，提高透明度

金融危机前，与其他金融衍生产品一样，信用衍生品交易也多被记录在资产负债表外，监管机构很难通过资产负债表获知交易信息。同时没有专门机构负责交易价格、交易各方的风险头寸等信息的集中存储与发布，相关交易信息极度不透明，导致监管当局无法及时、全面、准确地掌握市场交易情况。金融危机后，各国监管当局和市场相关方面都加强了信用衍生品交易信息的报告和披露要求。

一是强化信用衍生品在财务报告中的信息披露要求。2008

年3月,美国财务会计准则委员会(FASB)引入了第161条财务会计准则(FAS 161)——"衍生品工具和套期保值行为信息披露",要求披露与对手方风险,以及与构成信用衍生品基础的核心债券相关的信息。2008年10月,美国证券交易委员会和美国财务会计准则委员会又对公允价值计量方法第157号准则做了补充,在一定程度上解决了金融危机情况下的公允价值计量问题。2009年3月,国际会计准则理事会(IASB)公布了关于"嵌入式衍生产品"的会计准则修订,要求将所有的嵌入式衍生产品进行评估,并在必要时单独核算。

二是强化交易数据披露要求。一方面推动电子交易、中央清算以实现信息集中;另一方面修改有关法案,要求未经中央清算的交易向受监管的交易报告库报告。在对信息进行集中处理后,由集中清算机构和交易报告库向公众提供市场敞口头寸和交易总量等数据,并向主要监管机构报送数据,以避免因信息不透明而引发的市场恐慌和剧烈波动。

(5)完善标准协议文本,提升合约标准化程度

2009年国际互换和衍生产品协会相继发布"大爆炸"和"小爆炸"协定书,对信用衍生品的交易标准协议文本进行修改和完善,主要涉及3个方面。

一是建立信用衍生品决定委员会,负责对参考实体的信用事件、承继事件等进行统一审议和判定,减少交易双边认定下分歧摩擦,健全专业、高效、透明的市场化处置机制。

二是引入强制拍卖结算条款,即除某些特定交易形式由交易双方自行约定实物或现金结算外,拍卖结算自动成为签署方之间首选的结算方式,解决市场交易中实物结算和现金结算时面临交

付物不足和定价难的问题。

三是增设信用事件和承继事件回溯日条款，解决对冲交易的断档问题，提高CDS合约之间的互换性和替代性，也便于合约的压缩合并。同时，国际掉期与衍生工具协会大力推动CDS息票标准化进程，提高合约标准化程度，消除信用事件发生时合约的息差风险。

（三）我国信用衍生品的发展情况

总结国际金融危机的深刻教训，结合中国市场发展实际，我国在推动公司信用债券市场发展的同时，也配套开启了信用衍生品市场建设的探索。自2010年起，交易商协会秉持产品结构应简单实用、不能背离其风险管理本质的理念，坚守不发生系统性风险的底线，在银行间市场首次推出信用风险缓释工具（CRM），并从2016年以来不断丰富基础产品类型，建立完善自律管理体系，优化交易运行机制，积极探索应用场景。经过近年来CRM及基础债券市场的不断发展，截至2022年底，CRM市场共有参与者145家，共达成各类交易1 015笔，名义本金总计1 390.56亿元。自2018年起，交易所市场探索推出信用保护工具业务，截至2022年底，核心交易商备案30家，累计达成交易超过320笔，名义本金总计超200亿元。

1. 以简单实用为原则，不断丰富信用衍生品类型

如表6-1所示，目前银行间市场的信用风险缓释工具包括信用风险缓释合约（CRMA）、信用风险缓释凭证（CRMW）、信用违约互换（CDS）和信用联结票据（CLN）。交易所市场信用保护工具包括信用保护合约和信用保护凭证两类产品。相关基础产品均是简单且基础的可以满足实体经济发展需求的产品，符合自金融危机以来国际信用衍生品市场的发展趋势。

以银行间市场为例，信用衍生品各品种的主要特点如下：

CRMW是由凭证创设机构创设，为投资者提供针对参考债务信用风险保护的有价凭证。其特点有两个。一是属于凭证类产品。即由一个创设机构创设，多个投资者认购，且凭证可在投资者间流通转让，是标准化程度较高的信用衍生品。二是保护范围仅为单一债项。经过近年来的发展，通过CRMW支持债券发行已成为CRM产品的主要应用场景。截至2022年底，CRMW累计创设578笔，名义本金总计931.86亿元，占全部CRM约67%。

CLN是由创设机构向投资者创设的、投资者的投资回报与参考实体信用状况挂钩的、附有现金担保的、可交易流通的有价凭证，属于一种凭证类信用风险缓释工具。CLN是附有现金担保的CDS产品，投资者购买CLN，在未发生信用事件时取得本金的利息和CDS保费的双重收益，在发生信用事件时用认购的本金向发行主体进行担保赔付。与同为凭证类产品的CRMW相比，CLN的交易特点有三个。一是CLN创设机构是信用保护买方，投资者为信用保护卖方，这与CRMW正好相反。二是附有现金担保，考虑到中小型机构等投资者作为信用保护卖方信用实力不足的问题，投资者须以本金认购CLN，并作为其履约担保。三是保护范围从CRMW的仅保护单一债项扩展到保护参考实体的一揽子债务。截至2022年底，CLN累计创设32笔，名义本

表6-1 国内信用衍生品市场基础产品

名称	银行间市场信用风险缓释工具			交易所市场信用保护工具	
	信用风险缓释合约	信用风险缓释凭证	信用违约互换	信用联结票据	信用保护合约	信用保护凭证
类型	合约类	凭证类	合约类	凭证类	合约类	凭证类
定义	交易双方达成的、约定在未来一定期限内，信用保护买方按照约定的方式向信用保护卖方支付信用保护费用，由信用保护卖方就约定的标的债务向信用保护买方提供信用风险保护的金融合约	由标的实体以外的机构创设的，为凭证持有人就标的债务提供信用风险保护的，可交易流通的有价凭证	交易双方达成的、约定在未来一定期限内，信用保护买方按照约定的方式向信用保护卖方支付信用保护费用，由信用保护卖方就约定的一个或多个参考实体向信用保护买方提供信用风险保护的金融合约	由创设机构向投资者创设，投资者的投资回报与参考实体信用状况挂钩的附有现金担保的信用衍生品	由交易双方签署、相关权利义务限于合约签署双方、不可转让	由凭证创设机构创设，就一个或多个参考实体符合特定债务种类和债务特征的一个或多个债务向凭证持有人提供信用保护，并可以在持有人之间转让
债务种类	仅为参考债务，可以为债券、贷款或其他债务	仅为参考债务，贷款或其他债务	参考实体的一揽子债务	参考实体的一揽子债务	一个或多个参考实体符合特定债务种类和债务特征的一个或多个债务	

金总计 30 亿元，创设机构通过 CLN 转移在 CRMW 创设中积累的风险敞口，或是灵活设计 CLN 产品结构满足投资者特定的投资策略，例如帮助投资者间接实现投资境外中资美元债或离岸人民币债券。

CRMA 和 CDS 是信用保护买方按照约定的标准和方式向卖方支付信用保护费用，卖方就约定的参考债务向买方提供信用风险保护的双边金融合约。二者的共同点在于均是合约类 CRM 产品，即交易双方以一对一形式达成；二者的区别在于 CRMA 保护范围是单一债项，CDS 的保护债务范围由 CRMA 的单一债项扩展到参考实体的一揽子债务。目前，市场参与者开展了利用合约类 CRM 产品释放参考实体授信额度的业务实践。截至 2022 年底，累计达成合约类 CRM 交易 405 笔，名义本金总计 428.71 亿元，占全部 CRM 比重约 30.8%。

CDS 可分为仅保护单一实体的单名 CDS 和保护多个参考实体的多名 CDS，其中多名 CDS 中的一类重要产品是 CDS 指数。CDS 指数本质上是较为标准化、按一定权重（通常是等权重）的一篮子单名 CDS 合约的组合。CDS 指数由指数管理人制定指数编制方法，明确标准筛选参考实体，并定期动态更新指数成分，同时约定 CDS 指数的信用事件、结算方式、标准票息等交易条款。目前，我国银行间市场已陆续推出 3 只 CDS 指数产品，主题分别涉及信用评级、企业性质、地域类型（见表 6-2），自 2021 年 4 月启动交易以来，截至 2022 年底，累计达成交易 40 笔，名义本金总计 8 亿元。其以标准化程度高、透明度高、参考实体广泛且天然分散化的特点，初步起到了激发潜在信用保护卖方、聚合流动性以及提高风险对冲效率的作用。

表6-2　3只CDS指数产品基本情况表

指数名称	CFETS-SHCH-GTJA 高等级CDS指数	CFETS-SHCH 民企CDS指数	CFETS-SHCH-CBR 长三角区域CDS指数
指数管理人	• 中国外汇交易中心 • 上海清算所 • 国泰君安证券	• 中国外汇交易中心 • 上海清算所	• 中国外汇交易中心 • 上海清算所 • 中债资信评估有限责任公司
上市交易日期	2021年4月8日	2021年5月7日	2021年10月18日
参考实体个数	40	25	25
每个参考实体权重	2.5%	4%	4%
币种	人民币		
期限	非标准合约：可选 标准合约：季月20日标准到期日		
起始日	交易日的下一个自然日		
支付频率	非标准合约：可选 标准合约：季		
计息基准	A/365		
费率（标准票息）	25BP	50BP	50BP
贴现曲线	FR007利率互换收盘曲线（即期）		
营业日准则	经调整的下一营业日		
计息天数调整	实际天数		
债务种类	债务工具		
债务特征	一般债务、本币、交易流通		
信用事件	破产、支付违约（起点金额100万元或其等值金额、宽限期3个营业日、适用宽限期顺延）		
结算方式	现金结算		
约定最终比例	25%		

续表

指数名称	CFETS-SHCH-GTJA 高等级 CDS 指数	CFETS-SHCH 民企 CDS 指数	CFETS-SHCH-CBR 长三角区域 CDS 指数
通过估值确定	报价方法：买入价 报价时间：一个营业日的北京时间 16 点 估值方法：市场价格		
指数滚动	☐指数滚动后，新指数上市交易，原指数不再交易 ☒指数滚动后，新指数上市交易，原指数继续交易 ☒其他：新指数上市起一年后，若无存续合约则该指数序列自动下架		
信用事件	☒信用事件发生后，发生信用事件的实体除名，原指数更名后继续交易 ☐信用事件发生后，发生信用事件的实体除名，原指数继续交易，不更名 ☐信用事件发生后，发生信用事件的实体除名，原指数补足新实体，更名后继续交易 ☐其他		

资料来源：中国外汇交易中心、上海清算所。

2. 立足中国实际，创新 CRMW 支持债券发行模式

2018 年 10 月 22 日国务院常务会议推出民营企业债券融资支持工具（以下简称民企支持工具）以来，CRMW 发挥了重新配置信用风险，助力解决民企债券融资难、融资贵问题的重要作用。近年来，CRMW 支持债券发行业务模式在市场需求驱动下，创设规模、市场参与深度和广度均持续提升，并成为当前 CRM 的主要应用场景。截至 2022 年底，市场份额占全部 CRM 比重近七成，支持债券发行规模 2 248.39 亿元，其中民营企业占比 52%。

在 CRMW 支持债券发行业务模式下，投资者在认购债券时可以自主选择是否同步购买信用保护。投资者先通过 CRMW 预配售取得临时性的 CRMW 获配份额，并确定信用保护费率。获得预配售的 CRMW 投资者需要再行认购债券，并通过正式配售环节将 CRMW 和债券认购绑定。

总体来看，与国际市场上信用衍生品以信用利差交易为主的特点相比，"CRMW+债券"业务模式是我国信用衍生品在探索中走出符合我国债券市场实际情况的发展路径，将 CRMW 作为助力企业债券一级发行的有力助推器，帮助处于融资难、融资贵困境中的企业恢复自主融资造血功能，并实现发行人、投资人、创设机构和主承销商多方共赢的局面。

一是提高企业债券融资的可得性，引导挂钩标的债券融资成本下降。CRMW 助力弱资质发行人债券融资，并帮助多家发债主体首次或时隔多年重返银行间债券市场。例如，隆基绿能科技、上海圆通蛟龙等企业分别在机制推出当年首次进入银行间债券市场融资。同时，应用该机制后，部分企业发行利率普遍较前期有所下降。例如，在 2021 年推出超额预配售优化措施后，中债信用增进投资公司首次运用该模式支持"21 华立 MTN002"发行，将债券认购倍数提高至 2.5 倍，引导债券边际价格从区间上限 5.5% 下降至 4.98%，创该企业中期票据发行利率历史最低。

二是满足不同风险偏好投资者的配置需求，缓解债券供给与需求无法有效匹配的矛盾。近年来，随着债券违约常态化发展，公司信用债市场出现分层，市场整体风险偏好下沉，中低等级债券需求加速收缩，但市场资金配置压力仍在。引入 CRMW 后，低风险偏好投资者扩大可投资债券范围,并有效控制信用风险敞口,持有"CRMW+标的债券"组合收益率一般高于创设机构发行的其他债券产品(如同业存单)的票面利率50~150BP,具有一定套利价值。而高风险偏好投资者可以直接参与挂钩标的债券的投资交易。

三是创设CRMW提升主承销商竞争力,并获得信用保护费的新增盈利空间。目前,CRMW已成为银行和证券公司助力债券承销的有效工具,有利于维护客户关系。从盈利角度来看,部分银行创设CRMW风险资本占用为20%,低于对授信主体放贷业务消耗的资本占用,CRMW平均创设费率约为1.62%[①],不仅对创设银行中间业务收入形成有力补充,而且与债券发行的投行业务联动产生协同效应,并扩大市场影响力。

3. 兼顾规范与发展,不断完善自律管理和运行机制

反思2008年美国金融危机,除了CDS产品结构过于复杂,美国CDS市场长期缺乏有效管理也是危机爆发的重要原因之一。突出表现为市场参与者缺乏外部约束、杠杆率畸高、信息透明度极低等。因此,交易商协会充分吸取国际经验教训,从市场分层、交易杠杆、信息透明度等方面建立健全CRM自律管理体系,防范市场运行的系统性风险,同时根据市场发展水平,不断优化运行机制,提升市场活力。

第一,市场分层,要求参与者风险与能力相匹配。金融危机

[①] 2018年10月至2021年末,支持债券发行模式下银行创设凭证CRMW的平均费率。

前的美国CDS市场缺少参与者准入要求，更没有依据参与者的风险管理和承担能力进行分层运行，容易将风险不适当地转移到不具备相应风险管理和承担能力的机构。我国CRM试点业务将市场分为核心交易商与一般交易商两层，核心交易商主要为具有较强风险管理和承担能力的金融机构和合格信用增进机构，一般交易商也具有一定的风险承担能力，以确保信用风险向具备相应风险管理和承担能力的机构进行转移，有利于实现风险的合理配置。

第二，控制交易杠杆，防范系统性风险。金融危机前的美国CDS市场，监管和风险防范措施缺失，造成CDS市场规模不断膨胀、杠杆率过高，最终酿成系统性风险。我国CRM试点业务通过建立风险控制指标，要求任一核心交易商的CRM净卖出总余额不得超过其净资产的500%、任一一般交易商的CRM净卖出总余额不得超过其相关产品规模或净资产的100%，严格控制CRM市场交易杠杆，实现对系统性风险的有效防范。

第三，规范交易报备和披露，提高市场透明度。金融危机前的美国CDS市场缺乏统一的信息披露和报告要求，监管当局难以及时、准确、全面地掌握市场交易情况，削弱了市场有效性。我国的CRM业务规则要求核心交易商将交易数据及时报备交易商协会，使交易商协会得以及时掌握全市场交易明细数据和风险敞口。同时，通过建立全口径信息报备机制，规范信息披露行为，提高市场透明度，为CRM市场健康运行提供重要保障。

第四，提供标准协议文本，控制对手方风险。根据人民银行要求，境内投资者开展银行间市场金融衍生产品交易，均应签署交易商协会发布的《中国银行间市场金融衍生产品交易主协议》。

这是一套以防控风险为目标的标准协议文本，包括严格的违约事件界定、违约处置和履约保障文件等，为参与者控制交易对手方风险提供了有效工具。此外，交易商协会同步提供了《中国场外信用衍生产品交易基本术语与适用规则》的交易标准文件和模板，减少 CRM 交易纠纷和争议的可能。

第五，优化运行机制，促进市场微循环。一是在坚持风险可控原则的前提下，允许不持有标的债务的参与者购买信用保护，并配套现金结算安排，促进标的债券与 CRM 分离交易，提高债券和 CRM 的流动性，提升 CRMW 投资者一级认购的积极性；二是简化凭证类产品创设备案流程，弱化了凭证创设前管理，便利市场参与者更为灵活地选择创设和交易时机，同步出台凭证类产品信息披露要求和示范文本，强化投资者保护；三是通过搭建 CDS 指数编制交易的基本规范，鼓励市场机构探索发布指数产品，促进指数交易应用。

（四）推动国内信用衍生品市场发展建议

近年来，公司信用债券刚兑逐渐打破，信用风险暴露和处置逐步常态化、市场化和法治化，信用利差波动明显增强，信用衍生品市场需求明显提高。当前我国信用衍生品市场的发展，既有赖于现货市场相关基础机制的完善，也需要解决信用衍生品有关法律政策、运行机制和基础能力等深层次问题。建议监管机构、自律组织、基础设施和市场主体继续共同努力，为共同推动信用衍生品市场进一步发展注入活力，具体建议如下。

第一，进一步夯实转让式履约保障法律基础。履约保障安排与终止净额结算制度紧密相关，是防控衍生品系统性风险的重要机制，最具代表性的履约保障安排包括担保权益型与所有权转移型两类，主要国家及地区通过立法确认其法律效力。我国场外衍生品交易履约保障机制的设计参考了国际通行实践，引入质押式履约保障与转让式履约保障两种模式。其中，质押式履约保障机制具有中国《民法典》下质押的法律效力。转让式履约保障机制尚未在我国法律层面明确规定，市场对其在法律层面的可执行性仍存在一定顾虑，认为在司法实践中有被重新定性为"让与担保"的风险。建议在立法和司法中进一步明确转让式履约保障机制的有效性，支持按照协议约定将转让式履约保障安排纳入终止净额结算范围，保障风险防范作用的有效发挥。

第二，进一步明确配套的资本会计政策。银保监会出台的《商业银行资本管理办法（试行）》（以下简称《资本办法（试行）》），只承认内评法下的风险缓释功能，暂未明确权重法下资本缓释功能。目前我国仅6家银行采用内评法，难以充分发挥信用衍生工具资本缓释功能，同时关于合格信用衍生工具产品内涵和提供方等缺乏具体指导意见，为银行具体执行带来了一定顾虑和难度。因此建议进一步明确权重法下信用衍生工具资本缓释功能，并出具实操指导意见。此外，银保监会的《资本办法（试行）》和《银行业金融机构衍生产品交易业务管理办法》规定CRM交易计入银行账户才能实现资本缓释，而计入银行账户需符合套期会计相关规定。但根据财政部套期会计准则规定，由于信用风险在套期关系评估中不占主导地位，信用衍生品交易一般不能按套期会计准则规定的方法进行会计核算，进而导致将信用衍生品交易计入银行账户存在障碍。因此，建议相关部门加强政策协同，明确信用衍生品适用套期会计的具体方式。

第三，推动参与主体多元化，培育净卖方。从国际CDS市场的发展轨迹和现状看，银行的传统业务部门是主要的净买方，大型银行的证券子公司或投行部门则作为做市商为市场提供流动性，以专业的金融担保保险公司为代表的保险公司、特殊目的实体（SPV）以及对冲基金是主要净卖方。目前我国银行整体风险偏好较低，除一级市场配合债券发行的业务外，卖出信用保护需求不高。证券公司资本金少，风险承担能力弱，难以作为最终风险承担方。对标国际市场的主要净卖方，保险公司受监管限制暂时无法开展信用保护卖出业务，有风险承担能力、深入了解区域企业风险的信用增进机构具有成为主要净卖方的潜力，但合格信用增进机构的标准尚未明确，缺少具有较高风险偏好的投资基金的参与。建议相关监管部门对业务风险管理能力较强的保险公司放宽卖出保护业务限制，明确合格信用增进机构的标准，逐步引入私募基金等风险偏好较高的机构参与信用衍生品市场。

第四，进一步完善信用衍生品市场定价体系。从国际经验看，CDS市场主要是大型投资银行提供做市服务，促进市场流动性和整体定价水平的提高。我国目前大部分交易商内部定价估值能力及自动化交易系统建设能力不足，机构内部普遍没有相对独立的定价估值部门和团队。另外，高效的现券市场与衍生品市场对冲机制是实现风险定价的根基。当前现券市场融资融券功能不足，制约市场参与者通过现券与衍生品市场的对冲机制进行精准的无风险套利定价。因此，进一步提高市场流动性，完善价格发现机制，有赖于做市机构加强人员及系统投入，提升定价估值和实时风控等硬核实力，同时也需要配套完善跨市场的对冲机制建设，更好地吸引私募基金等不同风险偏好机构的参与。

第五，进一步健全信用衍生品信用事件认定机制。确认信用事件发生是触发信用保护赔付的前提。国际上主要由国际掉期与衍生品工具协会信用事件决定委员会提供公共判定服务，减少交易双边认定下的分歧摩擦。同时，国际掉期与衍生工具协会通过组织有代表性的拍卖交易，为大量 CDS 交易结算提供统一最终拍卖价格和拍卖结算日。近年来，我国信用衍生品市场规模持续扩大，活跃度持续提高，对市场配套机制建设也提出了更高的要求。在此背景下，对信用衍生品交易涉及的信用事件、承继事件等事项进行判断，能够有效提升信用事项判定的一致性和透明度，从而增强市场参与者对信用衍生品的信心，进一步提高市场参与度和活跃度。目前，银行间市场的 CRM 业务规程和定义层面已有依托交易商协会衍生品专委会决定信用事件的初步安排，未来需要在借鉴国际经验的基础上，结合中国市场的发育情况，进一步健全具体运作机制，并适时通过实例进行检验完善，以确保信用衍生品对冲风险的实际效能。

二、风险及违约债券交易与转让

随着我国债券市场开始出现信用违约事件，市场对风险及违约债券的转让和投资需求逐步增加。从国际成熟债券市场的发展经验来看，这些债券由于高风险、流动性差的特点，通常被视为一类特殊的高收益债券，需要通过适合的交易机制来实现交易。在国内，银行间市场和交易所市场关于风险债券或违约债券的交易转让机制分别进行了不同的探索。银行间市场主要通过外汇交易中心的债券匿名拍卖业务和北金所的动态报价形式达成转让意向；沪深交易所基本沿袭了正常债券存续期内的交易机制，可采用报价、询价、协议交易等模式。

（一）国际市场风险及违约债券交易与转让机制

在国际成熟市场上，监管部门并未针对违约债券建立专门的交易与转让机制。不过，由于债券电子交易平台及其他债券交易场所充分竞争，违约债券交易转让通常参考高收益债券市场的创新交易机制，这是由其高风险、高收益、流动性差等内在属性决定的。

根据国际评级标准，债券评级低于BBB级/Baa3级的，即为高收益债券，市场通常将其分为"堕落天使"和"明日之星"。其中，"堕落天使"是指发行人生产经营恶化或重大风险事件导致债券评级被下调，或在二级市场出现大幅折价交易的债券，发行人通常是高负债率甚至是违约企业；而"明日之星"是在一级市场直接发行的债券，发行人大多是新兴行业或初创企业，如科技型企业等。此外，高收益债券还被广泛运用于杠杆收购中。

近年来，欧美市场上高收益债券在传统做市商报价模式外，还通过新兴的A2A（All to All，多对多）电子交易平台实现交易。A2A电子交易平台本质上是传统经纪撮合交易的转型，依靠先进科学的算法模型实现精准复杂的交易匹配，可以为高收益债券、投资级公司债等流动性相对较差的信用类债券提供高效的交易服务。根据美国证券行业和金融市场协会（SIFMA）的市场调研，为满足不同类型投资者的债券交易需求，近年来许多A2A电子交易平台创新发展出分时段匹配、荷兰式拍卖、隐藏订单和暗池交易等新兴交易模式。

分时段匹配（Matching session）一般指在某个固定的时间段内集中交易某种类型的债券。成交方式包括实时匹配和事终匹配两种，前者市场参与者在发布报价或意向后系统随即进行匹配成交；后者市场参与者在该时间段内可以修改报价或意向信息，在报价时间结束后系统按照时间优先或价格优先原则匹配成交。

荷兰式拍卖（Dutch auction）由有意向的市场参与者发起拍卖流程，公布债券报买或报卖的交易量和价格区间。在拍卖过程中，竞拍者可以看到全部投标价格，并可以在拍卖结束前随时修改投标价格。拍卖结束后，系统将投标价格进行排序，根据设定的交易量来确定最终价格，所有符合要求的竞标参与者均以该价格成交。

隐藏订单（Hidden order book），即匿名成交模式，降低交易可能对市场产生的不利影响。在此模式下，市场参与者在交易前完全匿名，交易平台也仅展示部分意向债券名称，不公布任何交易量或交易方向等具体信息。

暗池交易（Dark pool）是较隐藏订单模式更为隐蔽的匿名成交方式。市场参与者在交易前甚至交易达成后均完全匿名，最小化交易对市场产生的不利影响。投资者只需向平台提交相关意向成交要素，由系统匹配撮合达成交易，部分平台在匹配后还提供匿名的双边询价机会。

（二）我国银行间市场到期违约债券转让安排

2014年以前，我国债券市场的债券通常都是到期兑付或提前兑付，没有出现债券违约的情况。到期违约债券能否交易转让及如何交易转让等问题并未引起主管部门和市场各方的足够重视。因此，早期出台的银行间债券市场债券交易流通相关管理政策没能充分考虑债券延期兑付甚至出现实质性违约的情形。2015年以来，受宏观经济环境变化等多方面影响，我国债券市场信用违约事件开始出现，个别时期债券违约还有所增加，市场对违约债券的处置与投资需求逐步凸显。

根据早期银行间债券市场相关政策规定，若债券违约但未到期，则可继续交易流通；若债券违约但已到期，则终止交易流通。从投资者角度来看，所有投资者都只能被动等待违约处理结果，这在很大程度上限制了一些投资者的债券交易转让意愿和行为。一方面，银行理财、公募基金等非法人金融机构投资者对流动性管理要求较高，需及时止损以应对产品赎回。同时，商业银行、证券公司等法人金融机构投资者出于市场声誉或监管要求，也存在一定的交易转让需求。另一方面，部分资产管理公司、私募基金等非金融机构投资者有一定的不良资产处置经验，希望通过购买到期违约债券参与企业违约风险处置。从发行人角度来看，到期违约债券不能交易转让也会给债券发行人灵活实施违约债券处置方案带来一定障碍。实际上，部分发行人出于保护投资者利益或避免违约诉讼的考虑，在债券违约后，也存在购入债券的需求。

为丰富到期违约债券处置方式，提高违约债券的处置效率，同时也为具有不良资产处置经验的投资者提供参与机会，自2018年起，银行间债券市场开始试点到期违约债券转让业务，主要有匿名拍卖和动态报价两种业务模式。其中，匿名拍卖由外汇交易中心在2018年6月推出试点，动态报价由交易商协会指导北金所在2018年8月推出试点。2019年底，人民银行在总结前期试点经验基础上，正式发布《关于开展到期违约债券转让业务有关事项的公告》，进一步明确到期违约债券转让业务规范，积极推动到期违约债券转让业务有关做法制度化、规则化。随后，外汇交易中心和北金所在人民银行文件基础上，各自发布业务细则，并持续推进相关业务。截至2022年底，外汇交易中心和北金所累计共达成约60笔到期违约债券转让业务。到期违约债券转让为无意参与债券重组的投资者提供退出通道，减少风险累积，有助于推动市场化、法治化、专业化的债券违约处置机制建设。

（三）我国交易所市场特定债券转让安排

2019年5月，沪深交易所分别联合中国结算发布《关于为上市期间特定债券提供转让结算服务有关事项的通知》，正式推出违约债券转让业务。其中的特定债券主要是指在交易所上市或挂牌，但未按约定履行偿付义务或存在较大兑付风险的有关债券，主要包括已发生兑付违约的债券，以及存在债券违约情形的主体所发行的其他有关债券等。因此，相比银行间债券市场的到期违约债券，交易所市场的特定债券概念范畴相对较大，即同时包括到期违约债券、违约主体未到期债券等。实践中，涉及公司债券（含企业债券）出现回售行权违约或者利息违约等情况的，均属于特定债券转让的范畴，可根据相关规定，加注特殊标识"H"后，向合格机构投资者进行转让。而且，交易所到期违约债券转让价格不设涨跌幅限制。

为规范交易所债券交易行为，2022年1月，沪深交易所分别发布实施交易所债券交易规则，明确所有公开发行债券的现券交易均可采用匹配成交、点击成交、询价成交、竞买成交及协商成交的交易方式，非公开发行债券的现券交易均可采用点击成交、询价成交、竞买成交及协商成交的交易方式。其中，匹配成交对应着原制度规则下的竞价交易，而其他交易方式在原制度规则下统称为大宗交易方式。目前来看，理论上交易所市场合格机构投资者之间需要进行特定债券的交易转让时，也可以采用点击成交、询价成交、竞买成交和协商成交的交易方式。

2021年11月，人民银行、发改委、财政部、银保监会、证监会、外汇局等联合发布《关于推动公司信用类债券市场改革开放高质量发展的指导意见》，明确提出要"健全违约债券转让等市场化出清机制"。但整体而言，不论是银行间还是交易所市场，目前违约债券的交易转让均不太活跃。究其原因，除了交易机制安排本身有待继续完善，风险债券或违约债券的信息披露制度、投资者保护机制及投资者队伍培育等方面工作也都有待进一步加强。

三、债券估值与信用债交易

信用风险管理的核心在于能否科学合理地定价，从而实现信用风险有效分散分担。国际成熟市场核心做市商通常是市场的主要定价方，进行独立定价。但我国现阶段投资者对信用债的独立定价能力有限，二级投资交易各环节主要依赖第三方估值，估值机构成为市场的实际定价方。在市场发展初期，这种依赖性对二级市场流动性有一定促进作用，但随着资管产品净值化、市场进入高质量发展阶段，过度依赖第三方估值可能加剧市场波动等关键时期的负反馈效应。应结合我国债券市场实践，鼓励市场提升定价能力，逐步推动估值源的多元化，强化二级市场价格发现功能，提高二级市场流动性。

（一）国际成熟市场债券估值运用经验

1. 做市商是市场的核心定价方，第三方估值机构仅为市场提供定价参考

做市商对市场价格的影响远超第三方估值机构，通常有独立定价能力。做市商是市场中最活跃的机构，拥有一定的价格信息优势和客户流量获得的优势，是市场中接触信息最全面的机构。另外，做市商对债券的定价能力是其经营债券交易业务的核心竞争力，实践中虽然不同做市商的定价有一定差异，但普遍拥有独立的估值团队和定价模型，是市场的核心定价方。做市商在定价过程中，较少参考第三方估值机构的估值结果，而第三方估值机构依赖于做市商等市场机构产生的报价及成交信息。

2. 第三方估值机构竞争较为充分

市场普遍存在多家第三方估值机构，估值方法和模型没有唯一标准。在成熟的金融市场，提供金融产品的第三方估值服务竞争较为充分，例如美国市场提供第三方估值服务的机构主要包括彭博、汤森路透、ICE等数据资讯商。提供服务的机构所运用的方法也各不相同，可以根据客户使用目的和场景的不同进行定制。以彭博的收益率曲线功能为例，既有根据一定规则内置的曲线，也可以根据客户个性化需求自行构建曲线，方便实现衍生品与现券市场的风险对冲或套利。

3. 基金管理人独立选择合理的估值源，监管部门不明确指定第三方估值机构

监管部门对于市场机构债券定价模型、第三方估值机构的选择均没有明确规定。由美国证券交易委员会发布并于2021年正式生效的《公允价值诚信》(Good Faith of Fair Value)规则，明确第三方机构提供的估值不能直接作为证券公允价值，要求基金管理人进行评估和确认，从而强调了基金管理人对估值源选择的履职尽责。

该规则允许基金董事会指定一名"估值指定人"进行公允价值确定，既可以是基金的顾问，也可以是内部管理基金的官员。公允价值的确定要求董事会或估值指定人建立和应用公允价值方法。为了满足这一要求，董事会或估值指定人必须：

一是选择并应用适当的公允价值方法。

二是定期审查所选方法的适当性和准确性，并对其进行任何必要的更改或调整。

三是监控可能需要使用公允价值的情况。

四是监督和评估定价服务。对于使用定价服务的基金，最终规则将要求董事会或估值指定人（如适用）建立批准、监控和评估每个定价服务提供商的流程。

五是估值指定人员需向董事会提交年度和季度书面报告。

六是保存适当的文件，以支持公允价值的确定。

4. 信用衍生品的风险对冲机制帮助形成现券市场准确的估值基准

成熟市场信用衍生品市场较为完备，债券市场无风险套利定价机制和二级市场自动化做市定价系统能够充分地实现债券价格发现，形成较为准确的二级市场定价估值基准。例如欧美信用衍生品市场交易规模和流动性均较好，市场机构可以通过无风险套利机制，对现货市场交易形成的债券收益率曲线和估值进行纠偏，最终形成精确的二级市场定价估值基准。正是由于充分的价格发现，虽然众多第三方估值和机构内部估值定价中心的定价模型和方法存在差异，但最终定价偏差普遍较小，能够较为精确地实现市场定价。

(二) 我国信用债市场估值运用问题

与国际市场相比，我国信用债交易、内部风控及净值计算等各个环节较为依赖单一估值源，这不利于市场自主定价能力的提升，增加了市场的脆弱性。

在实践中，部分监管部门对估值机构的选择有相应规定，例如基金净值计算主要依据由中央国债登记结算公司和中证指数有限公司[①]第三方估值机构提供的价格数据；同时，监管部门、基础设施或自律组织将成交价格偏离第三方估值一定范围的交易判断为异常交易，并要求交易参与方进行报备、说明情况。这就导致在交易环节中，市场机构习惯以单一的第三方估值机构估值价格为锚开展交易，对于偏离估值较大的，机构还可能选择不交易以避免报备。在内部风控环节，市场机构普遍以是否偏离单一的第三方估值作为判断交易价格是否合理的主要标准。净值计算环节，主要使用中债估值或中证估值计算基金净值。

债券市场对单一估值的过度依赖使估值机构成为市场的实际定价方，不利于培育机构的独立定价能力，影响债券价格发现功能的发挥。主要表现在以下几个方面。

第一，在市场波动或发生风险事件时，市场机构可能被动"刹车"，单一估值源增加市场的脆弱性。资管产品作为信用债的主要持有方，在净值化管理背景下，当持仓债券出现风险或负面舆情，由于市场依赖单一估值，基金等机构因担心陷入"估值下调—净值下跌—集中赎回—净值继续下跌"的循环，易出现争相卖出的踩踏事件，加剧市场波动，甚至引发系统性风险。

第二，市场定价机制出现扭曲，降低债券市场资本配置效率。债券市场实现资源最优配置的核心因素是均衡时的市场定价，科学的定价机制在债券市场制度中发挥着根本性作用。市场过度依赖单一估值源，导致定价机制出现偏离，直接降低债券市

[①] 根据中国证券投资基金业协会2022年12月29日发布的《关于固定收益品种的估值处理标准》，将不再规定具体机构，而是通过行业专家评审机制确定第三方估值基准服务机构，目前包括中央国债登记结算公司、中证指数有限公司和中国外汇交易中心暨全国银行间同业拆借中心。

场的价格弹性与资本配置效率，进而影响一级市场承销、二级市场做市及衍生品定价等业务的有效性。

第三，市场观点及交易策略趋同，限制市场交易机会的产生，阻碍信用债流动性的提升。市场普遍反映第三方估值中的利率债估值相对公允，但信用债的第三方估值披露信息较少、估值方法缺乏透明度，难以预测或复现估值计算结果，不利于市场形成稳定预期。同时，由于长时间依赖单一估值源，机构自主定价与风险计量的基础较为薄弱，机构自主定价与风险计量的空间有限，市场定价缺乏多样性，限制了二级市场价格预期和风险偏好的差异性，不利于交易达成，进而对信用债流动性造成负面影响。

第四，单一的二级市场定价源难以为一级发行提供有益参考。现阶段市场机构主要依赖单一估值源，独立定价的动力和能力受限，二级市场定价主要参考第三方估值，如果二级市场估值与实际发行利率出现脱节，会对信用债一级发行造成负面影响。

（三）完善我国信用债估值运用的建议

国内信用债市场历史较短，在发展初期，单一估值源起到了一定积极作用，但随着信用债市场打破刚兑，市场对债券信用风险的定价有明显提升，建议审慎评估单一估值源的必要性，逐步推动估值源多元化，进一步有效发挥二级市场价格发现功能。

第一，转变监管理念，鼓励外部估值源适度竞争，回归估值功能本源。目前国内债券市场基础设施、评级机构、信息服务机构均提供相应估值，例如 Wind 资讯终端中债券详情页面提供了中债估值、中证估值、CFETS估值、上清所估值、YY估值等。竞争是市场经济的重要动力，建议提供公平竞争环境，培育多样化的机构提供估值服务，提高估值行业整体质量。同时，建议在监管层面取消直接指定估值源的做法，允许市场机构自主选择估值源，建立包括估值方法和信息披露要求等在内的第三方估值行业标准和监管框架，并强调市场机构尽职履责确认估值源的责任，激励第三方估值机构提高估值质量和透明度，目前上述政策将逐步在证券投资基金产品中落地实施。

第二，分层分类引导市场机构特别是做市商，强化内部独立定价能力。一些做市商通过自行研发搭建的电子交易系统，部分实现了收益率曲线构造和交易产品定价功能。在金融科技快速发展的背景下，建议做市机构开发内部估值定价系统，尤其是银行机构应按照《巴塞尔协议》的监管要求，尽快实施内评法中的高级法，减少对第三方估值机构的过度依赖，实现风险偏好的多样性和定价水平的提升。

第三，完善衍生品市场和对冲机制，同时加强非真实交易自律管理，促进市场定价机制有效形成。健全的风险对冲机制是市场准确定价的基础，如果对冲机制不完善，无法通过无风险对冲套利形成现货市场、衍生品市场价格联动和均衡，那么市场机构将难以实现有效估值定价。建议进一步发挥信用衍生品市场的作用，为实现风险定价打好基础。此外，债券定价估值易受非市场化交易行为的干扰，例如连续多日分拆交易、对倒交易、闭环交易等，可能导致定价估值出现偏差。为避免这种情况，建议加强对非真实交易的自律管理，提升定价估值的准确性。

四、投资者结构与信用风险分散分担

债券市场的包容性核心在于投资者的多样性。多元化的投资者可以有效满足不同的投融资需求，激发市场活力，提高市场流动性。同时，在市场波动时可以充分利用多种不同力量的对冲作用，避免市场出现极端情况。美国债券市场投资者类型丰富且结构均衡，这使其无论是流动性还是换手率在全球都首屈一指。同时，在2008年金融危机、2020年新冠肺炎疫情等极端情况下，美国债券市场虽然也发生了一致预期资产价格下跌后挤兑式赎回，加剧市场危机的情况，但多元化的投资者结构有效减轻了市场剧烈波动的"痛感"。

而国内债券市场的投资者总量虽然经过多年的发展已取得了长足进步，但整体来看投资者同质性强，高风险偏好、长期限的投资者群体缺失。单一的投资者结构，一方面影响二级市场流动性进而影响一级市场融资，另一方面在市场出现波动时易出现非理性踩踏行为，加剧市场震荡。因此，投资者结构对于一国债券市场的健康稳定运行具有深远影响。

（一）美国债券市场投资者结构与管理模式

1. 投资者结构呈现多元化特征

截至2021年末，美国债券市场的托管量为52.9万亿美元。其中，美国国债为22.6万亿美元，占比42.7%；公司债券为10.1万亿美元，占比19.1%；市政债为3万亿美元，占比5.7%。美国场外债券市场属于广泛的合格投资者市场，市场参与主体涵盖了几乎所有类型的机构投资者和部分高净值个人投资者。从整体持债结构来看，基金类集合投资者是美国债券市场的第一大投资主体，常年持债比例保持在30%以上；其次分别是家庭、政府及政府支持企业和保险机构，存款类机构持债比例只有10%~15%。

美国债券市场多元化的投资者结构，有效提高了市场的流动性和稳定性，并促进了高收益债市场蓬勃发展。虽然近年来美国国债的换手率一直处于下降的趋势，但相比其他市场而言，美国国债的换手率还是保持在较高的水平，经初步匡算，2021年美国国债换手率为7.46，而同期我国国债的换手率仅为1.87，差距较大。即使在金融危机使美国经济受到重创后，美国国债依然是外国投资者投资的重要金融资产，这与美国国债较好的流动性与安全性有关。同时，美国债券市场多元化的投资者结构也有利于快速熨平市场波动，成为市场的"减震器"。2022年，美国10年期国债从低点1.63%上行至高点4.25%，幅度超260BP，但由于投资者层次丰富，机构之间采取差异化策略、错位竞争，且养老金等传统意义上的"长钱"占比较高，市场情绪修复较快。此外，得益于多元化的投资者结构，美国成为全球高收益债市场发展最为成熟的国家，截至2022年底，根据彭博综合评级统计，美国高收益债存量规模约2.5万亿美元。

2. 投资者结构多元化的成因

美国债券市场投资者结构多元化的成因有多个方面。一是市场主导型的金融市场体系，促使债券市场投资者结构分散。1994年以前，美国长期实行单一银行制（又称单元银行制），禁止或限制银行跨州开设分支行，反对金融资源和权力向银行特别是大银行集中。利率市场化改革完成以后，随着商业银行在美国金融市场中的地位下降，美国金融市场体系逐步由银行主导型向市场主导型转变。具体表现为银行信贷等间接融资占比下降，而债券等直接融资占GDP的比重持续上升，商业银行资产在美国金融资产中的占比明显下降。二是市场化的投资者管理模式，各类型投资者入市便利。在美国，金融监管部门并不对投资者合格与否进行实质性判断，而是通过公布一些客观、清晰的量化指标来明确合格投资者的最低标准[①]，为市场机构自主判定交易对手提供参考。实践中，发行人、承销商、投资者等市场参与者自主判断交易对手是否属于合格机构投资者（QIB）。此外，全方位的投资者保护体系、健全的法律制度规范以及完善的风险对冲机制等因素也都有效促进了美国债券市场投资者结构的多元化。

（二）我国债券市场投资者结构现状

经过多年发展，我国债券市场投资者数量不断增加，投资者类型持续丰富。从投资者范围来看，银行间市场与交易所市场都既包括法人投资者，也包括非法人投资者，虽然"大公募"公司债也面向普通个人投资者，但个人投资者实际参与有限，两大市场在投资者范围上无显著差异。从投资者类型来看，除银行和自

---

① 例如，美国144A规则明确，只要满足以下条件之一就属于合格机构投资者：证券投资规模不少于1亿美元的机构投资者（其中银行类金融机构净资产不低于2 500万美元）；证券投资规模不少于1 000万美元的经纪交易商；以及为市场提供流动性的做市商等。

然人外，银行间债券市场和交易所市场的主要投资者类型基本一致，包括非银行类金融机构，非金融机构法人，公募基金、券商资管、基金专户等资管产品，以及境外机构等。截至2022年末，银行间债券市场投资者共约4.6万个，其中资管产品成员3.7万余个，法人机构成员3 400余个，境外机构成员5 100余个。交易所市场法人机构成员与银行间市场相当，资管产品成员约4.3万个。2022年末债务融资工具持有人结构如图6-3所示，公司债持有人结构如图6-4所示。

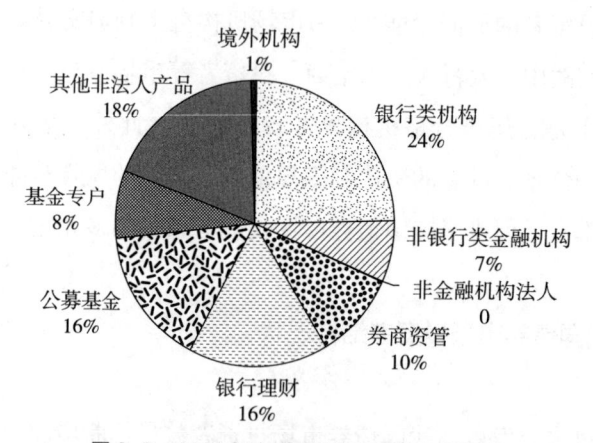

图6-3 2022年末债务融资工具持有人结构

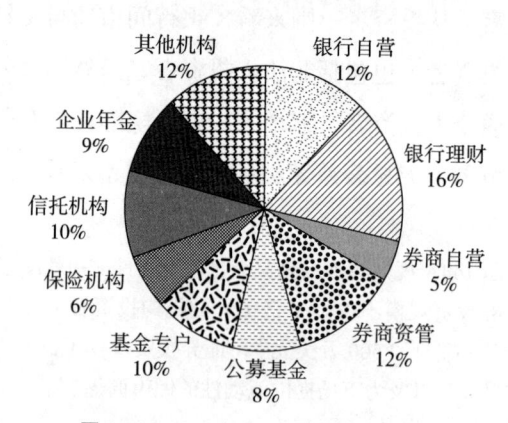

图6-4 2022年末公司债持有人结构

我国债券市场虽然投资者类型较为丰富，但结构并不均衡，已入市投资者同质性强，高风险偏好、长期限的投资者较为匮乏。事实上，在国内信用债的发展历程中，投资者多元化程度已有一定改观，主要表现为银行类投资者的持券占比逐步下降，而广义基金类投资者的持券占比逐渐提高。但主流投资者风险偏好仍较低，并且近年来随着监管趋严和违约增多，风险偏好持续下降。同时，银行间市场虽然早在2015年就出台了有关私募基金入市的制度，但实操层面还需基金业协会出具无异议函后方可备案，因此目前直接入市的私募基金数量十分有限，管理人仅40余家（产品300余个），大多只能通过券商资管、基金专户、信托计划等通道类产品间接参与。但通道类产品不仅收费较高，而且容易对实际投资人的债券投资业务产生牵制，导致相关投资交易策略难以快速实现。此外，养老金、企业年金等在发达债券市场扮演重要角色的机构投资者仍相对缺失，长期稳定的资金来源较少，市面上的高收益资管产品存续期以1~3年居多。

（三）投资者多元化不足带来的影响

我国债券市场投资者多元化的不足，无论是对二级市场还是一级市场都产生了不利影响。

第一，投资者多元化不足影响市场流动性，并影响高收益债的发行与交易。目前，中国债券市场的存量规模已超过21万亿美元，位居世界第二，但流动性与国际成熟市场仍有较大差距。同时，因债券市场投资侧和发行侧是相互推进的，高风险偏好投资者的不足也导致高收益债发行困难，在一定程度上加剧了中小发行人的融资困境。此外,单一的投资者结构也给高收益债合理估值、提升成交活跃度造成困难,投资者在被动持有高收益债时,难以在短期内快速找到交易对手。

第二,投资者风险偏好趋同造成市场波动下非理性踩踏,加剧市场脆弱性。债市下跌时期通常短于上涨或稳定时期。然而,在投资者投资策略趋同、市场缺乏应对大幅波动手段与能力的情况下,一旦市场快速下跌,交易情绪传导迅速,交易踩踏现象严重,易形成"羊群效应"。以2022年11月债券市场的波动为例,债券收益率上行导致银行理财净值下跌,投资者赎回或产品管理人预期投资者将赎回理财资金。为保障自身流动性,银行理财赎回其购买的公募基金,并卖出债券。公募基金面对赎回压力,亦卖出持仓。进而形成"债跌—产品净值跌—赎回—卖债—债跌"的循环。如有空方投资者,辅以成熟的对冲工具,市场波动带来交易机会,可更好地对抗波动性的放大。

第三,投资者结构的单一不利于债券市场功能的发挥,影响市场风险出清。债券市场的主要功能是直接融资和价格发现,而实现上述功能的核心在于投资者的多样性和市场的流动性。在多元化的投资者结构下,投资者可以利用不同的投资偏好对信用债券套利,促进信用风险定价功能的有效发挥。风险偏好趋同的投资者结构策略同质化程度高,不利于对违约债券等高风险债券合理定价,影响相关债券有效的价格发现,不利于信用风险的缓释出清和妥善化解。

（四）进一步优化投资者结构的建议

为进一步推动我国债券市场投资者结构多元化，更好地发挥投资者在信用风险分散分担方面的作用，主要对优化银行间市场的投资者结构提出如下建议。

第一，完善投资者准入管理模式，引入更多不同风险偏好的投资者。银行间市场过去的经验也表明，开放包容的制度安排可充分激发市场活力，建议将投资者合格性的判定从监管部门让渡给市场主体，提高入市效率，引入更多风险偏好不同的投资者。

第二，进一步加强市场分层，做好投资者适当性管理。从产品端来看，现阶段部分发行人的行业、资质、公司治理结构等存在显著区别，债券产品之间差异较大，投资风险不尽相同。从投资端来看，目前债券市场的主力投资者为资管产品，而资管产品的资金来源情况较为复杂，部分产品的终端客户涉及大量个人投资者。因此，资管产品的销售端和投资端应同向发力，一方面，在销售端做好投资者适当性管理，把合适的产品推荐给合适的客户，加强终端投资者保护；另一方面，在投资端选择与资管产品受众、自身风险承受能力相匹配的债券品种，避免投资风险错配。

第三，强化事中事后管理，引导投资者规范开展交易。完善投资者管理模式后，确保市场规范运行的重点在于明晰的制度规范和严格的管理。现行债券交易相关监管制度发布时间较早，与市场最新情况还存在不相适应之处；同时，随着资管产品逐渐成为债券市场最重要的投资群体以及信息服务新业态、新模式的突破性发展，亟须针对资管产品投资、交易及信息服务商提出专门的管理要求，建议监管部门和自律组织进一步完善相关制度规范。此外，对于已入市投资者，建议通过交易平台一线监测、自律组织调查检查、监管部门债券市场统一执法等方式，加大对于"不合格"投资者或内幕交易、利益输送等行为的处罚力度，建立交易投资的持续性管理以及退出机制。

第四，优化现券交易机制。在美国债券市场发展过程中，各类债券电子交易蓬勃发展，为市场参与者提供价格撮合和交易执行等服务、为债券市场的高流动性提供了有力支持。近年来，为满足不同类型投资者的债券交易需求，各类电子交易平台在传统的集中限价订单簿（CLOB）、电子询价（E-RFQ）和点击成交（CTT）模式的基础上，还创新发展出分时段匹配、荷兰式拍卖、隐藏订单和暗池交易等新兴交易模式，为高收益债、投资级公司债等流动性较差的信用类债券提供了高效的交易服务。建议优化国内债券市场现券交易机制，为多元化的投资者提供交易便利，进一步提高市场流动性。

（本章执笔人：董静、张毓、郭辉铭、胡世聪、杨飞）

第七章

发行人的主动债务管理措施

建立和完善多元化的主动债务管理机制，有利于企业降低融资成本、改善资产负债表、优化资本结构，特别是在面临外部环境或内部财务状况的变化时，企业能够迅速做出反应，最大限度地减少对财务状况的不利影响。目前在国内外债券市场，均形成了较为多样的主动债务管理工具，这些工具既可用于风险企业化解债务风险、缓解兑付压力，也可用于非风险企业调节债务结构、提高债务管理主动性。在国际成熟债券市场上，各种主动债务管理措施被众多企业作为一般的债务调节工具广泛使用。与之相比，我国的主动债务管理尚处于起步阶段，市场对其认识不够充分，相关实践案例较少，积累的经验尚不成熟。随着相关配套制度的不断完善，以及市场主动债务管理意识的不断提升，未来或将有更大的发展空间。

一、国际债券市场的主动债务管理经验

主动债务管理指发行人利用债务管理工具对债务规模、结构等进行主动管理的过程。在境外市场实践中，主动债务管理不局

限于拯救困境企业，也是发行人日常采用的资产负债管理工具。一方面，由于债券违约可能触发其他债券交叉违约或加速到期条款，在面临内外部不利变化时，发行人可以提前采用修改债券条款等债务管理措施来缓解到期压力，预防违约事件的发生；另一方面，发行人可通过债务管理达到优化资本结构、降低融资成本、满足监管要求等目的。因此，国际上通常认为，发行人主动实施债务管理表明企业财务规划明晰、发展前景良好，且愿意与投资者积极沟通、为投资者利益着想，是对投资者负责任的表现。

（一）国际债券市场常用的债务管理工具

国际债券市场通行的债务管理工具（Liability Management Toolkit）包括赎回、现金回购（包括公开市场回购和要约收购）、交换要约和同意征集。

赎回是债券发行文件中约定的条款，授予发行人在债券到期日之前赎回全部或部分债券的权利。赎回条款一般约定在债券发行几年后发行人才能赎回。

现金回购是指发行人或第三方主体以现金形式，向债券持有人购买债券。根据交易方式的不同，又分为公开市场回购和要约收购。其中公开市场回购是指通过二级市场直接向债券持有人购买债券，回购价格通常为当前二级市场交易价格或双方协议价格。要约收购是指通过公开要约的方式，以特定价格向债券持有人购买债券。要约收购由于是向持有人公开发送要约，通常能回购较大金额，而公开市场回购的金额一般较小，当回购债券规模达到一定比例时才需要进行披露。

交换要约（债券置换）是指发行人向债券持有人发出要约，将现有债券按一定比例置换为新债券。这实际上是一种灵活的留债选项，新债券的期限和票息等条款可发生改变。发行人通常向全体持有人发出债券置换要约，投资者根据自身需求和对发行人的风险评估选择是否接受交换要约。交换期结束后，接受交换要约的投资者按此前规定的置换比例获得新债券，不接受交换要约的投资者则持有原有债券并以原债券条款的到期日兑付。

此外，前章所介绍的同意征集机制在实践中通常与现金要约收购和交换要约相结合使用。

（二）各类债务管理工具的差异

在不同的市场环境和需求下，发行人可选择不同的债务管理工具来进行相应的债务管理，也可将不同的工具结合实施。除同意征集外，其他债务管理工具本质上都是发行人以现金或债券为对价买回存续期债券，但也存在一定差异（见表7-1）。

第一，操作时间和复杂程度不同。赎回因在债券条款中有事先约定，只需要发行人发布赎回公告，操作最为简单直接；公开市场回购是发行人与持有人一对一协商，有时需要发行人披露回购情况，每单回购的价格可能各不相同，操作时间和流程相对复杂；要约收购和交换要约是发行人向持有人公开发送要约，相关条款由发行人拟定，持有人需要在规定时间内做出是否接受要约的决定，交换要约一般还涉及新债的发行，操作时间最长，操作流程最为复杂。

第二，是否修改原债项要素不同。赎回、公开市场回购、要约收购只是对原债项部分或全部的购回，不涉及对原债项要素的修改。而多数交换要约可以看作一级市场发行和二级市场要约收购两种行为的组合，不仅涉及购回原债券，还涉及新发债券，且新发债项要素和原债项要素可以有所不同，可以实现对原债项要素的调整。

第三，交易对象和收购规模不同。赎回是发行人从特定债券全体持有人处赎回，一般是整只债券赎回；而在要约收购和交换要约中，发行人可设置一定的拟收购规模，或根据持有人是否在美国等因素[①]，选择与所有或部分债券的全体或部分持有人进行交易，实现收购或交换所有或部分债券的目的；公开市场回购可以与一只或多只债券的持有人进行交易，但由于比例限制，仅限发行人与小部分持有人之间的少量债券交易。

表7-1 各类债务管理工具的差异

名称	主要特征	交易对象	收购规模
赎回	以债券发行条款为依据	全体持有人	通常是整只债券
公开市场回购	一对一协商回购条款；以较低溢价回购	小部分持有人	小部分债券
要约收购	公开发送要约	全体或部分持有人	所有或部分债券
交换要约	以新发债券交换存续期债券	全体或部分持有人	所有或部分债券
同意征集	旨在修改债券条款或寻求特定事项的豁免	全体持有人	整只债券

① 发行人可能会为规避适用美国法律而不向美国持有人发出要约。

（三）债务管理工具的选择

总体来看，选择何种债务管理工具，主要取决于发行人的交易目的和交易成本。

交易目的主要包括以下两个方面。一是优化财务管理指标。在利率上行、债券价格下降时，发行人可通过赎回、要约收购或公开市场回购来降杠杆，获得财务收益。若发行人是上市公司，其每股收益（EPS）还可以增加。在利率下行、债券价格上升时，发行人则可以较低成本发行新债来交换存量债券，减少利息支出。二是更改债券条款。发行人可通过要约交换、同意征集或两者相结合的方式来修改债券条款中的限制性承诺，获得经营或融资方面的灵活性（投资者保护条款一般会限制发行人从事并购、出售重大资产、对外提供担保、股息分配等可能影响投资者利益的行为），也可通过修改条款延长到期日，缓解还款和流动性压力，避免暂时性的财务困难触发交叉违约甚至导致破产。

交易成本主要包括财务成本与合规成本。财务成本关乎发行人的现金流状况。赎回、要约收购和公开市场回购都要求具备充裕的现金流，故不满足条件的发行人只能考虑其他方式。合规成本主要涉及发行人所在地法律、持有人所在地法律、债券上市地规则等多项法律法规。发行人通常更青睐流程简单、受限较少的债务管理方式，如在交换要约时尽量非公开发行新债，或是为规避复杂的美国法律而仅通过欧清银行、明讯银行向美国以外的持有人发送要约。此外，在纽约法下债务重组需要债券全体持有人同意，为了降低重组难度，通常会通过其他方式实现多数人同意重组，例如先在开曼群岛或中国香港法庭进行重组，再经过纽约法庭的认定。

(四) 美国证交会对债务管理工具使用的监管要求

美国法律法规对债务管理工具的使用设置了较为严格的要求（见表7-2），通过规范信息披露要求、赋予持有人充分的决策空间、规定禁止与限制性行为等方式，保护投资者的合法权益，提升市场透明度，维护市场公平。但考虑到部分发行人债务管理的频繁性和复杂性，美国证交会发布了数十个典型判例，给予主动债务管理一定的灵活性和便利性。

表7-2 美国涉及主动债务管理相关的法律法规

	法律规则	赎回	要约收购	公开市场回购	交换要约	同意征集
债券交易	《1934年证券交易法》14(e)规则（反欺诈条款）：不以主观故意为构成要件		√		√	
	Regulation 14E（14E规则）		√		√	
	《1934年证券交易法》第10(b)条和10b-5规则（反欺诈条款）：以主观故意为构成要件	√	√	√	√	
	Regulation FD（FD规则，防止内幕交易条款）			√		
	Regulation M（M规则，防止价格操纵条款）	√			√	
	FINRA相关自律管理规则				公募适用	
	债券上市地规则	√	√	√	√	

续表

法律规则		赎回	要约收购	公开市场回购	交换要约	同意征集
债券发行	144A 规则或 S 规则				私募适用	
	《1933 年证券法》第 3（a）(9) 条				私募适用	
	《1933 年证券法》第 5 条、第 11 条				公募适用	
	《1939 年信托契约法》				√	√
其他	美国证交会无异议函（SEC No-action Relief）		√	√	√	√

1. 规范信息披露要求

美国法律法规通过一系列的信息披露要求（见表 7-3）和禁止性条款，防范发行人、持有人等相关方利用相关信息进行内幕交易。例如，禁止发行人和持有人在要约收购或交换要约中存在虚假陈述、遗漏、欺诈性和误导性行为；要求发行人及时披露要约条款和延长要约开放期等相关事项；要求发行人在债务管理前主动披露已知晓的重大非公开信息等。

表 7-3 美国法律法规对债务管理的信息披露要求

核心要求	具体条款规定
禁止发行人和持有人在要约收购或交换要约中存在虚假陈述、遗漏、欺诈性和误导性行为	根据《1934 年证券交易法》14（e）规则的规定，发行人须在要约发出 10 个工作日内披露其对投标持有人的态度，包括拒绝、接受、态度中立或暂无法表明立场

续表

核心要求	具体条款规定
要求发行人及时披露要约条款和延长要约开放期等要约相关的事项	Regulation 14E 规定，发行人应在要约开放期结束次日披露延期情况，部分报告企业（Reporting Company）应提交 8-K 表。对于上市债券，发行人还应按照港交所等海外交易所要求，通过交易所网站和彭博发布公告
要求发行人和持有人在债务管理前主动披露已知晓但未公布的收入、企业合并、潜在评级变动等重大非公开信息	根据《1934 年证券交易法》第 10（b）条和 10b-5 规则的规定，债务管理相关的重大非公开信息一般包括以下四类。一是与债务管理相关的信息，如发行人的并购计划。若发行人拥有此类非公开的价格敏感信息，则应在债务管理前公开披露。二是债务管理本身对发行人的财务状况具有重大影响。发行人应在发起要约之日或之前就有关重大事实以及预期影响进行公开披露。三是发行人的债务管理计划对于债券市场具有重大影响。发行人推迟公布其计划通常是合法合理的，但必须对计划保密，并确保向任何人的披露只出于合法目的。四是发行人收购一定数量的债券对剩余债券可能会构成价格敏感性信息，因为剩余债券流动性的降低可能会对投资决策具有决定性影响
禁止内幕交易	根据 Regulation FD 的规定，发行人或有关中介机构不得向专业人士或特定投资者主动透露重大非公开信息，使其据此从事相关交易
与要约交换相关的公开注册发行信息披露规则	《1933 年证券法》第 5 条、第 11 条分别规定了要约交换的注册要件、发行人与中介机构的信息披露责任。关于金融中介机构费用，根据 FINRA 5110 规则的要求，在经注册的交换要约中，交易商须向 FINRA 提交备案材料，确保发行过程中相关金融中介机构的费用是公平的

若发行人的债券在美国以外上市，还会受到上市地相关法律

的约束。例如，发行人的债券在欧盟监管市场（如伦敦证券交易所）或多边交易平台（如爱尔兰交易所全球交易市场）上市的，其债务管理行为受欧盟市场滥用指令（MAR）的约束。MAR类似于美国的FD规则，要求发行人披露非公开重大信息，维护内幕人员名单，不得操纵市场价格，不得实施欺诈性行为，即使卸任管理层的人员也应承担交易管理责任。该指令的适用范围非常广泛：第一，即使未经发行人同意而在多边交易机构进行交易，仍必须遵守其规定；第二，对于存在多期存量债券的发行人而言，若其对任何一期债券采取的债务管理行为（即使要约收购对象是在欧洲以外市场交易的债券）可能会影响另一期债券价格，也会触发该指令。

此外，发行人还应按上市地交易所要求披露信息。例如，新加坡交易所要求：一是当债券本金总额的每5%（基于首次上市时的本金计算）被收购并注销时，发行人应立即公告；二是披露任何可能对其债券的价格、价值或对投资者投资决策有重大影响的信息；三是如果发行人股票在新交所上市，则其在公布定期财务报表前的多个期间内不得发起或进行要约收购或公开市场回购。

2. 禁止发行人对持有人施压

美国法律法规主要通过两种方式禁止发行人对持有人施压。一是对要约收购和交换要约的开放期、延长期限设置了最低限制。根据14E规则，要约开放期应持续至少20个工作日。如更改收购规模（变动超过2%）、收购价格或中介费，则应延长至少10个工作日；如更改其他事项，则应延长至少5个工作日。二是对以公开市场回购名义从事要约收购的行为（Creeping Tender Offer），包括有意缩短要约开放期、固定收购的前提条件、制定格式化条款等，法院将其认定为要约收购并要求发行人遵守要约收购的所有规则。

3. 规定禁止与限制性行为

美国法律法规通过一系列禁止与限制性规定，防止价格操纵、擅自修改债券核心条款等影响投资者权益的行为。具体包括以下几个方面。

一是防止价格操纵。包括禁止发行人及关联方在要约开放期购买相关债券，禁止发行人在没有债务管理意愿的情况下编造债务管理计划，禁止高收益债发行人在限制期内自行或诱劝他人购买相关债券，等等[①]。

二是防止拖延要约流程。要求发行人在要约收购或交换要约的开放期结束后立即支付回购款。

三是对通过同意征集修改债券核心条款提出更高要求。与普通条款的修改相比，对持有人权利和义务有实质性影响、使其投资性质和投资风险发生根本性变化[②]的债券条款，如降低利率、延长到期日等，需要更高比例的持有人通过，否则可能被美国证

---

① 美国证交会认为高收益债市场流动性更差，价格更易被操纵，因此制定了M规则以规范高收益债发行和交易。
② 对于何为"根本性变化"，根据美国证交会以往监管实践中所体现的态度，可以得出一个原则性的结论：需要持有人一致同意或绝大多数同意（90%或95%）才能完成的契约修改，会被认为是对债券持有人的投资产生了根本性变化。

交会和法院认定此类同意征集构成新债发行。

四是禁止未经持有人许可而修改条款剥夺其经济利益。根据美国信托契约法第316（b）条的规定，需要经持有人许可修改的条款通常包括但不限于：改变债券的到期日；降低债券的本金或利率；改变债券的货币种类；降低为同意某项修改或豁免，债券持有人必须合计达到的债券本金持有额门槛；损害债券持有人在相关到期日当天或之后对任何付款提起强制执行的诉讼的权利；解除任何担保人对债券的担保义务；等等。

4. 为发行人提供交易的灵活性和便利性

针对存在集团并购重组等复杂交易或者同时使用多种债务管理工具等特殊需求的发行人，美国证交会发布了数十个典型判例，给予相关发行人一定灵活性，同时后续相同性质的案例也可以援引沿用，提高了主动债务管理的效率。

例如，允许投资级债券发行人使用更有弹性的定价方式。考虑到要约开放期太长会给发行人带来利率风险，美国证交会允许投资级债券发行人采用更加灵活的定价方式确定回购价格，例如发出要约时只确定利率区间，待收到持有人的要约承诺后再确定价格，类似国内的簿记建档。但对于高收益债券市场而言，为防止可能存在的价格操纵行为，美国证交会要求高收益债发行人必须以事先确定的固定价格来收购。

又如，便利集团企业的重组、并购、企业拆分等复杂交易。根据美国《1933年证券法》第3（a）（9）条发行新债并置换的交换要约必须由同一发行人发出，且不以现金支付对价。但美国证交会曾发布豁免判例，一是允许将子公司发行的债券交换成母公司发行的债券,前提是子公司是为了融资目的而设立,且本债券由母公司担保;二是允许将母公司发行的新债交换成存量旧债,前提是由全资子公司提供担保;三是允许由发行人关联方来支付现金和现金等价物。此外,美国证交会还准许企业同时发出回购要约、交换要约和同意征集,并且约定参与要约收购和交换要约的前提条件都是同意修改信托契约条款。

再如,允许设置简易要约收购程序。简易要约收购大大缩短了要约收购流程[①],且任何信用等级的债券都可适用。考虑到简易要约收购受规则约束很多,如必须接受所有要约承诺、不得同时回购多系列债券、不得与同意征集相结合、不得与其他重组交易有关联或在时间上接近等。实践中,部分投资级债券发行人并不会选择走简易程序,简易要约收购机制在高收益债市场应用较多。

(五)主动债务管理的配套安排

主动债务管理运行机制的内在逻辑在于:在尊重市场化交易安排、充分发挥相关方作用的基础上,确保债务管理的规范化。为此,发行人可根据实际需要聘请专业机构协助设计并推进具体债务管理方案,可设计激励机制提高持有人参与度,提高实施效率。具体包括以下配套安排。

---

① 简易要约收购的开放期仅为5个工作日。如更改收购对价金额,应延长要约期5个工作日;如更改其他事项,应延长要约期3个工作日。

1. 聘请专业机构协助开展主动债务管理

考虑到承销商、受托管理人等专业机构对债券持有人情况和债券条款较为熟悉，境外发行人在进行现金回购或交换要约时，一般会聘请相关专业机构来协助，并根据交易的复杂程度，授予专业机构不同的角色（见表7-4）。根据角色不同，专业机构主要可分为顾问、代理人、当事人、交易商和专业信息服务商等。

第一，顾问仅提供咨询服务并获得固定报酬。

第二，代理人类似债券交易中的经纪商，受发行人委托进行交易。

第三，当事人直接参与交易，即先从持有人手中购买债券再出售给发行人。

第四，交易商兼任顾问、代理人和当事人的职责，还包括开展尽职调查、制定债务管理方案、与持有人沟通、对接监管机构、做好信息披露等，并可获得与实际收购债券规模挂钩的费用作为激励[①]。

第五，专业信息服务商是为发行人提供持有人身份识别的相关服务，包括确定托管人和债券持有人所在地、确定债券持有人以及其主要决策人员的名单等。由于部分债券持有人为二级托管的产品户，难以了解真实的持有人情况，为了便于决策，一些发行人会聘请此类专业机构协助其了解持有人情况。

---

① 美国《1933年证券法》第3（a）（9）条项下的交换要约除外，法律规定发行人不得有偿请第三方机构向持有人推销要约，主承销商只能承担行政性事务并收取固定数额的咨询费。

表7-4 专业机构在主动债务管理中的职责和相关要求

债务管理工具	专业机构的角色	要求发行人提供的材料
公开市场回购	通常担任代理或当事人	通常无特殊要求
要约收购	通常担任顾问	交易商在签订协议时可能会要求发行人提供法律意见书、合格投资者证明等
	在要约收购与同意征集相结合，或发行人拟回购所有债券时担任交易商	
交换要约	通常在非公开交换要约中担任顾问或交易商	交易商在签订协议时可能会要求发行人提供安慰函、法律意见书、负面保证书等
	通常在经注册的交换要约中担任顾问或交易商，但交易商应遵守债券注册前和发行前与投资者沟通的相关规定，不得私自泄露信息或有选择性地披露信息	

2. 通过多种方式激励持有人参与

虽然同意征集等决议流程由发行人与受托管理人自行约定，但也受相关法律约束。如美国信托契约法规定，发行人未经持有人同意不可修改债券本金、利息、到期日等与其经济利益相关的条款。而实践中获得持有人一致同意较为困难。为此，境外市场的发行人通常会设计多种激励措施吸引持有人积极参与到主动债务管理中，常见的措施有将交换要约与同意征集相结合、发行新债与要约收购相结合以及支付同意费等。

一是将交换要约和同意征集相结合。持有人接受交换要约被视为同意对旧债券条款的修改[①]。发行人还可以通过退出同意的

---

① 若要求持有人接受交换要约同时被视为同意（简称"退出同意"）对旧债券新增赎回权条款，可产生强制挤出效应，从全体持有人处赎回所有债券。考虑到强制挤出可能会影响投融资双方的关系，企业从商业角度出发很少采用此方式。

方式删除现有债券的投资者保护条款，以此降低旧债券的吸引力，从而促使持有人参与交换要约。

二是将发行新债与要约收购相结合。发行人还可以将发行新债与要约收购相结合，以发债募集资金来收购债券，并向参加要约收购的持有人提供新债券的优先配发权，一方面有助于加速交易进程（将要约收购和债券发行安排在同一天）以减少市场波动风险，另一方面也可提升持有人参与的积极性。

三是给予持有人一定的交易保障或物质激励。这是境外市场最常见的做法，可以吸引持有人参与债务管理。如发行人可在要约收购中设置特别条款，确保率先同意出售债券的持有人获得中标机会。又如为确保通过同意征集中的特别议案，部分发行人会向在规定日期前投赞成票的持有人支付现金或其他形式的对价作为同意费。若议案未通过，则发行人可选择延长征集期限，并通过提高同意费率等更"温和"的方式来增强同意征集对债券持有人的吸引力。此外，发行人还可能设计"早鸟"同意费，在征集早期向率先提交有效同意票的持有人支付更高费用。

二、我国债券市场置换实践

2019年人民银行、发改委和证监会发布《关于公司信用类债券违约处置有关事宜的通知》，提出"发行人与债券持有人双方可在平等协商、自愿的基础上通过债券置换、展期等方式进行债务重组"。随后我国债券市场沿着"试点先行、制度跟进"的思路开始探索债券置换。2020年银行间市场和交易所市场先后推出了试点项目。随后上交所和深交所分别发布《关于开展公司债券置换业务有关事项的通知》，交易商协会发布《银行间债券市场非金融企业债务融资工具置换业务指引（试行）》（以下简称《置换业务指引》）。尽管债券置换在境外债券市场的应用已经相当广泛，但国内债券市场置换业务的广泛应用尚需时日。目前主要是流动性困难的风险企业使用，市场对置换这一业务认知还不充分，存在较多顾虑。

（一）债券置换的项目试点及主要特点

2020年3月，银行间市场推动了首单置换项目北京桑德环境工程有限公司（以下简称桑德工程）的实施落地。桑德工程对"17桑德工程MTN001"的持有者发出置换要约，最终5亿元债券中有4亿元债券的投资者选择置换为新债券，置换比例为80%，成为境内债券市场首单成功落地的置换项目。随后，深交所和上交所也开展了债券置换的实践，分别对"17华昌01"和"17瓦房02"的持有人开展了债券置换业务。

1. 银行间首单试点项目介绍

银行间市场债券置换业务首单试点项目为2020年桑德工程的债券置换项目"20桑德工程EN001"。桑德工程为北京市民营企业，主营污水处理、自来水等业务，项目涵盖北京、湖北、湖南等多个省市，公司实际控制人为自然人文某。近年来，公司大力拓展PPP（政府和社会资本合作模式）项目，项目回款周期较长，短贷长投问题严重，导致公司资金链紧张。

2020年3月2日，桑德工程向"17桑德工程MTN001"全体持有人发起置换要约。最终在要约期限截止日，14家债券持有人中有11家参与置换，按照1∶1将旧债券置换为新债券，置换金额合计4亿元，占发行金额的80%。置换后的新券"20桑德工程EN001"期限为1年，设置了分期还本付息安排（2020年6月6日偿还20%本金及相应利息，2020年9月6日偿还30%本金及相应利息，行权日按照投资者的回售申请偿还相应本金及利息，剩余未回售部分债券本金及利息于2021年3月6日一次性兑付）。新券票面利率提高50BP至7%，并附投资者回售选择权。

2020年3月6日，旧券"17桑德工程MTN001"剩余1亿元存续规模到期，桑德工程未能足额兑付。经过置换安排，企业降低了实际违约规模，有利于其缓解流动性压力。不过，由于企业后期经营愈加困难，最终"20桑德工程EN001"还是出现了违约。

2. 交易所试点项目介绍

深交所首单试点项目为2020年湖北华昌达智能装备股份有限公司（以下简称华昌达股份）的债券置换项目"20华昌置"。2020年3月17日，华昌达股份对"17华昌01"开展置换要约，共两家持有人参与置换，置换金额占比为64.85%。置换债券"20华昌置"期限为1年，票面利率与"17华昌01"保持一致，均为8.5%，并由原担保方深圳高新投集团有限公司继续履行担保责任。2020年3月23日，华昌达股份按期兑付"17华昌01"全部利息的支付及剩余未接受置换要约的债券本金。置换的新债"20华昌置"也于2021年3月23日按期兑付。

上交所首单试点项目为2020年的瓦房店沿海项目开发有限公司（以下简称瓦房店开发）的债券置换项目"20瓦房02"。瓦房店开发为辽宁省大连市下辖的区县级城投企业。瓦房店开发于2020年4月8日非公开发行公司债券，按照1：1置换2020年4月13日到期的"17瓦房02"，置换比例为100%。新券"20瓦房02"期限为5年（附第3年末的投资者回售选择权），票面利率由6.8%上升为7.5%。置换的新债"20瓦房02"已于2021年1月27日全部提前兑付。

此外，苏宁电器集团有限公司在2021年1月26日也完成了一笔债券置换，发行"21苏电01"用于置换2021年2月2日到期的"16苏宁01"，最终置换金额28.5亿元，置换比例73.22%，剩余未置换部分按期兑付。

3. 试点项目主要特点

第一，试点项目发行人均为存在一定风险的企业。这与早期置换以完善债券风险处置机制、化解债券风险为主要目的有关。以桑德工程为例，早在2019年该企业就已经暴露债务风险，经营和财务状况持续恶化，资金链持续收紧，在置换之前已经有其他债券展期。交易所的试点企业华昌达股份和瓦房店开发也属于典型的弱资质民营和城投企业，缺乏其他融资渠道，流动性较为紧张。

第二，置换方案结构设计较简单。从境外经验看，债券置换通常与现金要约回购、部分兑付、展期等方式结合开展，为发行人提供一揽子债务重组方案，也有"置换+新发"方式结合，满足企业多样化的融资需求。在桑德工程的案例中，发行人和交易管理人曾设计了"置换＋展期"组合处置方案，但因未能与投资者达成一致而无法实施。交易所两单试点也是按照1∶1进行置换，无额外发行。此外，试点项目均只涉及单笔债券的置换，不涉及多期债券的组合。

第三，置换前期准备较充分。试点项目发行人在置换要约开始前，已完成新债券注册或已有发债额度，并已确定新债券的期限、利率、增信措施等基本要素。这都为置换的顺利进行奠定了良好基础。

（二）国内债券置换有关制度比较分析

目前，银行间市场和交易所市场均建立了债券置换的基本制度规则。下面分别从债券置换定义、置换方式、信息披露、操作流程等方面，对银行间市场和交易所市场的置换规则进行比较分析（见表7-5）。

表7-5 银行间市场和交易所市场关于债券置换的规则比较

核心条款	银行间债券市场非金融企业债务融资工具	交易所公司债券
主要规则	《银行间债券市场非金融企业债务融资工具置换业务指引（试行）》《银行间市场清算所股份有限公司置换业务操作须知》	《上海证券交易所关于开展公司债券置换业务有关事项的通知》《深圳证券交易所关于开展公司债置换业务有关事项的通知》

续表

核心条款	银行间债券市场非金融企业债务融资工具	交易所公司债券
置换定义	本指引所称置换，是指非金融企业发行债务融资工具用于以非现金方式交换其他存续债务融资工具（以下统称"置换标的"）的行为	本通知所称公司债券置换业务是指公司债券发行人发行公司债券置换本所上市或挂牌的公司债券，对现有债券进行主动管理，优化债务期限结构和财务成本的行为
置换方式	企业开展置换业务应向置换标的全体持有人（以下简称持有人）发出置换要约，持有人可以将其持有的全部或部分置换标的份额参与置换	发行人开展债券置换业务应当采用要约方式，以公告形式向标的债券全部持有人发出要约，并明确置换方案
信息披露	• 企业启动置换应披露置换公告，置换公告中应至少包括置换标的及拟发行债务融资工具的基本信息、置换背景、置换时间安排及操作流程、配售机制、要约的发送方式、持有人申报方式、联系人信息及对置换标的是否具有其他主动债务管理计划等 • 前款所称置换公告仅为市场知悉目的，不构成置换要约本身 • 企业应在置换公告披露之日同步披露置换要约文件。前款所称置换要约文件包括募集说明书或定向发行协议、法律意见书等发行文件以及要约回执	发行人应当在债券置换要约起始日前披露本次债券置换目的、标的债券、要约对象、置换比例、置换债券已获注册或确认情况、置换债券基本要素、要约期限、标的债券持有人申报方式、申报撤销条件、超额认购后的配售安排、置换后标的债券注销安排、置换债券的上市/转让安排等相关信息
置换要约期限	置换要约期原则上不得少于5个工作日，且不得超过10个工作日。债务融资工具置换要约期起始日应晚于置换公告日	无明确规定，发行人可视商业安排确定

续表

核心条款	银行间债券市场非金融企业债务融资工具	交易所公司债券
置换结果披露	企业应于置换标的锁定日后2个工作日内披露要约结果	发行人应当在债券置换期限届满后2个交易日内披露结果公告。标的债券受托管理人应当在前述期限内披露受托管理事务临时报告
专业机构职责	企业开展置换业务，应指定主承销商等专业机构履行以下置换管理职责：一是协助企业披露置换要约文件；二是收集要约回执、计算配售数额、核对并统计要约结果；三是根据企业或持有人的委托，申请办理相关债务融资工具的锁定、解除锁定、登记及注销等手续，并妥善保管相关原件材料；四是承销协议等约定的其他内容；五是交易商协会相关自律规则规定的其他职责	发行人应当及时通知标的债券受托管理人债券置换事宜，受托管理人应当在知悉相关事宜后2个交易日内披露受托管理事务临时报告，向标的债券持有人提示相关事项
特别注册	• 企业因债务融资工具风险处置需要，拟通过置换业务进行债务重组的，可申请按照定向协议方式在交易商协会进行特别注册 • 特别注册按照定向发行注册流程开展核对工作，可豁免提交注册会议评议，充分尊重发行人与投资者双方协议约定	发行人申请发行置换债券并在本所上市交易或挂牌转让的，应当符合《公司债券管理办法》《公司债券上市规则》《挂牌转让规则》及公司债券发行等相关规则要求

通过比较，我们发现两个市场的置换规则有以下共同点。

第一，均强调充分的信息披露。从公平对待全体投资人的角度出发，债券置换必须以公告形式向标的债券全部持有人发出要约，同时发行人需履行充分的信息披露义务。两个市场的规则均规定了各阶段应披露文件的种类、披露内容和披露方式，实际操作流程也相似。

第二，整体置换流程均较为简单，不涉及多期债券置换等复杂情景。发行人对存续的某只债券持有人发出要约，以新的条款构成的"新债"，交换持有人手中的"旧债"，在整个过程中不涉及现金交易，而持有人可以选择接受或者拒绝要约。选择接受要约的持有人将得到"新债"，原来的"旧债"相应份额会被注销；拒绝的持有人也不会有任何损失，将继续持有"旧债"。这不同于国际上多期债券同时置换、置换与新发等其他方式组合的操作。

第三，均明确置换不仅适用于风险及违约企业，也适用于一般企业。这给置换业务的发展提供了广阔的空间。交易所市场的通知明确置换是对现有债券进行主动管理，优化债务期限结构和财务成本的行为。银行间市场的规则针对违约企业设置了特别注册的安排，将风险企业和一般企业的置换区别开来，有利于提高置换的效率。

与债务融资工具试点项目不同，《置换业务指引》不单独设立置换票据品种，企业根据需要选择发行中期票据（MTN）、短期融资券（CP）、超短期融资券（SCP）或非公开定向债务融资工具（PPN）用于置换。此外，《置换业务指引》还构建了特别注册程序，对风险及违约企业的注册文件、评议流程等注册事宜予以特殊安排。同时，为防范信用风险外溢，规定经特别注册的债务融资工具应以定向协议的方式置换和流通。对尚未正式违约但已暴露较大偿付风险的企业，亦不限制其通过特别注册的方式开展置换业务。

综上，两个市场的规则均将债券置换视为常规的债务管理工具，这可以给予产品最大的灵活运用空间和发展潜力。作为一种常规而普适的主动债务管理工具，发行人可以根据自身情况和诉求，精准体现其在债务重组、流动性管理或者改善财务报表方面的效果。同时，不限定其功能或适用场景也有利于避免市场或持有人对使用这种产品的发行人产生先入为主的偏见，影响产品后续发展。未来，随着相关配套制度的不断完善，以及市场各方风险管理意识的改变，债券置换业务或将加快发展。

（三）我国债券市场置换的问题

受疫情及国内外宏观经济持续下行的影响，部分企业经营和融资难度上升，公司信用债集中到期风险积聚，发行人对于债券存续期间开展债务管理的需求凸显。但是在 2020 年境内债券市场通过几单试点项目进行初步探索后，债券置换的进一步实践却较少。究其原因较为复杂，市场对置换这一业务认知尚不成熟，发行人与中介机构各有顾虑，这是目前我国债券置换业务推进相对缓慢的重要原因。

一方面，国内市场置换业务刚起步，市场成员尚未建立主动债务管理意识，部分优质企业担心开展主动债务管理带来负面影响。目前国内债券置换尚处于尝试期，已有少数案例中的发行人均为存在一定偿付风险的企业，导致置换业务或多或少向市场传递了企业经营不善、流动性短缺的信号，因此自身经营良好的企业不愿轻易尝试。

另一方面，部分存在一定风险的企业开展主动债务管理，中介机构参与债务管理的意愿不强。随着违约债券中介机构涉诉情况的出现，中介机构对发行人的态度较为审慎。因此，部分存在一定风险的企业试图通过置换等方式提前平缓偿付压力、化解信用风险，但缺乏中介机构配合参与。

三、我国债券市场回购实践

在国际市场，现金要约收购和二级市场收购均为发行人回购存续债券的常用方式。在我国债券市场，两种主动债务管理工具均已有试点实践。要约收购已通过监管机构问答和通知的方式进行了一定程度的规范。

（一）现金要约收购

2019年12月，交易所发布《公司债券发行人债券购回业务监管问答》（以下简称《债券购回监管问答》）。2020年10月，交易商协会发布《关于试行非金融企业债务融资工具现金要约收购业务的通知》（中市协发〔2020〕139号），正式在银行间债券市场推出现金要约收购业务，引入以发行人信息披露为核心、以持有人自愿参与为基础、辅以第三方专业机构服务的核心机制，对信息披露、业务流程、禁止性事项等进行了明确。现金要约收购可满足企业管理负债、降低融资成本、提振市场信心等需求，同时可作为处于经营困境的企业债务重组的工具，助力其克服短期流动性困难。

1. 银行间市场现金要约收购实践特点

银行间市场的现金要约收购，在参考国际经验基础上，根据国内实际，尽量在投资者保护与发行人便利之间取得平衡。一是给予发行人更高的收购自由度，收购净价不低于每百元面值标的债券剩余本金时，允许发行人自由选择所收购债券；二是设计集体行动安排机制，在发行文件未明确约定现金要约收购安排，或收购净价低于每百元面值标的债券剩余本金时，通过集体行动机制进一步保护投资者；三是发挥专业机构作用，发行人指定专业机构承担交易管理职责；四是限制结构化发行债券的要约收购，明确发行人不得收购自身变相持有的债券。

截至 2022 年 11 月底，银行间市场共完成要约收购 43 单，有 27 家发行人企业发起收购，涉及北京、上海、天津等 15 个省（市），19 家金融机构承担交易管理职责，超过 500 家（次）投资人参与收购，实现投资人与发行人共赢，助力优化了地方金融生态和信用环境。

平价或溢价收购、全额或部分收购，多种收购模式均试行落地，发行人根据自身收购目的、资金安排，实现灵活选择。已完成的项目中，从收购价格来看，65% 为平价收购，35% 为溢价收购，其中溢价收购项目多是在净价基础上额外增加了几个月的利息，以提高收购吸引力；从收购规模来看，79% 计划全额收购，即计划收购标的债券的所有存续余额，21% 计划部分收购，如果发行人申报规模超出计划收购规模，则按比例分配。

2. 银行间市场现金要约收购实践案例

"16 郑新发展 PPN001" 作为银行间首单现金要约收购项目落地。2020 年 11 月，河南省新郑市的城建行业国企，新郑新区发展投资公司对"16 郑新发展 PPN001"开展现金要约收购，于

2020年12月4日完成收购。此次现金要约收购在满足发行人债务管理需求的同时，还有利于建立良好的地方金融生态环境和信用环境，主要特点有三个。一是溢价收购。收购净价高于标的债券每百元面值剩余本金，为持有人提供了有吸引力的退出渠道。二是全额收购。所有持有人均接受了要约，标的债券全部存续余额均被收购并注销。三是嵌入持有人决议机制。以持有人会议的形式为持有人提供集体行动安排，发行人披露要约公告后，要约起始日前，召集持有人会议，对是否同意此次收购征询持有人集体意见，并无持有人反对此次收购。

山东宏桥是合理运用要约收购重获市场信心的典型案例。山东宏桥作为山东省最大的民营企业之一，因行业及企业性质，一度在二级市场认可度较低。2021年2月至5月，山东宏桥陆续收购了其存续的8只债券，均为平价收购。此举显著提升了投资者信心，在2021年11月，山东宏桥成功在银行间市场再融资，发行期限为1年的短期融资券，票面利率3.98%。

3. 现金要约收购现状与问题

目前，银行间市场尚无折价收购实践。在国际市场，要约收购多用于正常经营企业的主动债务管理，显著折价的收购较为少见，据了解中国香港市场折价收购占比不足一成。标普、惠誉等评级机构均会将显著折价的现金要约收购视为违约，将发行人信用评级降至SD（选择性违约）或RD（限制性违约）。在交易所市场，未名集团、苏宁集团、鹏博士等进行了折价收购实践，其中，鹏博士因折价收购等原因，被联合资信将其信用等级由A下调至BBB。在银行间市场，平价收购与溢价收购的情况已较为常见，然而尽管规则上无限制，但目前尚无折价收购项目实践。究其原因，一方面，要约收购信息披露充分，折价收购易释放对发行人企业不利的信号，发行人较为谨慎；另一方面，要约收购通常需较大规模收购，对资金要求较高，而处于困境的企业现金流较为紧张。

此外，置换与其他主动债务管理工具的结合尚待探索。我国债券市场现金要约收购出现时间尚短，业务相对独立，置换与要约收购、新发债券同步开展的模式尚未实践。

（二）二级市场收购

我国股票收购开展较早，有着较为成熟的规则，但对于债券的二级市场收购暂无明确规定。交易所市场参照股票回购的做法，明确债券发行人的股东等关联方可购买相关债券，银行间市场近年来也开始探索二级市场收购。

2022年11月，人民银行和银保监会联合发布的《关于做好当前金融支持房地产市场平稳健康发展工作的通知》（银发〔2022〕254号）中明确"支持债券发行人在境内外市场回购债券"。当月，绿城集团发布公告称，其关联方将在二级市场收购存续债券。

绿城集团此次二级市场收购主要有以下几个特点。一是收购期限确定。明确收购期限最长为一年，足够涵盖债券价格波动周期，且避免企业无期限收购，给予市场稳定预期。二是收购进展的信息披露安排清晰。在一年收购期限内，无论收购与否，发行人每季度披露收购情况，在防止信息不对称与便利企业业务之间取得平衡。三是收购后债券不再卖出。企业将所收购债券持有至到期或注销，以合理方式最大限度地规避道德风险。后续试点仍会以信息披露为核心。

总体来看，二级市场收购开展得尚不广泛。一方面，交易所市场与银行间市场均未针对发行人或其关联方二级市场收购债券业务发布正式规范性文件。另一方面，信息披露"充分"的标准尚不明确。发行人或其关联方作为可能的内幕消息知情人，收购债券存在一定的道德风险，需合理运用信息披露尽可能减少信息不对称。但信息披露应当翔实到何种程度，例如，计划收购规模、收购价格、收购主体账户名称等是否应该披露，收购进展应该采取何种披露频率等问题，尚需通过实践进一步摸索。

四、推动我国债券市场主动债务管理发展的建议

我国债券市场主动债务管理工具的发展应结合国内实际情况，在制度机制安排、条件设置等方面可以更加灵活，给予发行人和持有人自主协商的空间，并逐步拓宽市场各方对主动债务管理功能和适用场景的认识，将其打造成满足发行人和持有人双方诉求的良好工具。

第一，引导市场逐步提高对主动债务管理工具的认识水平。国际市场上主动债务管理工具的功能和适用场景较为丰富，但国内目前仅用于进行债券重组。需要逐步引导国内市场成员形成主动债务管理意识，认识并利用置换在缓解流动性压力、优化债务期限结构等方面的作用。要让市场认识到，债务管理工具不仅可用于风险企业的债券重组，也可以用于一般企业调整债务结构、

优化财务安排的场景，避免以负面偏见看待主动债务管理行为。

第二，坚持实践先行，尊重自治，逐步探索规范主动债务管理措施。我国债券市场主动债务管理尚处于起步阶段，对于发行人、投资人与中介机构来说都是"新鲜事"，因此，在发展过程中应秉持更为开放的态度，从市场需求出发，尊重发行人和持有人的意思自治，实践先行，再总结实践经验，逐步形成并完善相关业务规范。此外，给予主动债务管理一定的灵活性，通过完善持有人会议、同意征集等机制，为发行人和持有人搭建良好的沟通平台，推动双方公平协商。

第三，参考国际经验，对主动债务管理措施设定限制性和鼓励性措施，防止价格操纵，同时鼓励持有人参与。例如，美国债券市场通过明确信息披露要求，防止发行人利用信息优势操纵价格；通过对要约收购设定最低开放期，保障持有人决策时间；允许发行人设置"早鸟"同意费以及其他激励性措施。未来，随着实践的增多，这些措施和安排可在进一步规范主动债务管理措施的相关业务规则中予以考虑。

第四，吸引更多的专业机构参与企业的主动债务管理。主动债务管理具有较高的专业性，可能涉及多只债券、多个环节，需要结合企业总体债务管理需求合理安排。此外，诸如现金要约收购、置换等相对复杂的措施，不同环节可能涉及多类不同的专业机构。因此，建议鼓励中介机构参与企业主动债务管理，为企业优化债务出谋划策。

第五，进一步拓展现金要约收购的使用场景与灵活性，并在实践中逐步明确现金要约收购与二级市场收购两项工具的定位与边界。现金要约收购作为一项工具，在与其他工具组合方面，可尝试与同意征集结合，提高同意征集成功概率，或与置换结合，给予投资者更多选择，等等；在工具使用方面，可以试行荷兰式拍卖定价等灵活性机制。建议鼓励市场机构开拓思路，探索对现金要约收购这一工具的更多高效利用方式。此外，通过厘清不同收购工具的边界，更好地匹配发行人不同需求，灵活使用各类工具。

（本章执笔人：王佳、吴明辉、刘洋）

第八章

债券风险和违约处置路径

债券出现风险甚至违约,主要的处置路径可分为庭内司法程序和庭外重组两大类。其中,庭外重组因其程序自由、协商过程较私密,在境外成熟债券市场应用得较为广泛。同时,欧美在破产重整程序上积累了丰富的制度经验,形成了较为完善的配套法律和制度机制。近年来,随着我国债券市场发展以及信用风险的暴露、处置、出清,我国债券监管部门、自律管理组织从法律、部门规章文件、司法解释和自律规则等多层次制度体系出发,共同推动完善债券风险和违约处置相关的机制。一方面畅通债券相关诉讼、破产等司法程序;另一方面规范庭外重组的操作流程,形成庭外重组相关机制,丰富了多元化债券重组工具箱,基本吸纳了境外庭外重组主要工具。

一、债券违约处置路径概述

通常来说,债券违约处置路径按照司法机构参与程度,可分为庭内司法程序和庭外重组两大类。庭内司法程序主要指诉讼仲裁、破产程序(包括破产重整、破产和解和破产清算)。部分国家和地区还在破产程序之外，建立一类特殊法定协商程序，例如，英国、中国香港、开曼群岛在其公司法律中确立的"协议安排"程序，达到与破产重整类似的效果。庭外重组是指以当事人自愿协商为核心对债权债务达成新的合同，庭外重组一般没有法院介入，主要由当事人自发进行，在特殊情况下，如经济危机下为处理大量企业的债务违约风险，也存在特殊机制引导重组。

（一）庭外重组与破产重整

庭外重组与破产重整都是处理债务困境的常用路径，二者特点相异，适用情形也不相同。具体区别表现在流程灵活度、过程私密性、对债权人的强制约束力和对债务人的冻结效力等方面。

一是流程灵活度。庭外重组程序自由，不受法定程序和时间的限制，较为灵活。纳入庭外重组的债务范围由企业根据债务到期情况、债务相关的约定自行决定，既可对单笔债务，也可对多笔债务重组。而司法程序是法定流程，不论是诉讼还是破产程序，每个环节都有明确的时限要求，且进入破产重整程序的企业通常须对整体债务进行全盘重组。

二是过程私密性。庭外重组过程相对私密，可以避免债务企业通过重整等法定程序丧失"隐私"，尽量减少对企业声誉尤其是公众投资者信心的影响，避免进一步对企业融资以及资产出售、转让带来负面影响。而诉讼和破产程序信息相对公开，其过程进展容易引发市场过度关注，企业对后续公开市场的反应变化较难控制。

三是对债权人的强制约束力。庭外重组以自愿协商为基础，债权债务双方协商一致是核心。对于人数众多的持有人一方来说，形成有效决议的表决比例尤为关键。在债券发行文件没有特别约定的情况下，债券重组方案通常需要全体债权人同意，异议债权人不受强制约束。而债券持有人结构分散，持有人的持有成本、投资风格、内控要求均不相同，加大了协商一致的难度与成本。破产程序则不同，其实行法定的多数决表决机制，满足多数决要求即能够对异议债权人产生强制约束力。

四是对债务人的冻结效力。当企业信用风险暴露时，一方面，其他债权人可能纷纷采取加速到期、保全资产等各类措施保障自身权益，企业可能疲于应诉导致经营进一步恶化；另一方面，少数不诚信企业可能生出恶意逃废债念头，加速提前转移资产，损害债权人权益。此种情况下，庭外重组不涉及法院司法强制力量介入，既无法约束其他债权人起诉债务人，也无法阻止债务人转移财产，难以控制企业债务、诉讼风险的扩大化，单个债权人有可能"劣后"受偿。而破产重整有"冻结"效力，即一旦正式批准进入重整程序，将中止对债务人的诉讼、担保物权的行使以及停止债务计息等，继而避免企业资产债务在众多债权人的争抢下进一步恶化，全体债权人能够平等地在统一程序中获得公平对待。

从债务人角度来看，处于短暂流动性危机、经营有望快速恢复的企业，更倾向于选择庭外重组化解债券风险。而债务规模较大，甚至资不抵债，或是身陷行业深度危机、短期无法恢复偿债能力的企业，企业和债权人可能均倾向于破产重整。

从全球来看，不同国家自身法律、经济、文化环境的差异，也会影响当事方在违约风险处置路径上的选择。美国实践中一般前期庭外协商较多，但最终多利用破产重整程序，以赋予重组协议强制约束力。韩国倾向于先行私下协商，然后由政府或通过银行主导进行政策性庭外重组。

（二）诉讼和仲裁

司法诉讼仲裁是指债权人通过诉讼或仲裁程序，在法院或仲裁机构主持下向债务人求偿，借助司法机关强制执行力实现债权。债券本质上是借贷合同，债务人如未履行按期足额偿还本息的义务或有其他违约行为，债权人可以向法院起诉或依约申请仲裁，要求债务人在限期内偿还本息，还可要求债务人承担违约金、损失赔偿金、逾期利息等。

诉讼和仲裁两种法律救济方式中，债券投资者只能二选一。债券发行人如发生违约，持有人可以直接诉讼；仲裁则需要当事人双方同意（通常是募集说明书约定）方可适用。仲裁相对于诉讼，程序相对灵活、过程相对私密，可以节省一定的时间成本，但须有仲裁协议或约定。

在诉讼和仲裁中，持有人能够借助司法力量对发行人采取财产保全和强制执行，有利于提高回收率，但前提是发行人还有资产等偿债资源。投资者可以通过诉前或者诉中财产保全的方式冻结投资者的资产，避免发行人恶意转移资产逃避清偿责任使判决不能执行或者难以执行。在债券持有人获得判决后，也可以申请对发行人资产强制执行、尽快追回债权损失。但如果发行人全面缺乏偿债能力，持有人即便胜诉，也难以收回损失。

二、境外债券市场违约风险处置机制

（一）境外破产重整机制运用实践

1. 美国破产重整机制

美国是破产重整机制的主要起源地，在长期的历史实践中积累了丰富的制度经验，形成了较为完善的配套机制，用破产重整拯救困境企业的理念得到市场主体的广泛接受。具体来说，美国破产重整机制在债务重组中运用有以下特点和优势。

一是启动门槛不高，市场主体接受度高。债务人自愿申请破产条件宽松。美国要求只需债务人财务困难达到一定标准即可，无须债务人达到资不抵债的境地。这与美国普遍将破产程序作为一种债务人保护措施的破产文化有关，其破产程序的启动并不会必然导致企业清算解体。债权人在运用破产保护债权方面也较为灵活和主动。只要债务人出现一笔债务在宽限期后仍无力偿付，或是其他债权人已经采取法律执行措施仍未获得偿付时，债权人即可申请对债务人破产。

二是有强制约束力，可约束异议债权人，重组效率高。美国实践中一般前期以庭外重组协商方案，而后进入破产重整程序，以赋予重组协议强制约束力。债务重组中往往涉及对债券条款的变更，但是美国《1939年信托契约法》明确禁止通过债券持有人多数决对个别债券持有人收回债券本息这一基础权利的否定。因此，在美国，庭外重组中债务重组方案的生效必须得到权利受到损害的持有人的同意。破产申请前已有的贷款人可能进一步向债务人提供融资以增加其对整个流程的控制，扩大其在表决方案时的投票权，以期收回现金或债转股。

三是通过信息披露、绝对优先权原则表决机制等方面，形成对债权人较为全面的保障机制。具体如下。

首先，美国联邦破产程序规则对破产企业信息披露的规定较为完善。主要包括：一是信息披露的时间频率要求；二是要求信息披露的内容及程度需要达到充分[①]、翔实、合理，能够使投资者对方案做出理性的判断；三是法院对信息披露的审查；四是规定了违反信息披露义务的严重后果，即未来重整方案无法获得批准。

其次，债权人分组灵活，有一定特殊性的债权人即使金额不大也能独立成组，获得一定博弈空间。美国破产重整方案生效条件与国内破产法有部分相似点，即要求各类获得偿付但是受到损害的债权人组（即未能获得全额偿付）及股东须批准该方案[②]，批准比例分别至少为债权总额的2/3及总数的1/2、股权总额的2/3。同时也有不同点：根据现行美国破产法，债权人分组原则是实质近似的债权或者股权分为一类，所以普通债权可以被分为很多组，如侵权债权组、普通债权组、次级债权组等。就债券债

[①] 《联邦破产法典》第1125条（a）款规定，"充分信息"是指信息以翔实合理的细节记述了债务人的特点和历史，以及债务人账簿与记录情况，能够使相关类别的债权人或权益持有人对方案做出理性判断，但是充分信息不需包括任何其他可能的或已经提出的方案的信息。

[②] 其他生效条件包括：第一，方案须为"可行"的，即商业计划须显得完善，使得重组方案实施后不太可能会带来债务人的清算或进一步重组；第二，方案须为债权人的"最佳利益"，即为各类别债权人提供等于或大于其于清算中可获得的利益。

务而言，债券持有人既可以与无担保信贷债权分别作为一个组别，也可以共同构成一个无担保债权人组。由于重整方案的表决是由多组债权人及股东投票，因此债权人分组对重整方案的通过有较大影响。美国破产管理人核心的工作是如何把具有同样权利的债权人分成一组，推动重整计划更好地通过。

最后，法庭如强制批准重整方案须遵循绝对优先权原则，尊重和保护当事人在破产前既成合意和相应权利顺位，避免恶意利用重整程序损害无担保债权人权益。如果一个重整方案没有得到全部投票组的同意，只要该方案符合法定条件，它就可以被法院强制批准，并约束所有债权人和债务人。重整方案被强制批准的条件包括：一是得到至少一个受损的债权人组的同意；二是重整方案对于异议组而言是"公平且合理"，即该异议组要么被全额清偿，要么满足绝对优先权原则。

具体来讲，绝对优先权原则是规制破产重整程序中破产财产分配的一项重要法律制度，起源于美国 1939 年破产重整法律制度初级阶段的判例法，美国现行破产法审慎地继承了该原则并将其作为被强制批准重整的法定条件之一（见表 8-1）。其核心内容是要求对于一个异议无担保债权组或者股权组而言，如果优先位阶低于该组的某一组别获得了任何清偿，则该异议组必须获得全额清偿。高位阶组（利益出让组）有权利自愿把部分利益让渡给某个处于低位阶的组别（利益受让组），但是也必须满足绝对优先权原则要求，即优先位阶高于利益受让组的所有异议组必须得到全额清偿。

表 8-1　美国破产重整程序中各权利人优先级顺序

各类债权/股权 （按优先级顺序排列）	实践中偿付情况
1. 破产申请后管理债权人	在重组下须以现金全额偿付
2. 担保债权人	最高至担保物价值
3. 有法定优先权的无担保债权人	特定工资、税费等
4. 高级无担保债权人	异议的债权组的清偿只能为以下两种：全额清偿；任何数额的清偿，前提条件是优先位阶低于该组的组别没有得到任何清偿
5. 一般无担保债权人	
6. 次级无担保债权人	
7. 优先股股东	异议的股权组的清偿通常为：清算价值和回赎价值两者中数额较高的一种或者相当于其权益价值的清偿；任何数额的清偿，前提条件是优先位阶低于该组的组别没有得到任何清偿
8. 股东	通常不能获得任何分配

绝对优先权原则的制度价值在于它通过尊重和保护当事人在破产前已经与公司达成的合同（如担保贷款合同、无担保贷款合同、买卖合同、债券或者股票承购合同等）所形成权利和相应的优先位阶的格局，来实现重整价值的公平分配，制约当事人在选择适用重整程序和进行重整计划内容谈判时具有正当的动机，避免个别当事人出于投机目的，利用重整程序另外设计一套清偿优先顺序，追求对自己最有利的财富分配模式。

2. 预先重整程序——庭外重组与破产重整的结合

美国市场在实践中逐渐融合司法程序与庭外重组，形成相较于传统重整程序更为灵活、简易、高效的预先重整程序。根据《联邦破产法典》第1125条（b）款，如果重整计划相关信息满足法律规定的信息披露要求，债权人或股东在重整程序提起前已经接受或拒绝重整计划的，将被视为在破产程序中已接受或拒绝了该重整计划。由此在传统重整程序基础上，形成了预先重整程序。其核心步骤与传统重整程序的主要区别在于：在正式申请司法程序之前，就启动传统重整程序中的核心步骤，即重整计划的制定、表决和通过、债务人的信息披露，无须法院介入和干预（见表8-2）。

表 8-2　美国重整程序的比较

主要步骤	传统重整	预先重整
第一步	债务人申请启动重整程序	债务人提出重整计划
第二步	提出重整方案。债务人在首个120日有提交重整方案的排他权利（通常会延长，但不超过18个月）	债务人对全体债权人进行必要的信息披露
第三步	债务人与债权人协商重整方案	债务人与债权人协商重整方案；债权人表决
第四步	向破产法院提交重整方案，并做信息披露	债务人申请启动重整程序
第五步	债权人表决	法院举行听证，审议是否批准进行重整并接受预先制订的重整计划
第六步	法院审查批准	

美国预先重整一般由债务人提起并主导，实质是将法庭外的债务重组向后延伸至司法重整程序，以使债权债务人在法庭外自愿重组谈判中商定的计划发生强制约束力。这样的程序设计既充分尊重当事人的意思自由，提高重整效率，又能约束少数不同意接受重整计划的债权人，是一种司法救济与私力重组相结合的困

境企业拯救机制。

预先重整方案的协商和表决这些核心步骤均在法庭外进行，仍须满足一定的表决程序要求，但相较传统重整程序较为快捷。在预先重整中，进入法庭程序之前就要债权人（和股东）对预先重整方案进行表决，为保护债权人利益，对表决程序的要求有：一是必须把方案送达给有权对计划投票表决的"相同类别中的所有债权人和股东"；二是要求债权人和股东接受或拒绝方案的时间不能是"不合理的短暂期间"，一般参考传统重整程序中25天的最短期限要求；三是债权人和股东通过重整方案的最低比例与传统破产重整程序相同。一般来说，预先重整程序的时间，申请前协商45~90天，申请重整程序后用时45~90天，而在传统重整程序中，大公司通常需要1~3年才能完成。

预先重整降低债务人信息披露的成本。在预先重整中，债务人须对相关债权人进行必要的信息披露，以帮助债权人对重整方案做出评估并最终决定是否接受该方案。对于该信息披露的要求，《联邦破产法典》规定：第一，承认不同债权人对信息的需求程度不同，因此允许向不同类别的权利人提供数量、细节或信息的种类都有所区别的披露说明。第二，破产法院将对信息披露充分性进行审查，审查标准首先依据"可适用的非破产法律"有关信息披露"充分性"的要求[1]；如果没有可适用的非破产法律时，再适用破产法典规定的"充分信息"标准。

---

[1] 《联邦破产法典》第1126条（b）（1）款。

(二)境外债券庭外重组实践

境外公司债券市场经过多年的发展，形成了较为成熟完备的法律制度环境，普遍使用置换、收购等庭外重组工具。在一些特殊情况下，如为应对大规模经济危机时，为提高庭外重组的效率，一些国家和地区形成特有的庭外重组模式。本节首先介绍公司信用债庭外重组，其次介绍常用工具和其他特殊的庭外重组安排，最后介绍主权债券处置机制重组模式。

1. 公司信用债庭外重组常用工具

处于债务困境的企业通常使用的庭外重组工具箱，与经营正常企业出于债务管理目的使用的主动债务管理工具大体一致。通常包括：同意征求修改债券条款、债券置换要约、现金要约收购、公开市场购回、私下协商购回、赎回等。

部分工具可以组合使用、提高重组成功率，部分禁止同时使用以确保公平。现金要约收购和债券置换要约中可以附加同意征集，实现激励持有人接受重组方案的目的。发行人在现金要约收购或交换要约中附加一种同意征集，即"退出同意"(exit consents)，要求旧债持有人须同意修改或放弃旧债中的某些投资者保护条款，来作为他们接受新债要约的条件。愿意接受要约的持有人将不受旧债约束，因此要求其同意修改或放弃旧条款并不难，较容易达到修改旧债条款的比例要求。此时不愿意接受要约的持有人未来继续持有旧债所受到的保护将显著减少。实操中，发行人可能会在要约期满前，宣布已经接受要约的持有人必要数量，尚未投标的证券持有人迫于压力可能会加快决定接受要约。从法律合规性考虑，为避免成为"偷偷要约收购"（creeping tender offer），发行人在进行现金要约收购或债券置换要约时，会避免同时进行公开市场购回或私下购回。

境外债券庭外重组的广泛运用与配套制度支持密切相关。美国债券市场庭外重组虽无法院参与，但并非完全自由行动之地，发行人及持有人仍然受证券法律约束。其债券市场经过多年的发展实践，行政监管和司法机制对发行人虚假信息披露、恶意逃废债等行为形成监督和打击，信用风险能够得到充分揭示和合理定价，投资者风险处置能力和市场处置机制均已较为成熟，不仅降低了发行人道德风险，也为持有人提供了充分保护，降低了持有人的顾虑，促使其理性考虑重组方案。

上述配套制度环境对市场投资者充分的信息披露和公平交易秩序的保障，有助于提高其对于困境发行人提出的庭外重组方案的接受度，债券持有人主动维权谈判意识较强，会有意识地及早启动谈判。

2. 公司信用债庭外重组的特殊机制安排

（1）特殊机制的形成背景

一些国家和地区为解决彼时特殊经济阶段或模式下企业债务问题，结合各自制度环境特点形成了特有的庭外重组模式（见表8-3）。这些机制安排的形成背景多为国家出现大规模经济危机，国家面临大量企业倒闭风险。在此背景下采取的救助措施由央行或商业行会等公共部门牵头。如英国的"伦敦模式"以银行债权人主导为特点，被世界银行在全世界范围内推广；日本伴随着经济发展，以"可替代性非诉讼程序"代替了"主银行调解体系"；而中国台湾则形成了本土特色的"伦敦模式"和"商会和解模式"。下文主要介绍英国的"伦敦模式"。

表 8-3 境外庭外重组模式

区域	私下和解方式	要点
英国	伦敦模式	以债权人会议为平台，一般由银行等大额债权人牵头主导
美国	和解要约	债务人在开始审理 10 日之前的任何时候，都可以提出和解方案。若该方案为原告所接受，则和解成立
美国	诉讼和解会议	由法院在正式进入诉讼程序前，召集债权债务各方表达各自立场，并就可能达成和解的方案进行磋商
日本	基于主银行体系的庭外和解	主银行既是债权人又是债务调解人
日本	可替代性非诉讼程序	债务调解人由事业再生实务家协会（JATP）指定；过桥贷款可以优先求偿，税收可以优惠
中国台湾	中国台湾版"伦敦模式"	启动须向经济部门申请，较"伦敦模式"更为宽松；和解计划经全体金融机构债权总额的 1/2 以上表决通过生效
中国台湾	商会和解模式	由商会主导，和解协议经无担保债权人的 2/3 通过有效，不必经法院认可，但债权人可向法院申请撤销

资料来源：NAFMII 整理。

（2）"伦敦模式"的发展

"伦敦模式"是由英格兰银行在 20 世纪中后期英国经济衰退期间为帮助指导英国企业复兴倡议发起的，由债务人与多数债权人以团体协商方式达成私下和解的一种庭外债务重组方式。"伦敦模式"起源于 20 世纪 70 年代，在西欧石油危机下企业破产清算大量增加的背景下诞生。当时受石油危机的影响，英国每年都有超过 5 000 家企业进入破产清算程序，但当时破产法律体系中缺少真正意义上的公司重整制度，因此很多企业虽仍有营运价值和复兴可能，最终却无法避免被清算，反而给贷款银行和其他债权人带来更大损失。另外，企业的破产，特别是在同一时期大量企业的破产，无疑会导致失业人口和银行不良贷款的剧增，继而产生"多米诺骨牌"效应，制造更多社会问题。

彼时银行间接融资为主的环境是伦敦模式形成的基石，英格兰银行凭借公共部门威望加以协调是伦敦模式形成的关键。当时一家企业的银行债权人数量从6家到106家不等，平均达到30家。英格兰银行作为央行，位居英国金融枢纽，政策上有义务支持配合企业取得营运资金。同时，英格兰银行认为自己有必要出面协调贷款银行和债务公司之间的对话谈判。最终在1990年基本确立了伦敦模式这一套法庭外的危机企业挽救机制：其运行建立在银行提供支持的基础之上，由英格兰银行主导，通过道德劝说协调银行从业者在处理企业贷款债权时形成一致做法，如银行以宽限延时清偿、分期摊付等灵活方式，使该危机企业仍能继续营运，待债务人公司财务状况改善后，即能清偿先前积欠银行之债务，间接解决银行之逾期款项与呆账问题。

伦敦模式的核心在于在全体债权人同意的基础上，推进下列步骤：第一，以全体债权人同意为基础，债务人进入冻结期，起到与破产程序类似的保护效果；第二，由主导银行代表全体债权人与企业协商重组方案，最终须债权人全体一致同意，异议债权人不受强制约束，主导银行发挥重要协调作用；第三，重整手段以减让债权或转股为主；第四，执行新的债权协议依据重组方案新入资的债权人有优先受偿权。

（3）特殊机制的局限

这些庭外重组特殊机制的产生很多都有其特殊经济阶段和环境的时代背景，随着市场发展逐渐演变，有的已逐渐显现出自身局限。如伦敦模式，虽然其有效实现的关键在于债权人以银行等机构为主、较为集中，加之由积累多年金融监管威望的英格兰银行所主导，更容易促使各债权人达成一致意见，避免启动司法程序，从而减少时间和资金成本。但随着直接融资体系的发展和英格兰银行监管职能的变化，英格兰银行的中立主导角色有所退化，这也影响了伦敦模式的运用。此外，一些国家非传统融资的发展，导致企业债务结构日趋复杂、债权人种类多元化、融资体系碎片化，加大了对债权人定位的难度，增加了债权人之间协商的难度。同时，以风险转移为目的的金融衍生品大量出现，使得银行等债权人通过重组回收损失的动机变弱。这些都影响了庭外重组特殊机制作用的发挥。

3. 主权债券庭外重组模式

从20世纪80年代拉美危机至2009年欧债危机等多次经济危机，包括主权债券在内的主权债务重组是全球经济危机化解中不可忽视的研究课题。

（1）主权债务违约处置机制的演变

伴随着国际政治经济形势的演变，主权债务形式及相应的违约处置机制不断变化。概括来说，主权债务形式逐步从政府贷款向商业银行贷款、主权债券转变，主权贷款和主权债券分别有不同的处置机制。债权人国家也出现以发达国家为主向以新兴市场国家为主的转变①，相应的债权人协调机制也随之发展变化。具体如下。

20世纪80年代，彼时主权债务以贷款为主，处置方式从"借债还债"转变为"削减债务"。第二次世界大战之后，主权债务从主要以政府对政府的、通常带有政治经济条件的贷款，转变为主要来自商业银行的贷款。对这类以银行贷款为主的主权债务违约处置方式是简单的"借债还债"，即向债务国提供来自大银行集团和债权国的联合信贷，并实施延长还款期限的债务重组机制。至20世纪80年代拉美债务危机及经济危机爆发初期，"借债还债"的方式收效甚微，逐渐开始转变为"削减债务"。1989年，美国财政部推出了"布雷迪计划"，在该计划下债务国将获得由国际货币基金组织、世界银行及债权人提供的资金支持，通过推行市场化改革换取债务减免。

自20世纪90年代以来，主权债务逐渐呈现私人化、债券化趋势，国际货币基金组织、巴黎俱乐部等西方发达国家主导的债务重组机制是主要的处置方式。伴随国际资本市场的迅速发展，

---

① 主权债务的债权人主要为三类主体：多边组织、双边借款人、私营部门。多边组织包括国际货币基金组织、世界银行以及区域发展银行；双边借款人指通过特定机构或组织提供资金的单个国家，一般包括优惠或援助的内容。在过去，这类借款通常由发达国家提供，以美国和欧洲居多。而现在，许多双边借款开始由快速增长的大型新兴市场提供，如中国、印度、沙特阿拉伯和阿拉伯联合酋长国。私营部门中的借款人类型多样，从20世纪70年代开始，借款人主要为大型货币中心银行。这些银行受到严格监管，与各自国家的政府有间接联系。成熟后的新兴市场发行了更广泛的债券，越来越多的借款人开始进入主权债务领域，包括共同基金、主权财富基金和对冲基金。

银行贷款和官方资本又逐渐被私人资本取代，成为新兴市场国家债务的主要构成主体，同时主权债券市场开始扩大，债券持有人更加多样化、分散化。这一时期，国际货币基金组织和世界银行提出的重债穷国倡议，通过向成员国提供短期流动性支持，控制危机蔓延，推动债务国和债权人自愿实施重组，接受救助的国家承诺实施经济政策调整计划。在此过程中，以发达国家为主的巴黎俱乐部也逐步配合国际货币基金组织在向债务国提供金融支持方面发挥重要的协调作用。同时，为了解决主权债券中债务人与债权人之间的合作与协商困难的问题，国际货币基金组织等国际组织和西方主要债权国相继提出了多个重组机制的动议①，其中运用较多的就是基于事前协商的合同解决机制——集体行动条款。

自21世纪以来，主权债务的债权人结构出现"南升北降"的变化。同时，近年来由于受新冠肺炎疫情在全球范围内传播的影响，部分国家出现经济危机，并再次提出债务延期或减免的需求。对此2020年G20针对最贫困国家先后提出"暂缓债务偿还合作倡议"（Debt Service Suspension Initiative，以下简称"缓债倡议"）和"共同框架"（Common Framework），对满足条件的债务国的官方所属主权债务进行延期和进一步的减免。另外，伴随中国经济的迅速发展以及新兴市场国家基础设施建设融资需求

---

① 其他包括：国际货币基金组织2001年在阿根廷债务危机后提出的SDRM，即主权债务重组机制；2002年法兰西银行和国际金融协会先后提出一个相对折中的方案，即良好行为准则（CGC）与主权债务重组机制（SDRM）或集体行动条款（CACs）配合使用，作为一种补充方案。

的提升，中国等非巴黎俱乐部成员的新兴经济体债权国地位有所提升，成为发展中国家主权债务的重要来源。

（2）主权贷款处置模式——巴黎俱乐部等协商模式

总结来看，目前主权贷款的违约处置依据债权人的不同，有三种模式：第一，重债穷国倡议——用于规范官方债权人（国家和国际组织）对重债穷国（满足特定条件的低收入国家）主权贷款的重组；第二，巴黎俱乐部——侧重于规范官方债权人对重债穷国以外国家主权贷款的重组；第三，伦敦俱乐部——侧重于规范私营部门债权人（商业银行等金融机构）提供的主权贷款的重组。上述三种模式虽不具有强制法律约束力，但是已形成相对完善的规则体系，在实践中可以有效处置主权贷款违约。

巴黎俱乐部侧重于协调多边组织债权人和双边借款人，伦敦俱乐部则更为关注与私营部门的协调，更多是发达国家主导的债务重组协商机制。巴黎俱乐部的成立源于1956年阿根廷债务问题，该俱乐部拥有22个成员国。伦敦俱乐部成立于1970年，主要由大型商业银行债权人组成。20世纪后半叶，新兴市场中的主权国家借款主要来自多边组织和双边借款人。在这一时期，由于巴黎俱乐部和伦敦俱乐部这两大借款协调组织的帮助，主权债务重组获得了很大便利。随着主权债务结构的变化，巴黎俱乐部和伦敦俱乐部的影响力逐渐减弱。

巴黎俱乐部以债权国同意的一系列原则为基础开展工作。在债权人同意的前提下，原则包括：团体活动、一致性、信息共享、个案分析、受制约性、待遇可比性。其中，待遇可比性原则最为关键，意为与巴黎俱乐部中的债权国签订协议的债务国，在与巴黎俱乐部之外的双边借款人和私营部门签订的有关优惠待遇条款应不得优于与巴黎俱乐部所签署的谅解备忘录，以便于巴黎俱乐部在不同的债权人之间保持重组待遇的相似性和可比性。就具体落实机制而言，是由债务国提出申请，条件是其已与国际货币基金组织签署救助协议或已提出相关申请，债务处置的必要性及处置条件由国际货币基金组织与所涉双边官方债权人集体评估共同决定。

G20提出的"缓债倡议""共同框架"，开启了新兴与传统债权国以个案方式推行债务处置的直接协调机制，并撬动了商业性债权人的参与。"缓债倡议"由国际金融机构监测并由其为债务国提供技术援助，公开所有公共部门的财务承诺，为所有符合该倡议资格的国家或地区（主要是不发达国家）统一暂缓偿还双边官方所属主权债务。"共同框架"进一步确认"经国际货币基金组织和世界银行的债务可持续性分析及参与官方债权人的集体分析认为确实迫不得已"时，债权国可以安排债务减免。

"共同框架"的程序较为灵活，大致分为三步：首先，债务国申请启动程序，国际货币基金组织和世界银行对债务国进行债务可持续性分析（DSA），旨在评估债务国在陷入主权债务危机前可以偿付多少债务，从而确定债务重组的基础；其次，巴黎俱乐部和G20中的双边借款人组成债权人委员会，并与债务国进行协商，确定执行不具有法律约束力的谅解备忘录；最后，在谅解备忘录实施后，债务国需要向公共部门的双边借款人和私营部门的债权人要求获得特定待遇，该待遇不得低于谅解备忘录中商定的优惠待遇。该步骤被认为是"待遇可比性"原则的反映。

目前"缓债倡议"和"共同框架"还未得到广泛运用，只适用于 73 个低收入国家[①]。无论是"缓债倡议"还是"共同框架",对私营部门的债权人都没有法律约束力。到目前为止,只有乍得、埃塞俄比亚和赞比亚这三个国家申请使用债务处理共同框架。

(3)主权债券处置模式——集体行动条款等合同约束机制

主权债券的债权人更加分散和私人化,处置难度较主权贷款更高。与主权贷款不同,主权债券在资本市场公开发行且在二级市场流动性较好,因此具有债权人数量众多、分布广泛、构成多元和异质性强等特点。主权债券的债权人除了传统的官方债权人和大型国际金融机构,还包括小型商业银行、保险公司、养老基金、对冲基金和散户投资者等。由于主权债券债权人的投资策略和风险偏好差异较大,很多私人债权人通常只关注债券本身的经济收益,不考虑与债务国的长远合作关系,也不易受到所在国政府的影响,这些因素都使主权债券违约处置的难度和复杂性远远大于主权贷款。

在司法层面,20 世纪 80 年代以后,随着发达国家逐步采取国家主权限制豁免的态度,私人投资者对主权债券的诉讼案件也大量增加。由于国际性法庭通常不接受私人起诉债务国的诉讼,目前主要是各国法院和仲裁机构,以及国际仲裁机构受理这类诉讼。针对主权国家的诉讼和仲裁在管辖权和执行权豁免[②]方面面临一定不确定性,取决于不同国家对主权豁免的法律认定。20 世纪 70 年代以后,越来越多的国家采用限制豁免主义,如美国、

---

① 指按照世界银行贷款类别的贷款人分类,指人均收入低,且可以向国际开发协会(International Development Association,IDA)借款的国家。
② 指在某国的法院能否受理私人债权人起诉他国以及胜诉后能否对该国财产进行强制执行。

英国、澳大利亚。美国在1976年《外国主权豁免法》规定商业银行为例外条款，1992年美国最高法院判例中明确一国发行主权债券的行为构成《外国主权豁免法》项下的商业活动。这也给部分秃鹫基金提供了诉讼盈利的操作空间，最知名的莫过于阿根廷主权债券重组过程中发生的 NML Capital Ltd. 诉阿根廷共和国案。该案中，债券持有人 NML 在美国纽约相关法院起诉要求支付债券本息等并获得高额回报。

在合同层面，主张在债券发行文件中约定重组机制，减少持有人分散导致的协调困难问题。国际货币基金组织等国际组织和西方主要债权国等相继提出了包括集体行动条款（Collective Action Clauses，CACs）在内的多个重组机制的动议，核心是约定合格多数债权人就债务重组的一致意见，对所有人包括持反对意见的少数债权人均有约束力。

CACs 建立在债务合同的基础上，同时以市场为导向，促进主权债务重组能够迅速且有序地进行。实践中，不同的国家会根据自身情况灵活设置具体条款，因此 CACs 有很多不同版本。通常可以分为两类：多数重组条款（Majority Restructuring Provisions）以及多数执行条款（Majority Enforcement Provisions）。2003 年以来美国大力倡导在新兴市场国家发行的主权债务合同中推广使用 CACs，随后墨西哥、巴西、南非、土耳其等新兴市场国家采取了这种做法。欧盟理事会在 2013 年 6 月创建的欧洲稳定机制中，要求每个成员在发行主权债券时必须纳入 CACs。至此，CACs 在主权债券的发行中得到了广泛使用。

为了追求更有效率的债券重组，国际市场引入了加强版的集体行动条款，引入多期债券加总表决，防止少数"钉子户"债权人干扰重组。目前，国际上较常见的强化集体行动条款模板包括 ICMA 模板和欧元区模板，二者只是在加总方式上有一定差异。ICMA 模板包括"单系列内债券加总"①"多系列债券双重加总"②"多系列债券单一加总"③三种表决方式④，均写入募集说明书，需要重组时由发行人选择采用哪种表决方式。欧元区模板则包含"单系列内债券加总"和"多系列债券双重加总"，没有包含"多系列债券单一加总"。

（4）主权债务与公司债券处置机制的比较与借鉴

在诉讼和破产等司法路径方面，主权债务因自身特殊性质，处置措施较公司债券贫乏。主权国家与作为一般民商事主体的公司相比，法律地位和特性完全不同，二者的债务处置机制有一定差异。主权国家涉及成员国的主权让渡问题，主权债务违约处置方式中尚不存在受统一法律约束和司法力量介入的司法途径，目前国际上并没有通用的国家破产法或破产法院，无法对主权债务人的财产实施破产清算或确定清偿顺序。诉讼仲裁方面，尽管按照现行豁免理论，可以将主权债务认定为商业活动从而破除管辖上的豁免，但执行上的豁免仍然普遍受到各国尊重。因此，主权

---

① 单系列内债券加总是指对属于同一个系列内的多只债券进行加总投票，其中涉及修改债券核心条款、债务重组等保留事项，需存续期内债券本金额 75% 以上的债券持有人同意。
② 多系列债券双重加总是指修改或决议涉及保留事项，须经全部系列加总后至少 2/3 的债券持有人同意，且每一单独系列均须至少 50% 的债券持有人同意。
③ 多系列债券单一加总是指当修改或决议涉及保留事项时，须经全部系列加总后至少 75% 的债券持有人同意。
④ 中国市场没有"系列"的概念，最接近的概念为"期"或"只"。

债务在解决秃鹫基金等"钉子户"僵局方面，相比于公司债券，较难利用破产、诉讼和仲裁等司法路径。

在庭外重组方面，主权债务的巴黎俱乐部等协商机制以官方债权人为主导形成了一套固定的重组救助规则，而公司债券的持有人分散、多变，短期内较难形成并适用这类协商机制。债务国存在获得国际货币基金组织救助的可能，官方债权人和私人商业银行可以分别在巴黎俱乐部、伦敦俱乐部的规则下进行重组，获得流动性支持和债务减免。前述机制均在通过签订协议固定的债权人中，达成了稳定的一套对债务国家的救助准入门槛、协商步骤以及规则。前述机制中的关键因素——救助资源和救助规则，目前在公司债券的处置中并不具备这样充足的救助资源，同时，持有人分散和持续变化（在无立法的情况下）也难以协商形成统一的救助规则。

主权债务处置机制中的集体行动条款，与公司债券重组更有类比性，可以予以参考。前文提到，主权债务庭外重组也会面临与公司债券类似的债权人协商困难、少数投资者绑架多数投资者意见等问题。对此，主权债券的集体行动条款通过提前在债券发行文件中约定75%的多数决比例的方式，降低协商重组困难，避免僵局。这对于公司债券庭外重组，尤其是一揽子庭外重组有一定参考意义。

（三）境外债务重组的特殊司法程序

多个境外国家、地区在破产法之外（通常在公司法中）设置了"协议安排"（scheme of arrangement）这类特殊司法程序，可以实现在法院参与下，以多数决强制约束异议债权人，实现债务重组。例如，英国、中国香港、开曼群岛在破产程序之外，均在公司法中设置了一类能够使债务人在与其众多债权人协议的过程中具有强制约束力的法定程序。

与破产重整程序类似，"协议安排"中先由债权人会议多数决同意通过重组方案，再经法院批准及公司登记处备案即生效，将约束全体债权人。以英国的公司法为例，"协议安排"的多数决比例一般要求在各级别债权人中获得至少75%列席债权人所持金额和50%列席债权人的同意。

"协议安排"不同于破产程序的地方在于，其启动不需要企业达到资不抵债的破产状态，可以有针对性地就部分债务进行重组，相对灵活。该程序在债务尚未实质违约时债权债务双方即可寻求协商，也避免了破产程序中因重整不成就清算解散[1]的结果。"协议安排"可以仅针对部分类别债权人进行债务重组，如担保债权人、债券债权人，避免将企业全部债务人卷进程序，久拖不决。

三、国内债券市场违约风险处置机制

（一）国内债券违约风险处置的探索与发展

在违约事件出现早期，市场主体普遍缺乏经验，也缺少专门

---

[1] "协议安排"程序本身没有冻结保护效力，也不会任命专业的破产管理人，因此国外实践中也可能与破产重整类的程序结合运用，如赛维LDK破产重整一案。

的规则制度用来指导和规范投资者探索求偿和债务重组的路径与框架，市场开始自发探索各类处置方式。由于各方经验不足、制度规范不完善等原因，早期的庭外重组和庭内处置都存在一些瑕疵，影响了债务危机的解决，制约了投资者权益的实现和企业的重生。为保障债券持有人合法权益，稳妥化解债券市场风险，夯实市场有序运转的基石，近年来债券监管部门、自律管理组织从法律、部门规章文件、司法解释和自律规则多层次制度体系出发，共同推动完善债券风险和违约处置相关的机制。

第一，填补债券风险和违约处置相关法律空白。债券虽是证券的重要品种，但相关纠纷是近几年才逐渐频发、远不似股票在证券法领域那样受重视，前期我国法律体系中很少有专门针对债券的规定，更遑论针对债券的专门性文件。因此实践中对债券法律关系，只能依其作为金钱债权合同和证券的属性，适用作为一般法的民法和偏重股票、上市公司的证券法与公司法，难免存在诸多无法可依的空白地带或模糊地带，各地法院对债券类司法纠纷审判规则也无法统一。例如，诉讼管辖地不明导致某个案中违约债券持有人辗转三地五个法院起诉均未获得受理；受托管理人、非法人产品管理人等债券持有人的诉讼主体资格不明确，难以起诉或参与破产流程；虚假陈述的司法解释是否可适用债券市场不明确；预期违约标准和举证责任不明确；等等。

这些情况引起了司法部门、监管部门的重视，近年来多部债券相关法律文件的修订和出台，明确统一了长期以来困扰债券风险和违约处置的诸多问题。2020年，最高法发布《债券座谈会纪要》，聚焦债券诉讼司法实践，畅通了债券投资者司法救济渠道，明确了诉讼主体资格、司法管辖、破产管理人的责任、发行人和中介机构虚假陈述责任、损失计算等问题。2022年1月，最高法修订的《虚假陈述司法解释》，进一步在司法解释层面确定债券虚假陈述案件的审理规则。2022年2月，证券法修订版发布，修订了数条债券相关条文。

第二，明确并完善违约处置相关的基础性机制。信息披露、持有人会议、受托管理人等机制是防范风险、保障投资者权益的基础性制度。在此之前，相关制度已经建立并运行了较长时间，较好地发挥了揭示风险、管理风险的作用。随着违约事件的逐渐增多，从新的角度对前述基础性制度进行了检验，相关监管部门根据市场实践反馈，持续进行规则的修订完善。2020年，中国人民银行会同国家发改委、证监会联合发布的《公司信用类债券信息披露管理办法》及配套文件，对信息披露做了统一要求。三部委同年发布的《中国人民银行 发展改革委 证监会关于公司信用类债券违约处置有关事宜的通知》，从监管部门层面统一了全市场公司信用类债券的违约处置基本原则，提出建立健全多元化的债券违约处置机制。

第三，规范常用的债券风险管理和重组工具。一方面，在市场自发探索过程中出现的处置工具中，展期等修改债券核心条款的方式使用得相对较多。另一方面，参考国际成熟债券市场的经验，置换、现金要约收购等方式也常用于风险和违约处置。结合国内外实践经验，银行间市场和交易所市场均以我国法律框架为基础逐步规范了各类处置工具操作流程。2019年以来，交易商协会先后发布《银行间债券市场非金融企业债务融资工具违约及风险处置指南》以及现金要约收购、置换等自律管理文件，规范各类处置措施的流程。2020年，上交所、深交所也对置换、回售、转售等业务出台了相关文件予以规范。

（二）目前国内债券庭内处置机制与实践

1. 诉讼和仲裁

从我国近年债券纠纷诉讼情况看，早期债券违约后机构投资者实际起诉的并不普遍，除了由于持有人有对诉讼成本的顾虑，还由于债券诉讼基础问题缺乏法律统一规定。例如，债券相关诉讼管辖、诉讼主体资格等基础问题法律规定不明、各地法院处理方式不一，对持有人及时提起诉讼造成实质障碍。个别案例中，有的债券持有人曾辗转北京、上海多地法院，最终在发行人所在地法院获得立案受理，过程耗时过久。也有的债券持有人在与发行人协商为债券增加担保物时，因持有人众多，无法就登记在谁名下达成一致意见。

《债券座谈会纪要》对上述问题做出了统一明确的解答。该纪要肯定了受托管理人以自己的名义代表债券持有人统一行使诉权、参与破产程序的主体资格、债券担保物权登记的名义主体及行权主体地位；明确了债券违约案件、债券发行人破产案件、欺诈发行和虚假陈述案件的级别管辖和地域管辖。此外，还首次取消债券欺诈发行、虚假陈述案件的行政前置程序，细化了发行人违约责任范围、债券欺诈发行和虚假陈述侵权民事责任的相关方过错情形以及损失计算等多个重大问题。

另外，债券纠纷集体诉讼机制也在逐步丰富，进一步促进持有人在寻求司法救济中提高效率、节约成本。与一般的诉讼案件不同，债券持有人人数众多，无论因债券违约或虚假陈述提起的违约诉讼或侵权诉讼都可能涉及众多原告。实践中存在提高诉讼效率以有效保护持有人权益、降低司法成本的需求。对此,在2020年之前,虽然《民事诉讼法》第56条代表人诉讼可以作为债券投资者共同诉讼的依据,但实践中不多,仍需要在诉前调度众多投资者形成对诉讼代表的授权,诉讼效率仍有待提高。为解决证券集体诉讼效率问题,2020年以来,我国在立法方面做了回应:首先,3月实施的新证券法针对债券虚假陈述类证券民事赔偿诉讼重申了民事诉讼法上的"明示加入"代表人诉讼,并确立了"明示退出,默示参加"的特别代表人诉讼[1];其次,明确违约案件中债券受托管理人的诉讼主体资格[2];最后,最高人民法院发布的《债券座谈会纪要》明确了债券违约合同纠纷以债券受托管理人或者债券持有人会议推选的代表人集中起诉为原则,以债券持有人个别起诉为补充。

目前我国债券纠纷案件集体诉讼渠道更加丰富:既可以选择由众多持有人原告之中的某持有人作为代表人进行代表人诉讼,

---

[1] 第95条,投资者提起虚假陈述等证券民事赔偿诉讼时,诉讼标的是同一种类,且当事人一方人数众多的,可以依法推选代表人进行诉讼。对按照前款规定提起的诉讼,可能存在有相同诉讼请求的其他众多投资者的,人民法院可以发出公告,说明该诉讼请求的案件情况,通知投资者在一定期间向人民法院登记。人民法院做出的判决、裁定,对参加登记的投资者发生效力。投资者保护机构受50名以上投资者委托,可以作为代表人参加诉讼,并为经证券登记结算机构确认的权利人依照前款规定向人民法院登记,但投资者明确表示不愿意参加该诉讼的除外。

[2] 第92条,债券发行人未能按期兑付债券本息的,债券受托管理人可以接受全部或者部分债券持有人的委托,以自己名义代表债券持有人提起、参加民事诉讼或者清算程序。

其他持有人通过授权或登记明示加入；也可以选择按照发行文件的提前约定或持有人会议的授权，由债券受托管理人直接作为原告提起诉讼。

2. 破产重整与预重整

我国破产法规定了三类破产程序，即破产重整、和解和破产清算三类。破产重整，是指在法院的参与下，对陷入财务困境而又有再生希望的企业进行债权债务的清理和调整，旨在使其继续经营的法定程序。通常会对企业的资产和债务进行重组，比如现有债务本息减让、期限延长、债权转股。和解与破产重整类似，区别在于债务人主导和对担保债权的处置不同。破产清算则是依照法定程序处置债务人资产，向债权人分配处置所得款项，最终解散债务人。一般情况下，破产重整的债权受偿比例要高于清算。

近年来我国司法领域开始逐步探索预重整制度。预重整将债务人和各利害关系方在庭外达成的重整协议延续到重整程序中，获得强制执行力。从制度价值来说，不仅可以提高重整效率，节约时间成本和经济成本，同时可以减少司法行政干预，降低司法成本。与破产重整相比，预重整制度更多地体现了"私法"自治的精神，法院在预重整程序中只监督和引导预重整程序的执行，不进行司法干预。

我国现行破产法等国家立法层面尚未引入预重整制度，但司法领域已有案例，个别地方法院已出台文件规范审判工作。2018年3月，最高人民法院印发《全国法院破产审判工作会议纪要》，表示"探索推行庭外重组与庭内重整制度的衔接"，首次从司法层面引入预重整制度。之后，2019年最高人民法院《全国法院民商事审判工作会议纪要》[1]要求继续完善庭外重组与庭内重整衔接机制，确立了庭内重整程序对庭外重组协议效力予以认可的原则性标准。随后全国多地人民法院陆续发布预重整操作指引文件[2]。例如，深圳市中级人民法院的《深圳重整指引》、北京市第一中级人民法院的《北京重整规范》以及南京市中级人民法院的《南京重整指引》，这些规范文件都用专章对置于正式重整之前的"预重整"做了规定。除此之外，江苏省苏州市、上海市等有关地方法院还专门发布了"预重整案件审理"的意见规定。

从司法实践来看，各地法院预重整模式框架类似，流程存在细节差异。主要模式有两类。

一是破产申请受理前的法庭外预重整，一般在有关部门的主持下，由债务人和各债权人先行协商达成重组协议后再向法院申

---

[1] 第115条"庭外重组协议效力在重整程序中的延伸"继续完善庭外重组与庭内重整的衔接机制，降低制度性成本，提高破产制度效率。人民法院受理重整申请前，债务人和部分债权人已经达成的有关协议与重整程序中制作的重整计划草案内容一致的，有关债权人对该协议的同意视为对该重整计划草案表决的同意。但重整计划草案对协议内容进行了修改并对有关债权人有不利影响，或者与有关债权人重大利益相关的，受到影响的债权人有权按照企业破产法的规定对重整计划草案重新进行表决。

[2] 2019年4月颁布实施《深圳市中级人民法院审理企业重整案件的工作指引》，2019年12月颁布实施《北京破产法庭破产重整案件办理规范（试行）》，2020年1月颁布实施《南京市中级人民法院关于规范重整程序适用提升企业挽救效能的审判指引》，2020年2月颁布实施《苏州市吴江区人民法院审理预重整案件的若干规定》，2022年5月颁布实施《上海破产法庭预重整案件办理规程（试行）》。

请破产重整。代表为中国第二重型机械集团公司与二重集团（德阳）重型装备股份有限公司破产重整案。在国务院国资委、银监会等有关部门的支持下，近30家金融债权人成立了金融债权人委员会，与债务人及其股东展开了庭外重组谈判。在各方达成了框架性的重组方案后，向德阳市中级人民法院提起了针对二重集团的破产重整申请，法院予以受理并于2015年11月裁定批准重整计划、终止企业重整程序。

二是作为法庭内重整前置程序的预重整模式，如前所述的北京和苏州吴江区法院的预重整规范。其启动是在法院立案后、受理重整申请前指定临时管理人组织协调庭外重组，如达成重组方案，法院再裁定是否受理，由此正式进入重整程序。重整申请受理后，债务人或者管理人一般应当以预重整方案为依据拟定重整计划草案，向人民法院和债权人会议提交。有关出资人、债权人对预重整方案的同意视为对该重整计划草案表决同意。

3. 对债券违约企业破产实践的审视

早期我国发债企业较少进入破产重整程序，主要是由于国内各方对破产的救助功能认识不足、制度和专业人才配备不够完善等因素。各主体普遍对破产程序有所畏惧、接受度较低，担心重整失败后无法避免清算；地方政府担心破产对当地营商环境造成较大负面冲击，法院受理企业破产也十分谨慎。此外，债券市场破产重整领域专业人才较少，司法实践也不充分，容易导致重整失败滑向清算，因此采用破产重整处置企业债务问题的情况较少。

近年发债企业适用破产程序增多。2019年以来，破产重整在债券违约企业的债务处置中运用得越来越多，个别案例处置效果较好。截至2021年末，债务融资工具违约企业中，约五成已进入破产程序。其中大多数采用破产重整，采用破产清算的仅有3家企业。较为获得市场认可的重整成功的代表案例包括进展较快、清偿率较高的紫光集团和青海盐湖。紫光集团于2020年11月债券违约，随后进入破产重整，5个月即完成重整，重整方案给予各类债权人多种可选路径。青海盐湖重整案也凭借自身上市公司价值、自身资源资产等有利因素，给予了债权人展期或转股等多种选择，清偿率相对较高。

但整体而言，目前多数的债券发行人破产案例的处置效率和债券持有人获得的偿付结果并不理想。企业破产重整本身涉及债权人主体数量众多、程序环节复杂，并关系企业工人安置、社会就业等多个方面，其过程进度及最终债权受偿结果受多方面因素影响，既有企业资产质量、债务规模、股东和战略投资人支持情况，还有地方政府和破产管理人等对债权人的利益考量等多重因素。而债券又是破产重整中一类相对较新的债权，其在破产程序中如何参与和如何处置更加处于初级探索阶段，尤其是对债券类债权人权益的保障还有待进一步强化，主要表现在以下几个方面。

一是目前债券发行人破产案例中债券回收率、周期差异大，债权人对破产程序的救助和重生功能的预期不明。破产后的信用债回收率方面，较高者如永泰能源、青海盐湖超过70%，较低者如大连机床约为5%。破产程序周期方面，多数案件耗时2~5年，少数为1年内。部分企业在地方政府、破产管理人的快速推动下破产进程较快，进入破产程序后1年内裁定破产方案（如东北特钢、青海盐湖），而更加普遍的是 2 年以上（安徽皖经建至今仍未形成重整方案），甚至长达 5 年（如天威集团）。

二是破产案件信息透明度较低，对债权人知情权、程序参与权的保障落实有待提高。现有破产法及司法解释虽然规定了债权人的查阅权[①]等，但实践中债权人仍然很难获得债务人相关财务、重整计划草案、重整计划执行等情况。过去案例中发行人破产前后资产大幅缩水、债权清偿率过低、债转股的股权价值被高估，在信息不透明的情况下均引发市场强烈质疑。相比之下，美国破产程序中对债务人课以严格的信息披露义务，并明确指向保障债权人利益，即需要达到法院认可的"充分信息"标准，能够使相关类别的债权人或权益持有人对方案做出理性判断；法院会对信息披露进行审查，如果违反信息披露义务，将无法获得重整方案批准。前述制度对于我国立法实践有一定借鉴意义。

三是对债务人利用破产程序恶意逃废债的质疑较多，债权人在破产程序中的救济路径难以落实。从市场反馈看，有的发行人在破产前将优质资产低价出售或置换，严重拉低了债权人受偿率；有的破产前后财务报表大变脸，市场质疑其为满足破产受理条件虚构债务或低估资产价值；有的关联企业实质合并破产的标

---

① 最高人民法院关于适用《中华人民共和国企业破产法》若干问题的规定（三）第六条第三款规定"债权表、债权申报登记册及债权申报材料在破产期间由管理人保管，债权人、债务人、债务人职工及其他利害关系人有权查阅"。第十条第一款规定"单个债权人有权查阅债务人财产状况报告、债权人会议决议、债权人委员会决议、管理人监督报告等参与破产程序所必需的债务人财务和经营信息资料。管理人无正当理由不予提供的，债权人可以请求人民法院作出决定；人民法院应当在五日内作出决定"。

准不清，引发市场对只将"包袱"企业纳入合并范围的质疑。从法律制度看，破产法赋予了破产管理人对债务人欺诈性转移财产的行为的撤销权，同时债权人会议和债权人委员会负有监督管理人的职责。然而实践中，破产管理人较少行使撤销权，且债权人会议和债权人委员会的监督职责往往履行不到位，此时债权人缺乏有效的监督和救济手段，权益受到不公平损害。

四是现有债权人分组机制单一，表决权容易被单一大额债权人垄断，债券持有人等少数债权人话语权偏弱。目前破产法将无担保的商业债权统统归类为一个普通债权组（小额债权人组可做例外）。债券持有人分散、非法人产品持有较多，与银行信贷等单一集中的大额金融债权迥异，通常只能作为普通债权组进行表决，不利于债券持有人为争取符合自身特点和利益的重整方案来独立表决发声，结果可能难言公允。相比之下，美国破产法中债权人分组原则从实质判断将性质近似的债权或者股权分为一类，所以普通债权可以被分为很多组，如侵权债权组、普通债权组、次级债权组等，更有利于保障各类债权人获得实质公平的话语权。

五是法院裁定强制通过重整计划草案的标准偏低，对债权人的保护显失公平，可能助长股东逃废债。法院强制批准重整方案的标准对债权人利益影响很大，对此美国标准相较于我国对债权人的保障力度更强。根据我国破产法的规定，只要在重整草案计划下，普通债权组的清偿比例不低于其在清算条件下可获得的清偿比例，法院就可以强制批准，而不论普通债权组是否有异议。如此一来，削弱了普通债权组在重整谈判中的博弈力量，破产重整财富分配模式可能因为偏向股东、忽视无担保债权人的优先地位而欠缺公平。个别破产重整案件中普通债权组大比例打折受偿，而原股东对公司持有股权几乎未受影响，有观点认为债权人损失比股东大，并因此质疑重整的公平性。而美国则遵循绝对优先权原则，尊重和保护当事人在破产前既成合意和相应权利顺位，避免恶意利用重整程序损害无担保债权人权益。按照该原则，股东如要获得任何清偿，无担保债权因其受偿顺位先于股东，此时必须获得全额清偿。

六是对预重整机制缺乏全国立法层面的统一规定，对债权人的保障有待加强。由于各地法院各自行事，实践中对于预重整的启动时点，尤其是预重整的协商期限均没有统一明确的规定。实践中，可能存在企业借机将债权人长期拖住，使其卡在预重整的协商阶段，迟迟不能进入破产重整获得债权的处置。另外，各地法院也规定了不同程度的信息披露要求，有的概括、有的详尽。债务人充分的信息披露，可以防范债务人恶意欺诈、转移财产及个别清偿等行为的发生，同时也能保障债权人在合理充分的信息基础上做出符合其利益最大化的理性选择。

七是个别企业破产案件中地方政府和股东干预明显。债券发行人通常为所在地区有一定规模的企业，对地方经济和就业有一定影响，地方政府有关部门通常在破产程序中担任重整管理人或清算人，能够主导话语权，而债券持有人分散，话语权偏弱，各方利益博弈难免有失公平。

（三）国内债券庭外重组机制与实践

1. 国内债券庭外重组主要措施

为保障债券持有人在庭外重组中的合法权益，同时提高债券庭外重组效率，帮助有营运价值的困境发行人渡过流动性危机，近年来债券监管部门、自律管理组织坚持落实市场化、法治化理念，遵循平等自愿、公平清偿、公开透明、诚实守信的原则，出台制度规范庭外重组的操作流程，形成庭外重组相关机制。

2019年交易商协会发布了《银行间债券市场非金融企业债务融资工具违约及风险处置指南》（以下简称《处置指南》），在民法等法律和持有人会议等自律规则的基础上，将常用重组方式的要点和处置流程进行统一明确和规范。《处置指南》规定了三种重组方式，即调整基本偿付条款、置换以及以其他方式清偿并涉及注销债务融资工具。2022年对《处置指南》进行第一次修订，重点提高流程操作的便利性，并增加了与债委会机制、破产机制的衔接。不同方式有其适用场景和要件，实践中也可以视情况组合应用。下文将介绍《处置指南》规定的各类重组方式的具体使用。

（1）调整基本偿付条款

调整基本偿付条款是指发行人与债券持有人协商一致对基本偿付条款进行调整。基本偿付条款指影响持有人按原约定收回本息的条款，包括兑付价格、利率、偿付时间以及债项担保、回售期、调整投资者保护条款等。

该措施主要适用于发行人出现短期流动性问题，未来尚有恢复偿债能力的可能，且持有人意见相对统一。一方面，发行人有较好的偿债意愿或偿债能力有望短期内恢复，未来偿债来源有希望落实，则持有人相对来说容易接受调整方案。比如，发行人面临短期的流动性困难，且具有持续经营的基础，预计未来能够通过经营现金回流、处置资产等方式筹集资金偿还债务。另一方面，持有人人数较少或份额较为集中，容易达成统一意见。如果发行文件中没有约定，调整基本偿付条款需要全体持有人同意才能通过，若持有人数量多、结构复杂或意见差异较大，协商难度将相应提高。

具体操作流程方面，《处置指南》以债券持有人会议为主要议事平台，依据我国民法及相关法理精神，设置了一套流程，供发行人和持有人在无其他事先约定的场合下使用。如相关法律、法规另有规定或者发行文件、补充协议对变更基本偿付条款的流程另有约定的，从其规定或约定。

该措施基本流程以全部债券持有人同意为基础。由于该措施系对整只债券进行重组，涉及全体持有人的实体核心权利。《处置指南》要求：如无规定或约定，该方案须获得全体持有人同意。例如设置特别议案、同意征集机制对持有人同意比例另有约定的，从其约定。

例如，永煤集团受疫情冲击经营状况下滑，处置资产、新增授信不及预期，2020年11月相继发生3起债务融资工具违约，经多轮协商，发行人就三期债务融资工具与投资者达成兑付及展期的方案，即兑付50%本金及全部利息，剩余50%本金展期。随后到期债券均按照该方案在到期前与投资者达成债务重组。暂时缓解了债务集中兑付压力，有利于企业筹措资金并开展自救。

（2）以其他方式偿付并涉及注销

当发行人与债务融资工具持有人协商，拟以其他方式履行还本付息义务，需要对该期债务融资工具进行注销时，可以启动债券注销流程，即发行人与持有人达成一致，将债券注销，转为普通合同之债在场外履行，或通过其他方式履行偿债义务。

该措施主要适用于发行人拟以实物、股权偿债等方式偿付，不适合继续保留金钱债务的情形；或者发行人提供多种"兑付套餐"，如低利率短期限、高利率长期限，供持有人选择，以满足持有人多元化需求的情形，此时无法采用债券这一标准化形式，且无法通过调整基本要素和置换这两种单一方式来实现偿付方案。

该措施的优势在于：一方面，尊重发行人与持有人意思自治，允许部分注销，可适应债券持有人诉求不完全统一情况下的处置需求；另一方面，为保障每个持有人的知情权和选择权、获得公平对待的权利，《处置指南》设定持有人会议作为注销门槛。发行人应将注销方案（不要求必须附加具体偿付方案）提交持有人会议表决，表决通过即可启动注销。发行人再与愿意注销的持有人签订协议并办理注销，不愿意注销的持有人继续留债。

实践中，该措施以持有人会议为门槛有利于公平保护持有人利益发挥，但是有些情况下，这一原本谨慎的门槛使得注销难以操作，使用效率过低。例如，发行人进入破产程序，在已有国家司法力量主持之下，再召开持有人会议显得多余和浪费资源。因此，在2022年《处置指南》的修订中对一些特殊情形的注销流程进行了简化，如经债委会达成重组方案以及破产的情形。持有人就所持债权在债委会决议机制下达成债务重组协议，以及发行人进入破产程序后，需注销部分或全部债务融资工具份额的，无须召开持有人会议，但需要发行人披露拟启动注销的公告，并与持有人签署注销公告。如果发行人的破产重整、和解或清算方案执行完毕，发行人无须与持有人签订注销协议，可直接向登记托管机构办理注销程序。

（3）债券置换

如前所述，债券置换既是国际债券市场常见的发行人债务管理手段之一，也是债券风险或违约后的一类处置工具。其在国内市场首次出现是作为债务融资工具违约和风险处置方式，以应对2019年以来国内债券市场违约事件逐渐增多的情况。2020年，三部委发布的《中国人民银行 发展改革委 证监会关于公司信用类债券违约处置有关事宜的通知》明确提出了债券置换。随后，这一业务也在银行间债券市场和交易所债券市场均得到了试点应用。2022年5月交易商协会发布《银行间债券市场非金融企业债务融资工具置换业务指引（试行）》，将债券置换定位为兼具债务管理和违约风险处置功能的工具。

在债券风险处置中，考虑到债券持有人人数多、意见难以统一的特点，债券置换较同意征集修改债券条款更容易实现。具体流程、实践情况等更多内容见其他章节。

2. 其他庭外重组措施

（1）回售撤销

回售撤销针对面临债券回售的企业，通过给予企业和持有人就回售兑付事宜再度协商的机会，缓解企业兑付压力。部分债券在发行文件中约定了发行人享有调整票面利率选择权和投资人享有回售选择权，持有人在回售登记期内登记相应回售份额，或选择继续持有本期债券。如果持有人登记回售，发行人根据回售登记结果进行兑付；如不能按期兑付，将会发生债券回售违约。

针对回售风险，2019—2020年上海证券交易所和深圳证券交易所先后发布《上海证券交易所关于公司债券回售业务有关事项的通知》《深圳证券交易所关于债券回售业务有关事项的通知》，明确了债券回售撤销、回售转售、发行人债券购回相关业务的开展流程，推动企业化解回售行权的偿付风险，规范、优化发行人的债务管理。交易商协会也指导有需求的发行人开展回售撤销，在行权登记期届满后行权兑付日前，为发行人与持有人协商变更回售登记状态提供空间。

目前已有较多风险企业通过回售撤销减轻了兑付压力，也有一些正常企业通过回售撤销达到调节债务结构、流动性管理的目的。

（2）债转股

即将债权人所持债券转为债务人的股权。作为固定收益投资人，通常并不愿意持有股权，尤其是非上市公司股权，同时不少银行或非法人产品投资者受法律法规、部门规章限制并不能直接持有股权，因此债转股并不是债券违约处置中常见的措施。但是，从近年的实践来看，债转股在债券违约处置中也发挥了不少作用，其实现路径有多种。常见的是在破产方案中，对普通债权进行转股。此外，在庭外重组中也可以进行债转股，即违约债券转换为股权，可以通过债券注销实现，只是目前实践中还较少见。

债转股是一种常规的债务处置方式，目前"市场化债转股"[①]在风险企业和违约企业中有大量的运用实践。由于主要运用在银行贷款等非债券形式的债权处置方面，并未引起债券投资者的关注，但这一方式对降低企业财务杠杆，进而化解债券兑付

[①] 根据2016年10月国务院印发《关于积极稳妥降低企业杠杆率的意见》及相关文件，纳入国家降杠杆数据统计的债转股项目，简称为市场化债转股。

风险有重要作用。

市场化债转股有多种模式。一是收债转股，即由债转股实施机构收购企业的债权，收购后与发行人协商实施债转股。二是发股还债，即实施机构对转股企业增资，转股企业以增资资金偿还存量债务。三是以股抵债，顾名思义，此类方式主要用于破产重整。将市场化债转股与债券的风险处置进行更密切的衔接，需要更加注重债券的特点和风险企业的实际情况。

（3）线下支付

通过线下支付处理违约债券的方式多见于公司债的处置。线下支付指不通过登记托管结算系统进行资金划付，债券发行人与持有人自行完成付息还本，也可称场外支付。企业进行线下支付的原因多样，包括现有登记托管系统难以支持企业与持有人达成偿付方案，以及企业为了避免违约影响。债券的线下支付并非新生事物。早在2017年6月，"13弘燃气"发行人与债券投资者沟通后，不再委托登记托管机构办理回售，而是自行协商解决。近年来，随着债券市场风险事件的不断增多，线下支付安排有所增加。2017年以来已有几十只债券通过线下方式应对债券兑付风险。仅靠线下支付并不能彻底解决偿付压力，企业与持有人协商具有可行性的偿付方案才是挽回持有人损失的有效途径。

目前，不同类型债券的线下支付操作方式不同。债务融资工具进行线下支付的案例非常少，仅有极个别企业尝试过。在这些个别尝试中，为确保信息透明、保障持有人公平清偿的权利，企业事先通过持有人会议、补充协议等方式征得全体持有人同意，并对相关情况进行信息披露。

（4）与债委会的衔接

2020年12月，为化解企业债务危机，防范金融风险，中国银保监会、发改委、中国人民银行、中国证监会联合发布了《关于印发金融机构债权人委员会工作规程的通知》（银保监发〔2020〕57号）（以下简称《通知》）。《通知》旨在对债务规模较大、存在困难的非金融企业，指导其金融机构类的债权人发起成立金融机构债权人委员会（以下简称金融债委会），合力协商增减或稳定企业融资、债务重组等措施，确保债权金融机构形成合力，稳妥化解风险。

《通知》是对之前银行债委会的拓展，以应对近年来包括公司信用类债券在内的各类债权风险处置需求。早在2016年银监会就出台了《关于做好银行业金融机构债权人委员会有关工作的通知》（银监办便函〔2016〕1196号），提出"银行业金融机构债权人委员会"机制。《通知》规定，债委会成员单位除了常规的贷款银行、持有企业债权的非法人产品的管理人，还考虑了债券持有人、债券受托管理人[①]。

金融债委会通过自愿签署债权人协议约定表决机制，在成立之后按照协议确定的多数决对债务重组等重大事项进行决策。核心机制是议事规则，债委会主席单位、副主席单位、成员机构应当在现有法律法规框架下自愿签署具有法律约束力的债权人协议。债权人协议约定的事项包括但不限于：债委会组织架构；债委会议事规则和工作流程；主席单位、副主席单位及各成员机构

---

① 《通知》规定债委会成员可以包括：持有债权（含贷款、债券等）、管理的资产管理产品持有债权、依法作为债券受托管理人的银行保险机构和证券期货基金经营机构等。

权利义务；相关费用的分担机制；成员机构退出机制；债委会解散程序等。议事规则作为债权人协议的重要附件，是债委会运作的重要依据，其主要内容应包括但不限于：召开债委会的条件、债委会议事内容、需投票表决的重大事项范围、其他需商议讨论的一般事项范围、重大事项与一般事项的投票与表决制度等。

《通知》将金融债务重组作为重大事项，规定了以债权金额和机构家数双重表决机制作为原则，债权人协议可以另有约定。金融债委会对债务企业金融债务重组方案等重大事项的决策，原则上应当经占金融债权总金额2/3以上的成员机构以及全体成员机构过半数表决同意，并且其所代表的债权额占无财产担保金融债权总金额半数以上，但债权人协议另有约定的除外。

债券持有人具有分散、多户的特点，如何公平公正地授予债券持有人表决权是难点，《通知》对此未做具体规定。按照《通知》规定的表决机制，需金融机构过半数同意，而一只债券往往有多家持有人。而且目前非法人产品参与债券投资较多，甚至一只债券由一家管理人管理的多个产品账户持有。如果将一只债券下各账户独立计算债权金额和家数，对其他金融债权人可能不公平，例如，一些贷款银行可能单家债权规模较大。如果将一只债券只按一家机构计算，且合并整只债金额计算表决，又可能出现不同持有人诉求难统一、少数持有人被迫被代表、有失公平的情况。《通知》未明确回答这一问题，而是提出金融债委会可以按照"一企一策"的方针，按照市场化、法治化、公平公正、分类施策的原则议事决事。

实践中正在初步探索持有人参与金融债委会之后对其表决权的安排。早期有发行人未重视债券持有人诉求的差异性，强行约束异议持有人，效果不佳。有的金融债委会计划吸纳持有人，先由各债券召开持有人会议表决是否加入债委会，经多数持有人同意后，就由该只债项的受托管理人代表整只债券下的所有持有人，即按照一家机构、整只债金额来计算表决的机构家数和金额。在通过方案后就对全部持有人发生效力，包括异议持有人。部分持有人对此不满，不愿加入债委会，最终债委会未成功吸纳全部债券持有人。而异议持有人也未得到好处，其未能在重组方案制定阶段参与发声，在其他债权人通过重组方案后，未加入的异议持有人虽在法律上不受约束，但也无其他选择，有时不得不按债委会方案受偿。

近年来债委会在表决机制方面继续不断探索。某违约企业将债券持有人会议嵌入债委会机制，以前者表决结果为基础，在计算债权人家数时做一定变通。具体来说，将重组草案提交持有人会议表决，债委会在计算债权金额时，以投同意票的持有人实际持有份额计算；在计算机构家数时，则以持有人会议决议为基础，如果持有人会议决议获得半数持有人同意，就按照一家机构同意计算。最后，债委会的重组方案通过后，所有持有人再自愿与债委会或发行人签订重组协议，决定是否按照方案受偿。该做法在一定程度上避免了异议持有人被"强制"约束的问题，同时债委会表决重组方案时，给予所有持有人参与博弈的机会，并避免因为持有人小额且分散，以持有人家数计算过度影响大额债权人的表决权重。

总的来说，目前债券持有人参与债委会的案例不多，对于如何合理吸纳债券持有人进入金融债委会、衔接债券持有人会议这一集体行动机制，已有个别创新、平衡的做法，但在未来如何广泛运用还需要继续探索和完善。

3. 对现阶段我国债券庭外重组机制的总结

我国债券市场制度建设经过近年来的不断发展进步，形成了多元化债券重组工具箱，与境外成熟市场逐步接轨。比较来看，庭外重组主要工具在境内外大体趋同，但操作细节和侧重点存在差异。从2021年以来多家房企境内外债券重组案例来看，境外债券重组以置换要约为主，境内债券多采取展期一年以内的方式，多数搭配分期偿付并增加股权质押增信。这些差异的产生与信息披露、债券交易等基础配套机制，以及市场和法律文化环境等因素有关。

须指出的是，不论哪种处置路径和工具都有其自身局限，如果企业经营基本面不能逐步恢复，虽可以通过重组暂时避免债券违约，但后续仍有可能再度违约。单纯依靠庭外债务重组并不能彻底解决企业经营财务危机，常常需要多措并举，如同步开展资产重组、恢复企业自身造血功能、引入战略投资人、丰富融资来源、改善企业经营基本面等，才可彻底化解企业债务风险。从近年国内债券的庭外重组实践来看，在重组的工具箱得到丰富后，少数持有人"绑架"多数持有人、单只债券分散重组效率低等现象逐渐凸显，影响了庭外重组的效率与公平。

第一，个别债券重组案例中发行人和持有人协商难度很大，出现少数持有人"绑架"多数持有人的僵局。早年零违约时期发行的债券发行文件没有对重组做过特别约定，重组方案一般需要全体持有人同意，导致目前个别案例中发行人和持有人双方长期僵持，难以达成协议。究其背后原因，一是部分投资人风格偏保守、不接受重组；二是发行人财务业绩大变脸，财务透明度差，持有人对发行人缺乏信任，难以接受重组方案；三是少数投资人利用高比例的同意表决权机制，试图以低成本博取更高收益。

第二，同一家发行人多期债券面临违约风险，重组分散、被动低效，缺乏一揽子重组实践。在2021年底以来国内房地产行业流动性危机中，多家房企对境内境外债券进行重组。这类房企存续债券较多且集中到期，多数企业被动地在每只债券到期前一只只地协商重组，疲于应付，缺乏对一揽子债务的规划，展期后仍然无法避免违约或是勉强二次展期。也有少数企业通过对全部存续债券进行一揽子重组，这样不仅有利于企业尽快恢复正常经营，也有利于债权人尽早收回债权。

第三，对庭外重组中发行人道德风险的法律约束较弱。目前，国内债券的展期、置换等庭外重组的流程主要由交易商协会、证券交易所的自律规则进行规范，对重组中发行人（尤其是非上市企业）诚信约束主要靠市场声誉。证券法近年重点强化的发行人欺诈发行和虚假陈述民事责任，对债务庭外重组中债权人的保护作用较小。持有人除了重组表决中的投票权，没有其他博弈筹码。相较之下，美国债券发行人进行债务庭外重组受到的约束较多，如《1933年证券法》《1934年证券交易法》等法律中存在关于投标要约、反欺诈操控、防内幕交易的制度约束。债权人得到较为全面的保护，债务重组双方处在公平博弈的市场环境。

四、关于未来完善我国债券违约风险处置机制的思考

近年来，我国债券市场在发展中逐步经历了信用风险的暴

露、处置，以及出清阶段，相应的债券市场制度体系建设及市场主体风险管理能力也同步经历了检验，完成了初级阶段的升级。法律层面对债券相关诉讼等司法程序中的长期盲点进行了完善，诉讼路径更加清晰明确；市场自律规则层面形成了多元化债券重组工具箱，基本吸纳了境外庭外重组主要工具。在总结肯定这一阶段的成果的同时，也须看到当前的债券违约风险处置机制仍然存在不足。除了上文提到的各类处置路径工具自身的特点及其局限，外部制度和市场环境能否配合处置机制协调发挥作用也是关键。

我国债券市场与国际成熟债券市场有所区别，未来要完善符合我国国情特点的风险与违约处置机制，既要吸取国际市场的发展经验和成熟做法，也要结合国内市场实际情况加以甄别、改进。原则上，一方面，坚持法治化，完善市场主体法律救济路径，秉持公平公正，维护市场主体合法权益；另一方面，坚持市场化，为市场主体提供路径、工具便利，尊重市场主体自主决策，避免过度行政干预。具体来说，可以考虑从以下几个方面着手。

第一，继续完善庭外重组的路径，提高重组工具的灵活性和便利性。从实践来看，对于尚有经营前景的风险企业和违约企业，庭外重组协商充分，如达成一致，对持有人来说可减少求偿成本、保障更高的回收率，对发行人来说可减少负面影响。但庭外重组中面临的实际情况千差万别，企业的经营基本面、债项的增信情况、持有人的分布和结构都可能影响协商中的博弈。因此，债券的庭外重组路径应继续优化，在保障当事人平等自愿、公平协商的基础上，提供更加便利的机制，减少制度摩擦和制度套利空间。

第二，进一步完善债券庭外重组的配套机制。推动有中国特色的受托管理人机制落地，发挥受托管理人在处置债券担保物、衔接司法机制中的作用。同时，探索债券制度体系与债委会机制的衔接，提升债券持有人在债委会中的话语权，调动债券持有人参与债委会的积极性，更好地发挥债委会推动庭外重组的作用。

第三，进一步完善债券市场法治环境，不断畅通司法求偿路径。建议修改《证券法》《公司法》相关条款，为持有人会议、受托管理人等债券市场基础性制度提供原则指导和法律基础。完善破产法、期货和衍生品法等法律，弥补现行法律条文与债券市场尚不衔接的问题，例如确定破产程序内信息披露主体、次级债券和永续债券的分组表决和清偿顺序问题，单一协议和终止净额有效性等信用衍生品基础法律问题等。亦可以考虑修改《企业债券管理条例》及相关配套法律，或是出台债券领域的专门性法律，明确债券市场实践中的重点法律机制，从上位法层面解决现行法律与市场规则、实践冲突的问题。

第四，打击发行人恶意逃废债，完善民事救济、强化自律处分和行政监管。一方面，推动完善相关法律针对债务人恶意逃废债行为的救济机制，防范企业以"出售资产""破产"之名，行"逃废债"之实，确保企业与全体债权人平等、充分协商，保障全体债权人公平受偿。另一方面，加大对风险和违约发行人违规行为的惩戒管理机制，完善民事救济，进一步衔接自律处分与行政处罚，提高发行人违法违规成本。

（本章执笔人：王佳、陶丽博、陈珊）

第九章

中国高收益债券市场发展的问题与解析

国际市场上，高收益债券是企业直接融资的重要渠道之一。境外高收益债券市场经历几十年的发展，形成了如今的以评级为标准、发行主体覆盖面广、主流机构投资者参与多的市场格局。这与其相应的一系列市场配套机制密不可分。

一、境外高收益债券市场：历史沿革与市场现状

境外高收益债券以评级作为标准，评级低于投资级别（穆迪 Baa3 和标普 BBB- 以下）的债券被视为高收益债券，具有高收益、高风险的特点。美国是世界上最早的也是目前最大、最活跃的高收益债券市场。据 SIFMA（美国证券行业和金融市场协会）数据，2010—2020 年，美国高收益债年度发行额大都在 2 000 亿美元以上，占公司债发行额比重大多高于 15%。以彭博综合评级统计，截至 2022 年 9 月，美国高收益债存量规模达 2.47 万亿美元。

（一）高收益债券市场的发展沿革

高收益债券起源于美国，全球约 60% 的高收益债券集中在美国市场[①]，其发展经历了兴起、衰退、调整成熟三个阶段。

一是 20 世纪七八十年代兴起阶段。一方面，在石油危机导致通胀高企的背景下，美国企业融资需求迫切，加之新兴科技企业开展杠杆并购融资，推动了高收益债券兴起。迈克尔·米尔肯是推动高收益债券市场发展的代表人物，他最早通过包销等方式，创建高收益的"垃圾债"投资组合，为新兴公司和"蛇吞象"的杠杆收购提供资金支持。另一方面，由于金融监管放松、税收减免等政策，养老、保险等资金风险偏好增加，投资债券的评级下沉，推动高收益债券市场快速发展。二是 20 世纪 80 年代末衰退阶段[②]。在美国经济衰退、股市暴跌，加强金融监管的背景下，占市场份额 7% 的储蓄机构禁持高收益债[③]，市场大幅衰退，债券违约持续发生。三是 20 世纪 90 年代至今调整成熟阶段。受低利率政策推动宏观经济复苏和 144A 规则等支持机构投资者发展制度的出台等影响，高收益债券发行量恢复，占比由 20 世纪 90 年代初的 3% 上升至 20 世纪 90 年代末的 18%。目前高收益债已成为美国市场常规金融工具，稳定占有债券市场一席之地。

[①] 根据 https://www.icmagroup.org/resources/market-data/Market-Data-Dealogic/#12 中数据计算。
[②] 1990 年美国仅发行了 9 只高收益债券。
[③] 1989 年出台的《美国金融机构改革与稳定法》要求储蓄机构 5 年内出售持有的所有高收益债（近 7% 的持有份额）。

高收益债券的发行量与经济周期正相关，当经济形势较差时，高收益债发行的难度上升，占比下行。2022年二季度以来，随着美国经济衰退预期的发酵，高收益债发行占比有所下降，从2021年8月的30%下降至2022年5月的4%。2022年1—5月美国企业债券中高收益债的发行占比合计为8.7%，均低于2009年以来各个年份的高收益债的发行占比。

（二）发行人类型及利率期限情况

从发行动因看，境外高收益债主要分为三类：一是不再属于投资级的企业（"坠落天使"）；二是发展早期的成长型企业（"明日之星"）；三是20世纪80年代后期出现的杠杆收购的企业[①]。从发行主体覆盖行业来看，美国高收益债券市场涉及几乎所有行业，存量规模排名前五的是：有线和卫星、医疗保健设施和服务、管道、勘探、房地产。但各个行业较为分散，无明显集中分布。从利率来看，65%的高收益债票面利率在6%及以下，35%的高收益债票面利率在6%以上。从期限分布来看，高收益债券的期限普遍为5~15年。

（三）高收益债的投资群体：多元化、长期资金属性突出

高收益债券的投资者绝大部分是机构投资者。机构投资者

---

① 杠杆收购中通常以壳公司名义发行债券，通过过桥贷款完成收购目标企业后，将目标企业与壳公司合并，未来通过目标公司的经营获利进行债务偿还。

中，保险公司、养老基金和高收益债共同基金持有存量分列前三。截至 2021 年末，三者在美国高收益债券投资份额占比分别为 29%、28% 及 13%。此外，高收益债投资机构还包括对冲基金、私募、信托、家族办公室、主权财富基金等。

总体而言，境外高收益债券的投资群体具有两个方面的显著特点，能从需求端支撑高收益债券市场发展。一是高收益债投资者更加多元化，主流机构投资者参与度更高。截至 2021 年末，公募、保险、养老金作为主流机构投资者，在美国高收益债投资者中占比约 70%。二是高收益债投资者的长期资金属性较突出。保险公司、养老基金都具有长线投资特点，相比于短期证券价格波动，保险资金、养老金更关注中长期投资回报。此外，美国高收益债共同基金和 ETF 基金（交易型开放式指数证券投资基金）的存续期限也比较长。

二、境外高收益债券的市场配套机制

境外高收益债券市场的蓬勃发展离不开相应的市场配套机制，最为关键的是 144A 规则等确保私募发行便利性的规则进一步促进了高收益债券的发行，较为完善的投资保护条款和违约处置机制的有效性确保了投资者的权益。

（一）发行方式及信息披露安排

国际市场并无针对高收益债券单独规定发行的监管规则。海外面向机构投资者的债券市场，一般在监管上对信息披露的要求较低（相比零售投资者市场），市场会自发针对发行人信用资质形成分层：投资级债券一般仅需满足监管最低要求的信息披露即可，而高收益债券需要披露更详细的信息。高收益债券信息披露要求高并非源于监管要求，而是市场博弈形成的结果。一方面，投资者需要更详细的信息以判断高收益债券的投资价值和风险；另一方面，发行人和中介机构也需要通过充分信息披露以避免因违反证券法导致的赔偿责任。

在美国，80%以上的高收益债是依照 D 条例和 144A 规则面向合格机构投资者私募发行。144A 规则对信息披露的要求较为原则性，仅包括：一是关于发行人从事业务、生产产品或提供服务的简要说明（最近 12 个月）；二是资产负债表（最近 16 个月）和利润表（最近 12 个月）。然而，实践中在 144A 市场发行流通的高收益债券，其信息披露一般比照在美国证交会注册的公开发行证券的信息披露表格（如 Form S-1）进行披露，其详细程度远高于 144A 规则的要求。

在欧盟，只面向合格投资者发行的债券，可豁免遵守信息披露要求，但如债券希望进入受监管的市场交易，则需要按照《募集说明书指令》及"批发非股本证券注册文件"表格制作募集说明书。在实践中，投资级债券只需满足"批发非股本证券注册文件"表格的最低要求即可，而高收益债券则会披露更详细的信息。

具体而言，高收益债券和投资级债券的信息披露差异主要表现在三个方面。第一，财务信息方面，投资级债券通常披露的财务信息仅限于财务报表和报表附注中的内容，很少在募集说明书中进一步披露和分析，而高收益债券募集说明书有独立的财务情况章节，内容包括三年及一期完整财务报表，主要科目的详细分析和年度间变动比较。第二，有息债务方面，投资级债券一般只在财务报表附注中披露贷款和债券的分类和余额，高收益债券对贷款和债券披露得更加详细，有些债券披露主要贷款和债券的主要条款（金额、期限、利率、优先级、投资者保护条款、担保、违约事件、宽限期等）。第三，关联交易方面，投资级债券一般只在财务报告附注中披露关联交易总金额，部分发行人会披露关联方，而高收益债券对关联交易披露往往更加细致，例如披露近三年及一期与主要关联方的交易。

（二）投资者保护条款设定

　　海外投资级债券一般会设置少量投资者保护条款，主要是交叉违约条款和消极担保①条款。处于投资级边缘（BBB）的发行人会设置评级维持条款，即当评级低于投资级时利率自动上调。

　　海外高收益债券的投资者保护条款明显多于投资级债券，每只债券中投保条款的数量通常在6~10个。常见的条款包括：控制权变更限制、新增负债限制、新增抵押限制、股息支付限制、股本赎回限制、支付和投资限制、不得签署协议限制子公司向发行人支付股息和贷款、转移或出售资产限制、兼并限制、关联交易限制等。此外，高收益债券中通常约定，当评级升至投资级时暂停执行投资者保护条款，降回投机级时恢复执行投资者保护

---

① 消极担保（negative pledge）即约定发行人不得给予其他优先无抵押债券提供抵押物，除非对本债券给予同等水平的抵押。

条款。

关于如何确定需要添加哪些投资者保护条款,海外市场一般是通过发行人与主承销商的博弈。主承销商(通过主承销商律师)会考虑发行人资质、市场惯例和投资者接受度等因素,为利于其后续销售且减轻自身责任,会要求高收益债券添加尽可能多的投资者保护条款。发行人(通过发行人律师)则会要求尽可能少加条款,但也会考虑少加条款可能导致利率上升甚至无投资者愿意购买。

(三)违约处置机制及风险定价

1. 违约事件及宽限期

境外投资级债券违约事件一般包括:本金和利息支付违约;交叉违约(境外一般把交叉违约作为违约事件之一,境内将其作为投资者保护条款);发行人或担保人破产清算。通常会设置违约宽限期,本息支付违约一般有7~30天宽限期,交叉违约一般有15~30天宽限期,违反投资者保护条款一般有30~60天宽限期。

境外高收益债券的违约事件种类约定更多,宽限期比投资级债券短。违约事件除了利息违约(一般有7~30天宽限期)、本金违约(一般无宽限期)、交叉违约(一般无宽限期)、破产清算(一般无宽限期,也有收到法院破产重组命令后60天宽限期),还包括违反投资者保护条款(一般有60天宽限期)、未支付法院判决(一般有60天宽限期)、担保无效或担保人否认担保(无宽限期)、重要子公司破产(无宽限期)、违反信息披露约定(一般有120天宽限期）、未履行约定的强制赎回义务（无宽限期）等。

2. 受托管理人

受托管理人是英美法系债券市场中的一种角色，在债券违约时可代表所有债券持有人提起法律程序。在美国市场，公开发行必须要有受托管理人；私募发行（如144A市场）不强制要求有受托管理人，市场实践中投资级债券一般较少采用受托管理人，高收益债则多数采用受托管理人。虽然在德国等大陆法系国家不存在信托这一法律概念，受其法律管辖的债券也没有受托管理人，但绝大部分离岸发行的美元债券仍依据英美法。

3. 违约率和回收率

境外高收益债券和投资级债券在违约处置上没有明显差别。经历多年的探索与发展，美国债券市场已积累了丰富的违约率和回收率数据，对回收率评级模型构建及高收益债定价具有重要作用。违约率方面，根据穆迪的公开信息，1983年以来，除4次伴随周期性经济危机出现的违约潮，全球违约率基本维持在2%以下，最高历史违约率为2009年的4.99%。高收益债券的违约率几乎稳定地比市场均值高5个百分点。回收率方面，国际三大评级机构对违约回收率的定义是债券持有人在违约处置完成时获得的实际金额（最终回收价值）的折现价值除以违约日的未偿还本金。从信用等级看，1983—2021年美国高级无抵押债券中，3年期投资级债券回收率为44.8%，3年期投机级债券回收率为38.2%，整体看投资级债券回收率在44%左右，高于投机级债券回收率约6个百分点。

（四）其他机制

境外高收益债券市场常采用"上行担保"，即除母公司担保外，还由集团内其他主要子公司为债券提供担保。上行担保主要解决结构性次级问题，即母公司的债权人相比子公司的债权人，在受偿顺位上是劣后的，只有当子公司清偿完自身债务后，剩余财产才能归属母公司，用于偿还母公司债务。上行担保通过让子公司成为债券的担保人，债券持有人可以直接向子公司执行债权，这在一定程度上对高收益债券发行有促进作用。

交易机制方面，美国高收益债券的交易与投资级债券相比并无特殊安排。绝大部分高收益债券通过场外进行交易，一对一双边成交。无论是依据 D 条例和 144A 规则在美国市场发行，还是依据 S 条例在美国之外发行的高收益债，都并未受到额外的交易或转售限制。此外，由于高收益债券风险较高且流动性较差，二级市场交易活跃度低、交易量小，做市商报价模式无法完全满足高收益债券的流通需求。近年来，欧美市场上高收益债券也通过新兴的 A2A 电子交易平台实现交易。A2A 电子交易平台本质上是传统经纪撮合交易的转型，依靠先进科学的算法模型实现精准复杂的交易匹配，可以为高收益债券、投资级公司债等流动性相对较差的信用类债券提供高效的交易服务。

三、中国高收益债券市场的实践

我国的高收益债券市场经过多年的探索，经历过中小企业集合票据等一级市场发行"准"高收益债券的实践，但最终未形成规模。目前市场上形成了一类以发行票面利率、特定的估值/到期/行权收益率等利率指标划分的高收益债券，"高收益"的标准通常为6%~10%，并未达成共识。如以发行时票面利率或交易日加权平均到期收益率在6%及以上作为筛选标准，2022年7月底，中国市场存量高收益债共有4 860只，规模达3万亿元，占公司信用债存量规模的比例约为11%。

（一）存量高收益债的总体特点

一是城投企业为高收益债券发行的最大主体，产业类发行人多来自房地产行业。2022年7月底，高收益城投债存续规模为2.22万亿元，占高收益债比例近3/4。高收益产业债涉及22个行业，房地产、综合、煤炭等行业存续规模较高，其中房地产高收益债券余额约3 500亿元，是综合行业高收益债规模的3倍。

二是高收益债券发行主体评级以AA为主。从主体评级来看，高收益债中AAA、AA+、AA级占比依次为17.20%、22.99%、53.94%。高收益债券发行主体包括AAA评级也反映出评级虚高和区分度不足的现状。

三是私募债占比近半。从债券品种来看，高收益债中，私募债、中期票据、公司债、企业债占比依次为46.56%、14.94%、14.08%、12.91%。

四是剩余期限以中短期限为主。高收益债剩余期限以中短期限为主，2年及以下规模占比为77.24%，主要与新发债券持续短期化特征有关。从剩余期限分布来看，高收益债中1年以下、1~2年的占比依次为43.53%、33.71%。

（二）高收益债投资群体初显，但市场整体投资激励不足

目前国内主流高收益债的主要投资者是私募基金，投资产品仍然在博弈"爆发信用风险、但最终纾困成功"这类标的。投资已违约债券较少，原因主要有以下几个方面：一是违约债真实回收周期偏长，需要长期稳定资金来源（平均3年以上），无法满足大多数资金的要求；二是违约债投资属于高风险、高收益组合，而固收市场上大部分资金需求是中等收益、低风险组合，目前市场供需相对不平衡；三是投资违约债以后，要求投资者有较强的资产处置能力。目前我国资产管理牌照仍未放开，行业格局仍然由四大AMC（资产管理公司）与少量地方性AMC主导，投资机构的处置手段相对有限，人力和经验也相对不足。

四、中国高收益债券市场发展存在的问题

从中国实践和境内外对比来看，高收益债券市场发展离不开"供给端"发行人和"需求端"投资者，我国目前的情况更亟须从需求端的激励着手，在投资者多元性、投资者权益保护方面仍有较大改进空间。

投资者多元化不足，风险偏好趋同是影响高收益债券市场发展的首要因素，这背后有多方面原因。第一，投资者准入政策过于严格，影响民企等潜在高收益债券发行人融资。我国公司信用债投资者以商业银行、保险机构、公募基金、券商为主，私募基金、AMC、外资等参与度较低。严格的投资者准入导致投资者多元化不足，缺少私募基金等高风险偏好投资者。第二，相关监

管机构对银行、保险等机构的投资标的有"白名单"严格限制，主流机构投资者信用下沉幅度有限，难以投资高收益债。第三，净值化背景下，资管产品负债端对回撤的容忍度下降，面临更高的估值风险和赎回压力，影响机构参与高收益债投资积极性。

同时，投资者保护条款未发挥应有作用，信用增进措施不够丰富。虽然投资者保护条款已经得到了广泛运用，但其对高收益债券的作用并没有充分发挥。除了发行人、主承销商、投资者对于条款的设置没有清晰的理解和认识，市场上对于什么样的发行人应当添加哪些投资者保护条款也没有达成共识，投资者在投保条款设置中的主导作用没有发挥。此外，境内高收益债券的信用增进措施还有进一步挖掘的空间，例如"上行担保"对于"母弱子强"的发行人可以有效地解决结构性次级问题，但在境内市场很少应用。

违约处置样本积累不足、违约回收率较低也是高收益债发展缓慢的重要原因。由于我国公司信用债市场2014年才打破刚兑，2018年以来违约才趋于常态化，可供投资者研究并总结经验的违约样本不足，许多投资者在参与高收益债市场时，仍依赖于传统的公司信用债分析框架，不能动态、综合地分析债券性价比。另外，违约债券回收率总体偏低。有测算认为，我国违约公司信用债的加权回收率约为24%，而穆迪统计的美国不同类别的公司债在1983—2020年平均回收率在27.9%~61.4%，我国明显低于国际成熟市场的回收率。

此外，一些债券市场面临的难题也同样困扰着高收益债的发展，主要包括：一是信用评级区分度低，不利于高收益债合理定价；二是针对发行人的欺诈、恶意逃废债等违法行为法律处罚偏弱，投资者担心权益保障不够；三是中介机构责任边界不清晰，担心因发行人违约而"连坐"，参与高收益债的积极性不高。

五、发展中国高收益债券市场的"解题点"

一方面，改革投资者准入制度，培育规范的高收益债券投资群体。高收益债市场的潜在参与者主要为两类。第一类投资者风险偏好高、投资受监管约束较少，但目前参与市场受到一定程度的限制。此类投资者包括私募基金、AMC、券商资管与券商自营、信托公司。第二类投资者风险偏好较低，但具备高收益投资所需的特定条件，例如负债端稳定、投研实力强、对特定行业或企业有信息优势等。此类投资者包括公募基金、年金、银行理财。

针对上述两类潜在投资群体，建议将现有的投资者管理模式改革为"宽进严管"，将合格投资者的认定交还给市场参与者。可由自律组织负责投资者入市及管理，对投资者由实质审核转为形式核验，允许各类型市场机构充分地参与债券市场，并通过合理制度及强化对市场违规行为的甄别和处罚，进一步建立多元化投资者结构，为高收益债券找到与其期限、风险偏好相当的专业投资者。此外，建议适度"松绑"投资要求，积极发挥已有主流投资机构的长线资金的优势，适当放宽对机构投资者的投资范围、评级限制，鼓励这些机构探索信用保险衍生品业务，丰富风险对冲工具。

另一方面，逐步完善债券市场其他机制建设和推广，为高收益债发展提供更适合的环境。具体来说，一是加强对投资者保护条款的宣传，充分发挥投资者保护条款的作用；二是丰富信用增进措施，逐步探索上行担保的增信方式；三是推动建立高效的风险和违约处置体系，特别是为"违约前"处置提供环境，鼓励提前化解风险；四是进一步优化债券交易机制，提升高收益债券交投活跃度；五是进一步规范信息披露制度，严厉打击欺诈及逃废债行为；六是明确中介机构责任边界，推动建立适应债券市场特点的责任认定方式。

限制我国高收益债市场发展的因素是多方面的，未来随着相关问题的逐步化解，高收益债市场自然将逐步发展壮大，从而丰富我国债券市场层次，为风险化解提供更多路径。

（本章执笔人：任晴、吴彦彬、杨健健）

参考文献

1. 周小川.周小川改革论集［M］.北京：中国发展出版社，2008.
2. 周小川.资本市场的多层次特性［Z］.中国人民银行网站，2013.
3. 易纲.再论中国金融资产结构及政策含义［J］.经济研究，2020（3）：4-17.
4. 易纲.在中英公司债券市场论坛的讲话［Z］.中国人民银行网站，2009.
5. 潘功胜.市政债市场与地方政府预算约束［M］.北京：中国金融出版社，2014.
6. 潘功胜.实现中国债券市场的高质量发展——写在"债券通"开通五周年之际［J］.中国金融，2022（13）9-10.
7. 纪志宏.金融市场创新与发展［M］.北京：中国金融出版社，2018.
8. 徐忠.中国债券市场发展中热点问题及其认识［J］.金融研究，2015（2）：29-35.
9. 徐忠.新时代背景下中国金融体系与国家治理体系现代化［J］.经济研究，2018（7）：4-20.
10. 徐忠.从中国金融市场发展的内在历史逻辑看金融市场［R］.清华大学五道口金融学院，2021.

11. 沈炳熙，曹媛媛.中国债券市场：30年改革与发展［M］.北京：北京大学出版社，2010.

12. ［英］约翰·希克斯.经济史理论［M］.北京：商务印书馆，2011.

13. 张世俊，钟鑫雅，钮旻熠.完善市场化、法治化债券违约处置机制研究［J］.债券，2022，126（12）：64-69.

14. 窦鹏娟.新常态下我国公司债券违约问题及其解决的法治逻辑［J］.法学评论，2016，34（2）：11.

15. 黄小琳，朱松，陈关亭.债券违约对涉事信用评级机构的影响：基于中国信用债市场违约事件的分析［J］.金融研究，2017，441（3）：130-144.

16. 段丙华.债券违约处置中的政府定位［M］.北京：中国社会科学出版社，2020.

17. 叶雨鹏，王兆琛，葛馨蔚.民营企业债券的信用风险与违约特征［J］.金融市场研究，2018，75（8）：130-136.

18. 鲁梦琴.后违约时代我国企业债券违约问题：基于"11超日债"事件的案例分析［J］.商业会计，2014，542（14）：71-73.

19. 余兴喜."逃废债"的负面影响不可小视［J］.新理财，2020，349（12）：14-16.

20. 苏红宇.逃废债不破　不良危机难解［J］.经济，2016，239（23）：62-65.

21. 郭雳.美国证券私募发行法律问题研究［M］.北京：北京大学出版社，2004.

22. 叶林.公司债券非公开发行的规范模式［J］.法学研究，2021，43（3）：68-83.

23. 王文心.走向多层次：非公开发行监管嬗变的现实路径初探［J］.证券法苑，2011（5）.

24. 李海龙.资本市场投资者适当性规则的美国经验与中国探索［J］.

环球法律评论，2021（3）.

25. 李有星.论私募债的发行人与发行对象制度的完善［J］.证券法苑，2012（7）.

26. 李有星.中国证券非公开发行融资制度研究［D］.浙江大学.2007.

27. 郝旭光，黄人杰.信息披露监管问题研究［J］.财经科学，2011（11）：41-47.

28. 莫志.信息披露公平性原则的扩张与限制［J］.黑龙江省政法管理干部学院学报，2019（4）：63-67.

29. 徐明，杨柏国.模糊的边界：析美国证券公开发行与非公开发行之融合［J］.证券法苑，2019（3）.

30. 包景轩.我国证券非公开发行制度初探［J］.法学杂志，2005（2）.

31. 张保红.论证券非公开发行制度的重构：以投资者规制为中心［J］.政治与法律，2015（4）.

32. 解婧.公司债券私募发行法律规制研究［D］.西南政法大学，2016.

33. 潘文卿.中美证券非公开发行法律制度比较研究［D］.上海社会科学院，2017.

34. 中华人民共和国金融法律法规全书［M］.北京：法律出版社，2022.

35. 邢会强.证券中介机构法律责任配置［J］.中国社会科学，2022（5）：83-102.

36. 刘峰，袁红.国际会计准则：国家化之上的国际化：IAS 24关联方披露准则的修订为例［J］.当代会计评论，2021（2）：30-47.

37. 财政部赴美国会计监管培训团.中美会计监管比较分析［EB/OL］.2011. http://jdjc.mof.gov.cn/dcyj/201912/t20191221_3447458.htm.

38. 财政部赴美国会计监管培训团.美国会计监管培训报告［EB/OL］.2011. http://jdjc.mof.gov.cn/dcyj/201912/t20191221_3447461.htm.

39. 中国注册会计师协会.美国注册会计师行业监管体制考察报告：行

业发展研究资料（No.2004-20）[EB/OL]. 2004. https://www.cicpa.org.cn/ztzl1/hyfzyjzl/200805/t20080530_59844.html.

40. 中国注册会计师协会. 美国财务会计准则委员会对美国证券交易委员会关于原则导向会计体系建议的回应：行业发展研究资料（No.2004-10）[EB/OL]. 2004. https://www.cicpa.org.cn/ztzl1/hyfzyjzl/200805/t20080530_59841.html.

41. [美]约翰·C.科菲. 看门人机制：市场中介与公司治理[M]. 黄辉, 王长河, 等译. 北京：北京大学出版社, 2011.

42. 邢会强. 资本市场看门人理论在我国的适用困境及其克服[J]. 政法论坛, 2022（6）：177-188.

43. 李霞, 徐梦云, 侍获. 债券受托管理人制度的英美法实践[J]. 清华金融评论, 2018（12）：107-112.

44. 甘霈原, 成睿. 德国债券持有人会议制度研究[J]. 金融市场研究, 2019（11）：65-77.

45. 郭田勇, 徐梦琳. 健全金融市场违约处置机制的政策建议[J]. 中国金融家, 2014（7）：2.

46. 洪艳蓉. 公司债券违约零容忍的法律救赎[J]. 法学, 2013（12）：7.

47. 王升义. 我国公司债券法律制度完善之初探：以对两个案例的分析为视角[J]. 证券法苑, 2011（1）：18.

48. 黄仁杰. 欧洲债券对其持有人利益的保护方法[J]. 金融科学：中国金融学院学报, 1996（3）：6.

49. 王坤, 王泽森. 香港证券投资者赔偿基金制度改革评析[J]. 证券市场导报, 2005（9）：5.

50. 张汉玉, 杜丽虹. 投资人保护的法律环境研究[J]. 证券市场导报, 2006（5）：8.

51. 王彦琳, 陈菀淇, 蔡重阳. 企业境外债券管理路径探索[J]. 中国金融, 2019（4）：80-82.

52. 黄超．违约处置新方式：债券置换的国际经验与启示［J］．金融市场研究，2020（5）：43-51．

53. 贺丹，俞雪雷．完善债券违约风险处置规则：债券发行人破产背景下的讨论［J］．金融市场研究，2022（5）：25-34．

54. 叶玉．金融全球化演变背景下的G20主权债务综合治理［J］．国际展望，2021（4）．

55. 赵雅婧、李瑞民．巴黎俱乐部：源起、规则与作用：兼论对中国的启示［J］．国际金融，2017（1）．

56. 李皓，主权债券违约处置法律制度研究：从国际法和比较法的视角［D］．对外经济贸易大学，2016．

57. 张艳丽、陈俊清．预重整：法庭外重组与法庭内重整的衔接［J］．河北法学，2021（2）．

58. 张君瑞，刘璐，吴泽民．高收益债券投资系列专题五：我国高收益债资管产品深度分析［R/OL］．http://pg.jrj.com.cn/acc/Res/CN_RES/BOND/2019/11/12/81af619b-6ecc-4ce2-89d3-10b51741b1d5.pdf．

59. 张继强．固收专题研究：从海外经验看高收益债的潜在参与方［R/OL］．http://stock.finance.sina.com.cn/stock/go.php/vReport_Show/kind/lastest/rptid/716463582815/index.phtml．

60. 标普．2021 Annual Global Corporate Default Study And Rating Transitions．

61. 标普．2015 Annual Global Corporate Default Study And Rating Transitions．

62. 穆迪．Corporate Default and Recovery Rates, 1920-2017．

63. Morrison & Foerster. JOBS Act Quick Start A brief overview of the JOBS Act，2013．

64. Fabozzi F J ,Mann S V . The Handbook of Fixed Income Securities[J]. Handbook of Fixed Income Securities, 2012．

65. Endo T . The Development of Corporate Debt Markets，2000．

66. Chamblee G D,Tenholder J A. Converging Markets: Leveraged Syndicated

Loans and High-Yield Bonds[J]. com.lending rev, 2005.

67. Florian Schmidt, Sharon Tay. A Guide to Asian High Yield Bonds[M]. John Wiley & Sons Singapore Pte. Ltd., 2013.

68. Best Practices in Liability Management［R/OL］. https://www.kirkland.com/-/media/publications/alert/2019/01/best-practices-in-liability-management--publicatio.pdf.

69. Bond Repurchases – an Issuer's Guide to Questions to Ask and Points to Consider［R/OL］. https://www.jdsupra.com/legalnews/bond-repurchases-an-issuer-s-guide-to-93362/#:~:text=Bond%20Repurchases%20%E2%80%93%20an%20Issuer%E2%80%99s%20Guide%20to%20Questions,...%206%20To%20cancel%2Fnot%20to%20cancel%20...%20%E6%9B%B4%E5%A4%9A%E9%A1%B9%E7%9B%AE.

70. Debt Buyback and Liability Management Considerations［R/OL］. https://www.shearman.com/perspectives/2020/03/debt-buyback-and-liability-management-considerations-covid-19#:~:text=DEBT%20BUYBACK%20AND%20LIABILITY%20MANAGEMENT%20CONSIDERATIONS%201%20Contractual,6%20Term%20Loans%20...%207%20Tax%20Considerations%20.

71. Clifford Chance. Liability Management Key Considerations for Debt Issuers in Asia Pacific – 2nd Edition［R/OL］. https://financialmarketstoolkit.cliffordchance.com/content/micro-facm/en/financial-markets-resources/resources-by-type/guides/key-considerations-for-debt-issuers-in-asia-pacific/_jcr_content/parsys/download/file.res/Key%20Considerations%20in%20Liability%20Management%20Transactions%20in%20APAC_2015.pdf.

72. David S & Baxter. Restructuring Debt Securities［M/OL］. 2020. https://www.pillsburylaw.com/en/news-and-insights/restructuring-debt-

securities.html.

73. Mayer Brown.High-Yield Bonds in Asia - The Complete Issuer's Guide（Second Edition）[R/OL]. https://www.mayerbrown.com/zh-hans/perspectives-events/publications/2018/08/highyield-bonds-in-asia--the-complete-issuers-guid.

74. Western Asset. Introduction to High-Yield Bond Covenants[R/OL]. https://www.westernasset.com/us/en/pdfs/whitepapers/introduction-to-high-yield-bond-covenants-2011-06.pdf.

75. Skkadden. High-yield bonds: an introduction to material covenants and terms [R/OL]. https://www.skadden.com/-/media/files/publications/2014/04/mcdonaldgraebnerhybcovenants(2).pdf#:~:text=bonds%20are%20fixed%20%28or%20sometimes%20floating%29%20interest%20rate,same%20or%20similar%20for%20all%20of%20the%20bonds.

后　记

本书在成稿过程中，来自监管部门的领导就该课题进行了深入探讨，并提出了宝贵的修改意见。特别感谢中国人民银行原副行长吴晓灵为本书撰写序言；同时，感谢全国社保基金理事会副理事长陈文辉、原银保监会首席检察官王朝弟、中国人民银行金融市场司副司长彭立峰、证监会公司债券监管部主任周小舟、国家发改委财金司副司长张春、财政部金融司副司长于红等提出的意见和建议。除执笔人之外，交易商协会王志栋、廖华汶、王嫒嫒、姚逸飞、金一倜、陈晨、张嘉洋、侯晓霞、郭潇潇、程航杭、张海锌、吴冠华、潘佳琪、夏露、沈钰棪等对本书亦有贡献。借此机会，向这些同事表示感谢和敬意。

本书谨反映作者本人在相关问题研究中的学术观点，不代表作者所在单位的立场和意见。因研究能力、时间与精力所限，一些问题还有待进一步思考探究，书中疏漏和错误在所难免，希望读者批评、指正并提出宝贵建议，作者将在后续研究中不断完善。